图书在版编目(CIP)数据

言官与晚清政治研究:以光绪朝为中心的考察/郑云波著. —北京:中华书局,2023.12
ISBN 978-7-101-16443-5

Ⅰ.言… Ⅱ.郑… Ⅲ.政治制度史-研究-中国-清后期
Ⅳ.D691.2

中国国家版本馆 CIP 数据核字(2023)第 222761 号

书　　名	言官与晚清政治研究——以光绪朝为中心的考察
著　　者	郑云波
责任编辑	张荣国
责任印制	陈丽娜
出版发行	中华书局 (北京市丰台区太平桥西里 38 号　100073) http://www.zhbc.com.cn E-mail:zhbc@zhbc.com.cn
印　　刷	河北新华第一印刷有限责任公司
版　　次	2023 年 12 月第 1 版 2023 年 12 月第 1 次印刷
规　　格	开本/880×1230 毫米　1/32 印张 12¾　插页 2　字数 280 千字
印　　数	1-1000 册
国际书号	ISBN 978-7-101-16443-5
定　　价	68.00 元

绪 论

一、研究动机

言官是职司监察的官僚群体，是封建官僚结构中一个比较重要的构成部分。在清代，言官由六科给事中和十五道监察御史组成，所以也称科道官。言官监察制度发展到明清，已臻完善。清代言官制度的设立与言路监督机制的运作，本质上是君主集权制度下统治集团内部对权力的监督与制衡，可认为是统治集团内部的一种“民主”。

晚清时期，列强的侵略与随之而来的西学东渐，使政治演化与社会变动日益剧烈，洋务、维新、新政、立宪、革命，或次第发生，或并驾齐驱，中国社会的新陈代谢加速运行。在巨变面前，士大夫集团的表现各有不同，力倡开新者有之，坚持守旧者有之，糅合新旧者有之，而新中有旧、旧中有新则是其基本特征。言官因特殊的出身、特定的职掌，对“数千年未有之变局”分外敏感，反应也较为强烈，几乎所有的重大政治事件都有言官的积极参与。这种参与已不完全是传统的对君主的绳愆纠谬、劝善规过，而是包含着对新时代的新思考。言官由“耳目之官”，慢慢地变成分解传统社会的力量，他们中的一部分人成了新社会力量的代言人。

清王朝为了保障国家机器的正常运转，加强对官吏的约束和威慑，从建立政权伊始就不断调整监察机关的结构和职能，在“台谏合一”的基础上，逐步完善监察机关的内部组织，为监察机关在一定程度上有效发挥职能提供了先决条件。随着君权的空前膨胀，言官所具有的谏驳功能逐步消退，到了晚清，言路监督避重就轻，日渐式微，监察效能大为减弱。清末党争、政争不断，言官推波助澜，加剧了政坛乱象。

清代的监察制度对于调节统治阶级内部矛盾、整饬吏治、巩固政权起过十分重要的作用，为什么到了晚清，却不能继续发挥其效能？清代的言官均出身于科甲正途，饱受儒家熏陶，有强烈的卫道意识，他们以弹劾权贵、维护君权为己任，为什么晚清言路会不断弱化，言官群体会出现裂变和反动？清代是君主权力登峰造极的时代，为什么到了晚清君主控制会遭遇危机？当君权不能与言路良性互动的时候，社会政治会呈现出什么样貌？对这些问题进行深入研究，有助于我们理解晚清政局的变化和社会的变迁。

二、研究现状

学术界对言官的研究起步很早，20 世纪 30 年代已有人关注这个问题。当时的研究视角集中于制度层面。高一涵的《中国御史制度的沿革》（商务印书馆 1934 年版）是较早谈及言官和监察制度的著作。该书简要地论述了中国古代御史官的性质、职能及其在统治机构中的地位，并单列一章，介绍清代科道制的概略，认为“科道乃是专制君主的耳目喉舌”，“御史制度不但是以上制下、以内制外的最好的方法，并且是政府政权出自一人的专制制度的最真实的表现”。[①] 深入剖析清代监察不力的状况后，得出如下结论：“中国的政治紊乱，并不是因为各种监察权没有机关行使，只因为各机关法律上有监察权，事实上并不能行使监察权。”[②]

徐式圭的《中国监察史略》（中华书局1937年版）叙述了监察名称的沿革，并介绍每一时期监察的特点及政绩。对于清代的监察制度，则从监察角度对院臣的名称、科道的由来、院臣的选授、言官挟私与被劾反唇的禁制、御史的人才与风气作了一番梳理。

《中国御史制度的沿革》与《中国监察史略》都属于监察通史，其研究与分析都是宏观鸟瞰式的，清代监察制度只是其中的一个章节，未进行展开式的、全方位的论述。

曾纪蔚和汤吉禾对清代监察制度进行了比较系统深入的研究。曾纪蔚于1931年出版《清代之监察制度论》，认为“清代之监察制度，其原则甚佳。惟其有缺点之处，亦复不少”。从组织言，“清室之制，颇为周详，但各州县御史之设制不同，未免美中不足耳”。从政府之地位言，“清代都察院之地位为中枢之佐理部而已，而御史之言劾，又无实际之保障，且言劾之效果，又需视君上之喜怒而定”；[③]御史职权广泛，除了掌管纠仪、司法、立法及监劾等权外，还有其他职权，多种权力的存在，反而“紊乱精神”，致使监察效能减弱。[④] 从人选言，“清室御史人选，大抵劲

① 高一涵：《中国御史制度的沿革》，商务印书馆，1934年，第71页。

② 高一涵：《中国御史制度的沿革》，第77页。

③ 曾纪蔚：《清代之监察制度论》，兴宁书店，1931年，第107页。

④ 曾纪蔚：《清代之监察制度论》，第108页。

直清廉之士，颇为适宜”。从活动言，“清代御史之活动，至足称道。不惮权贵，不避宠奸，虽冒死犹敢言制，至可风也”。从俸给言，“清御史之俸给至薄，养活为艰，殊非得计，且御史之官，为特殊之性质，其尊严与法官等，苟不优其赡养，实难期其清廉自守，抑不足以促其尽职也”。[①] 御史权力很重，但并非无所顾忌，“御史有弹劾之权，然每以皇帝宠臣关系，辄反因弹劾坐罪者，不胜其数”。[②] 对监察制度的论述可谓系统、详备。汤吉禾的研究则是通过一系列论文体现出来，1934—1944 年，汤吉禾发表了《清代科道组织沿革》（《新社会科学》1934 年 1 卷 1 期）、《清代科道官之公务关系》（《新社会科学》1934 年 1 卷 2 期）、《清代科道官之任用》（《国立中央大学社会科学丛刊》1934 年 1 卷 2 期）、《清代科道之成绩》（《中山文化教育馆季刊》1935 年 2 卷 2 期）、《清代科道之职掌》（《东方杂志》1936 年 33 卷 1 期）和《清代科道官之特殊保障与禁忌》（《学思》1944 年 4 卷 1 期）等一系列文章，从不同层面对清代言官的组织沿革、任用、职掌、成绩等问题进行了探讨。

1949 年后到 20 世纪 80 年代之前，大陆学术界对相关问题的研究相对沉寂，而台湾学者则取得了突出的成绩。张金鉴在《中国吏治制度史概要》中探讨了清代都察院御史的纠弹之制和给事中的言谏之职，认为历代言官与御史分署之制自成系统，至清代则科道合一，言官变为监职，“则历来以谏天子、正朝廷为任务之谏职乃完全泯灭矣”。给事中之名虽未改，而“其实亦不过

① 曾纪蔚：《清代之监察制度论》，第 108 页。

② 曾纪蔚：《清代之监察制度论》，第 101 页。

原因。[1] 此外，他还对清代官员的任职资格和回避制度进行了考察。[2] 这些研究成果对于本书的研究具有重要的参考价值。

对言官的个案研究，集中于一些名气比较大的御史。如对宋伯鲁，就有多篇专论。[3] 学者们集中考察了宋伯鲁在戊戌变法期间的活动，分析他积极参加维新的原因、主要活动及主张，并对宋伯鲁的维新思想进行评价。研究晚清"台谏三霖"（即赵启霖、江春霖、赵炳麟）的文章也较多。对江春霖的研究，主要集中在他对庆亲王奕劻的弹劾上。林克光认为江春霖不顾个人安危，敢于为民请命，情操可贵，值得肯定。[4] 杨洪波认为江春霖弹劾奕劻所引起的风波，折射出清末亲贵专权、统治阶级内部裂痕急剧加深的政象。[5] 李志武认为江春霖弹劾奕劻主要是出于忠君爱国思想，而摄政王载沣的拒谏则是受局势及人事等多方面的掣肘；江春霖被罢官之后，台谏联名上奏挽留江春霖，背后所反映的是都察院存废的危机，从而揭示了清朝走向覆灭的某

① 倪军民：《试论清代监察制度机能萎缩及其原因》，《上海社会科学院学术季刊》1994 年第 2 期。

② 倪军民：《清代监察官的任职资格及回避制度》，《中国监察》1998 年第 8 期。

③ 陈国庆：《宋伯鲁维新思想探略》，《西北大学学报》1984 年第 3 期；孔祥吉：《宋伯鲁与戊戌变法》，《人文杂志》1984 年第 2 期；张应超：《宋伯鲁与戊戌维新运动》，《西安师专学报》1987 年第 3 期；刘茂亭：《戊戌变法的风云人物——宋伯鲁》，《西北政法学院学报》1985 年第 I 期。

④ 林克光：《清末第一御史江春霖》，《历史教学》2002 年第 1 期。

⑤ 杨洪波：《江春霖弹劾奕劻案》，《清华大学学报（哲学社会科学版）》1987 年第 1 期。

种必然性。[①] 叶玉琴考察了江春霖在新政、立宪改革中的表现，认为他政治观念开明，有一定的资本主义倾向，是封建官僚中体制革新的改革派。[②] 对于赵炳麟的研究，主要集中于他的铁路筹建思想与实践，及官制改革中与袁世凯的斗争。朱从兵阐述了赵炳麟对中国近代铁路的思考和筹建广西铁路的活动，指出由于深陷斗争漩涡，赵炳麟虽有抱负而无法施展，以至屡萌退志，处境尴尬，而清政府用其所短、弃其所长，反映出朝政的昏暗，亦是覆亡的征兆。[③] 侯宜杰对预备立宪期间赵炳麟与袁世凯在责任内阁问题上的论争作了分析，认为赵炳麟并不属于阻挠政治改革的顽固守旧派，而是一个主张以正确方法推行预备立宪的改革派，他与袁世凯的争论是真假立宪之争。[④] 周利成撰文介绍了赵启霖因“杨翠喜案”而弹劾段芝贵和载振的经过。[⑤] 侯毅对上述三位御史与袁世凯势力之间的斗争进行了分析与评论。[⑥] 此外，也有学者对其他较有名气的御史如安维峻、

---

① 李志武：《试论宣统二年江春霖参劾奕劻案》，《学术研究》2004年第3期。

② 叶玉琴：《“铁面御史”江春霖新评——〈江春霖集〉读后》，《福建师范大学福清分校学报》2003年第1期。

③ 朱从兵：《一个言官的尴尬——赵炳麟的铁路筹建思想与实践》，《广西师范大学学报(哲学社会科学版)》2005年第4期。

④ 侯宜杰：《评清末官制改革中赵炳麟与袁世凯的争论》，《天津社会科学》1993年第1期。

⑤ 周利成：《段芝贵献妓贝子案》，《湖南档案》2003年第1期。

⑥ 侯毅：《清末台谏中勇于同权奸斗争的三菱公司》，中国社会科学院近代史研究所编：《近代中国人物》第3辑，重庆出版社，1986年。

第一章　清代的言官制度

监察制度创始于秦汉，唐宋时期得到发展，明清时期日臻成熟。清代在监察制度方面借鉴了以往经验，而且结合民族特点，形成了自己的特色。科道合一、满汉制衡、内外相制的监察制度，既体现了少数民族统治的特色，又加强了君主专制统治。然而，随着西方列强的侵入，社会经济、政治、文化都发生了翻天覆地的变化，在“数千年未有之变局”中，监察制度这个统治集团的自律制衡系统也在慢慢地发生转变。

第一节　言官制度之源流及清代言官制度的变化

清代言官由六科给事中和十五道监察御史组成，也称科道官，统属都察院管辖。给事中一职存在已久，据文献记载，始于秦代：“给事中，秦官也。”[①]《文献通考·职官考四》称给事中“秦置，汉因之”。但秦汉时期给事中并非独立官职，而是大夫、博士、议郎的加官。《汉书》载：“给事中亦加官，所加或大夫、博士、

① 《晋书》卷24，职官志，中华书局，1974年，第733页。

议郎,掌顾问应对,位次中常侍。”[①]《通典》也称给事中为“加官”,“所加或大夫、博士、议郎,掌顾问应对,位次中常侍、侍中、黄门,无〈定〉员”。[②] 加给事中者,是侍从君主左右以备顾问的近臣,与侍中、给事黄门侍郎等官的地位相近,不掌封驳之职,只是服务于内廷,“多名儒、国亲为之”。[③] 或许因其身份高贵,更容易取得君主的信任和尊崇,因此才能得以掌左右顾问,平尚书奏事,议论得失,以至于后来得到了专掌封驳之职任。所以,《历代职官表》说:给事中“所掌在平尚书奏事,则后来封驳之任亦已权舆于此”。[④]

东汉以降,给事中制度经历了曲折发展。先是汉章帝废掉给事中,曹魏又重新设置,但仍为加官。直到晋代,给事中才成为有固定品级的正员。据《唐六典》记载:“晋氏无加官,亦无常员,隶散骑省,位次散骑常侍。《晋令》云:‘品第五,武冠,绛朝服。’”[⑤]可见晋代的给事中已非加官,是五品正员了。南北朝时期,给事中的品秩和执掌已确立。宋、齐之给事中“隶集书省,位次诸散骑下”,梁、陈之给事中“秩六百石,品第七”。[⑥] 就其执掌来说,梁朝给事中掌“侍从左右,献纳得失,省诸奏闻文书,意异

① 《汉书》卷19,百官公卿表第七上,中华书局,1964年,第739页。

② 《通典》卷21,职官三,中华书局,1984年,典一二二。

③ 《唐六典》卷8,门下省,中华书局,1992年,第244页。

④ 《历代职官表》上,卷19,都察院下,上海古籍出版社,1989年,第369页。

⑤ 《唐六典》卷8,门下省,第244页。

⑥ 《唐六典》卷8,门下省,第244页。

者随事为驳”。[1] 由此观之，给事中掌封驳的职任，至少从梁就已开始。北朝情形有所不同，北魏虽有给事中官名，但是史料对其隶属、执掌等均语焉不详，北齐、北周则有明确记载：北齐集书省置给事中“六十员，从第六品上”，[2]其执掌为“掌讽议左右，从容献纳”。[3] 北周改给事中为给事中士，隶属于天官府，“掌理六经及诸文志，给事于帝左右；其后，六官之外又别置给事中，曰四命”。[4]

隋唐以后，给事中制度发生了变化。隋以前，给事中多隶集书省，到隋代，隋炀帝“移吏部给事郎名为门下之职，位次黄门下，置员四人，从五品，省读奏案”。[5] 此后，给事中便成为门下省的属官，其职权也由以前的侍从左右以备顾问、掌理经籍，转变为“省读奏章”了。唐代给事中职权与地位空前扩张，给事中不仅掌读署奏案，而且有权对自己认为不合宜的诏敕涂窜而封还，谓之“涂归”。[6] 由于给事中既能封还皇帝失宜的诏令，又能驳正百司官吏有违误的章奏，因此也就逐渐演变成为谏官。

宋给事中分治六房，给事中升为门下后省长官，这种变化，对明代分设六科，自为一曹，实有重大影响。

明代创设了六科给事中制度。为加强中央集权，明太祖废除丞相，权分六部，提高部权。但是又担心部权提高过重而威胁

---

① 《册府元龟》(6)(校订本)卷457，台省部，凤凰出版社，2006年，第5136页。

② 《唐六典》卷8，门下省，第244页。

③ 《隋书》卷27，志第22，百官中，中华书局，1973年，第754页。

④ 《唐六典》卷8，门下省，第244页。

⑤ 《历代职官表》上，卷19，都察院下，第372页。

⑥ 《新唐书》卷47，志第37，百官二，中华书局，1975年，第1207页。

皇权，于是又对应六部，在中央设六科给事中，加以牵制和监督。洪武六年(1373)，分为吏、户、礼、兵、刑、工六科，每科二人。洪武二十四年(1391)，“更定科员，每科都给事中一人，正八品；左右给事中二人，从八品；给事中共四十人，正九品”。① 各科分设的给事中员数，“吏科四人，户科八人，礼科六人，兵科十人，刑科八人，工科四人”。② 建文帝对六科官员的品秩和设官都进行了调整，升都给事中正七品，给事中从七品，不置左右给事中。成祖亦设，也是从七品，不久又“改六科，置于午门外直房莅事”。③ 自此历代遵依不改，遂永为定制。就职权而言，明代的给事中表面上延续了唐宋以来的“掌侍从、规谏、补缺、拾遗、稽察六部百司之事”，④但是其性质已经发生变化，纠弹职能强化，开始主稽查六部百司之事，朝政得失，百司贤佞。⑤ 这样，给事中由原来规谏天子和封驳旨谕的官吏，逐渐转向劾奏、纠弹百官的官吏。明代给事中职权的转变，也为清代监察制度的台谏合一的产生与完成奠定了基础。

清沿明制，仍按六部分科，“六科自为一署”，⑥为独立监察机构。清初，六科尚无定规，员额增减不一，并有汉军副理事官之设置。顺、康年间，对六科机构进行调整。顺治十八年(1661)，各科设满汉都给事中各一员，满汉左右给事中各一员，汉给事中二员，裁去汉军副理事官。“康熙四年，每科满汉各留

① 《明史》卷74，志第50，职官三，六科，中华书局，1974年，第1807页。
② 《明史》卷74，志第50，职官三，六科，第1805页。
③ 《明史》卷74，志第50，职官三，六科，第1807页。
④ 《明史》卷74，志第50，职官三，六科，第1805页。
⑤ 《明史》卷74，志第50，职官三，六科，第1805—1806页。
⑥ 《清朝通典》卷26，职官四，都察院，浙江古籍出版社，1988年。

察御史。十五道共有掌印御史30人，监察御史26人，总计56人，满汉各28人。清初，十五道监察御史有“掌道”、“协道”和“坐道”之分，“河南、江南、浙江、山西、山东、陕西六道颁有印信，掌印者曰掌道，余曰协道，分理各省事件”。[①] 掌道皆设专官(京畿道也颁给印信，但未设专官)，监管其他坐道，具体为：“掌河南道兼理福建道，掌江南道兼理江西、四川道，掌浙江道兼理云南道，掌山东道兼理广西道，掌山西道兼理广东、贵州道，掌陕西道兼理湖广道。”[②]这样坐道就成了空衔，不办理本道之事，协道也不固定办理某道事物。至乾隆十四年(1749)，“特诏厘正，按道定额，各给印信，而以职事分隶之”。[③] 从此十五道监察御史才名实相符，形成定制。

清朝还在京都设置五城察院，掌稽查京都地区的治安，其长官为五城御史；在宗人府设置稽查宗人府衙门，又称宗室御史处，掌稽查宗人府事务；在内务府设置稽查内务府衙门，又称稽查内务府御史处，掌稽查内务府中所属各司、院每年所用钱粮数目，年终核查注销由武备院呈送的收支黄册，稽查广储司、六库等存储物件的数目，随时稽查紫禁城内混入的闲杂之人。除此之外，清代还有一些在特定地区执行特定任务的御史，如巡盐御史、巡漕御史、巡仓御史、巡视屯田御史和督理茶马御史等。

清代，御史的品级更改无常且满汉不同。清初，都御使的品级是满一品汉二品，顺治十六年(1659)改定满汉均为正二品，康熙六年(1667)复改满洲为一品。之后，品分正从。康熙九年

① 《钦定台规》(光绪朝版)卷9，宪纲一，序官。

② 《钦定台规》(光绪朝版)卷9，宪纲一，序官。

③ 《清朝通典》卷26，职官四，都察院。

(1670)满汉都御使同列正二品。雍正七年(1729),升为从一品。同年,又定满汉副都御史为正三品,直至清朝末年沿袭不变。十五道监察御史的品级较低。清初,十五道掌印监察御史满汉均为三品,顺治六年(1649)改为七品,康熙六年(1667)定为四品,九年(1670)降为正七品,雍正七年(1729)复改正五品。汉御史原系七品,雍正七年(1729)定制:各道御史"由编检、郎中、员外授者为正五品,由主事、中、行、评、博授者为正六品"。[①] 乾隆十八年(1753),各道监察御史不分满汉,不问来历,俱定为从五品,并形成定制。

和前代相比,清代言官制度发生了很多变化,体现了少数民族统治的特色和君主专制统治的加强。

首先,科道合一。在清代以前,给事中掌"言",被称为言官或谏官,御史主"察",即纠察,被称为察官,二者共同监督政治。清初,依然采用察官与言官双轨制,都察院与给事中互为表里,都察院纠弹于外,给事中察举于内。从雍正帝将六科给事中隶属都察院与御史并差,并接受都察院堂官的统率与考核起,给事中便无权封驳旨谕,无法参知重要政事,其权力也只限于稽考与注销,只能传达谕旨而已。于是言官变为监司之官,行使纠弹之权,形成了科道并称、内外不分的局面,科道成为监察官职的统称。至此,秦汉以来形成的言察分离制度终结,二者合而为一,言官结束其谏天子、正朝廷的使命而并入监察系统,给事中名存实亡。

其次,满汉制衡。入主中原后,满族统治者对人口众多的汉族,包括汉族士大夫总是存有猜忌和戒惧心理,所以,在政治制

① 《钦定台规》(光绪朝版)卷9,宪纲一,序官。

度的设计中体现出满汉制衡的特点，部院官职通常是满汉并用，监察制度自然不能例外。都察院、六科和十五道的官职都采用满汉并设制度，于是形成了清代特有的以科道监督官吏，而又以满汉科道互相牵制，彼此监视的局面。这样，“清代皇帝之耳目，可谓无微不至，无孔不入久矣”。①

第三，内外相制。清统治者虽然名义上以六科给事中对六部中央政务机构、十五道御史对各地方进行监察，看似内外分工明确，但给予各道的监察权力并不仅限于特定区域，也包含着对中央机构和特定政务如盐务、漕务的纠弹；同样，六科给事中的监察范围也不止六部。这种情形，即所谓的科道并行，内外不分。且都察院亦非十五道监察御史之主管机关，监察御史虽为都察院所属，却不受都察院堂官的直接统辖，自有印信，可单独向皇帝上奏，只对皇帝负责。清统治者用这种方式使言官在监察中内外相制，做好君主的耳目。实际上，不仅言官如此，清代地方督抚、按察使、布政使、提学使也有相似之处，虽有品级的高下，却不存在隶属关系，均有奏事之权，均对皇帝负责，可见清代君主加强皇权的苦心。

第二节　清代言官的选任、考核与升转

一、言官的选任

言官为朝廷耳目，作为国家的风宪官，负有典正法度、整肃

① 汤吉禾：《清代科道组织沿革》，《新社会科学》1934年第1卷第1期。

纲纪、纠劾百官的重任，被统治者视为为政理乱的关键所在，因此历代统治者都十分重视言官的考选，并形成了一套特定的考选制度。清代在政治制度上集历代之大成，形成了自己的特色，在言官的考选上也不例外。清统治者对言官的作用有深刻的认识，对言官的选任极其重视，如康熙十八年(1679)谕："自古设立台省，原系朝廷耳目之官，上之则匡过陈善，下之则激浊扬清。"[①]认为作为耳目之官的科道官"关系最要，必选用得人方能称职"。[②] 以后，康熙帝也反复强调言官的重要性，如康熙三十六年(1697)谕："国家设立都御使、科道官，以建白为专责，所以达下情而去壅蔽，职任至重。"康熙三十九年(1700)，在《御制台省箴》中说："台省之设，言责斯专，寄以耳目，宁取具员。"[③]再次强调言官的耳目作用。以后的统治者继承了这种思想，认为："科道乃朝廷耳目之官，关系甚重，欲正人心，端风俗，必自科道始。"嘉庆帝也说："明目达聪，责在御史，彰善瘅邪，整纲饬纪。"[④]不仅皇帝如此，多数官员对言官的重要性也有充分的认识。在明代作过给事中，入清后作过吏部左侍郎的孙承泽就认为，言官"受朝廷耳目之寄，掌国家纲纪之任，用得其人则庶政清平，群僚警肃；用非其人则百职怠弛，小人横恣。必尽廉公，乃称斯职"。[⑤] 言官职责重大，地位重要，因此清代对言官的考选一直要求严格，选任的标准也比较高。在选拔言官时，不仅注重文

① 《钦定大清会典事例》(嘉庆朝)卷754，都察院，宪纲，谕旨一。

② 《钦定台规》(光绪朝版)卷39，通例一，考选。

③ 《钦定大清会典事例》(嘉庆朝)卷754，都察院，宪纲，谕旨一。

④ 《钦定台规》(光绪朝版)卷1，训典一，圣制。

⑤ 孙承泽：《天府广记》卷23，总宪责任，北京古籍出版社，1982年，第306页。

化素质,更重视道德品质和实践经验等多方面条件的结合。

首先,言官要有较高的文化素质。

言官常伴君主左右,参与国家大政方针的决策,这就要求他们必须有较为突出的治理才能和敏锐的政治洞察力,而这些素质的培养需要一定程度的文化积淀,因此,早在清初就规定,只有正途出身的官员才有资格考选科道。康熙十九年(1680)上谕:"汉官非正途出身者,虽经保举不准考选。"[①]但有清一代,并不是一以贯之的推行非正途不取的原则,雍正时期就曾经试图变更旧例,雍正五年(1727)上谕:"嗣后科道缺出,在京则令翰林院掌院于编修、检讨内保送。各部院堂官于各属司官内,不论科甲贡监,择其勤敏练达、立心正直者保送,引见补用。"雍正帝之所以打破常规,就是想达到"杜党援之弊,而收用人之效"[②]的作用。但是行之不久,就有人反对。雍正十三年(1735)八月,户部尚书史贻直提出:"科道铨仪之宜用正途也。国家用人惟才,原可不论出身,但六科有封驳之任,御史为风宪之官……请照旧例,用正途出身之员。"[③]雍正帝遂下诏:"考选御史,仍专用正途。"[④]此后,科道官以正途铨选成为定制。不过,并非所有正途出身的官员都有资格作科道官。清代官员入仕的途径有"正途"和"异途"两种,据《钦定大清会典事例》记载,官员以进士、举人、恩贡、拔贡、副贡、岁贡、优贡、荫贡出身的称正途,由捐纳或议叙

① 《钦定台规》(光绪朝版)卷39,通例一,考选。

② 《世宗宪皇帝实录》(一)卷62,雍正五年十月,中华书局,1985年,第946页。

③ 蔡冠洛编:《清代七百名人传·史贻直传》,世界书局,1937年,第118页。

④ 《钦定大清会典事例》卷56,吏部,汉员遴选。

而得官的称异途。[①] 清朝曾规定,正途出身官员中层次比较低的,也不允许选任科道。如顺治十一年(1654)规定:“汉官由贡生出身者,不与考选。”[②]只是到了嘉庆以后,这种情况才有所改变,嘉庆十一年(1806)奏准“荫生应否准令考选御史,例无明文,请旨于考选御史条内增入荫生一条,准其一体考选”。[③]

清代在选用科道官时,反复强调其出身,从侧面反映出对科道官文化素质的高要求。这在清代御史的任用上也可以得到印证。近人汤吉禾对黄叔璥的《国朝御史题名录》中所载3087名御史进行统计,在2153名汉御史中,出身进士的1770人,举人194人,副榜2人,贡生57人,文生员3人,荫生14人,监生20人,官学生3人,孝廉方正1人,博学鸿词3人,未详88人。最后得出结论:“约百分之九十五之汉御史,皆来自正途出身,而此百分之九十五中,属进士者,又占绝大多数。”[④]

需要指出的是,对于科道官出身的限制不包括满人,满人入选科道,只要通晓满汉文字,品行端谨,即可以“保送候简”,并且无须考试。这种情况一直延续到清末才有所改变。同治二年(1863)上谕:“汉员保送御史,例须考试,满员则向不与考,殊非慎简言官之道。以后保送满洲御史,着即由各衙门堂官认真考试,择其通晓清汉文字、品行端谨者,出具切实考语,保送候简。”[⑤]光绪三十年(1904)谕:“御史为朝廷耳目之官,必须学识

① 《清史稿》卷110,志第85,选举五,第3205页。

② 《钦定台规》(光绪朝版)卷39,通例一,考选。

③ 《钦定台规》(光绪朝版)卷39,通例一,考选。

④ 汤吉禾:《清代科道官之任用》,《国立中央大学社会科学丛刊》1937年第1卷第2期。

⑤ 《钦定台规》(光绪朝版)卷39,通例一,考选。

明通,方足以资献替。嗣后宗室、满、蒙御史,均着照汉员之例,一体考试。"[①]从"向不与考"到"一体考试"是一个进步,对于提高科道官的整体素质,清洁监察队伍,提高监察效能大有益处。然而晚清时期,帝国的官场已是危机四伏,弊病丛生,高素质的监察官已经不能阻止统治者的腐败,挽救不了清王朝行将灭亡的命运了。

其次,言官必须具备较为丰富的实践经验和良好的民望。

言官是君主为维护统治的稳固而设置的监察官,监察的范围涉及政治、经济、军事、文化等各个领域,这就要求监察官必须熟悉国家的政策法规,懂得国家管理运作的方式,通晓吏治民情,熟谙盛衰兴亡的经验教训,否则必然会心有余而力不足。清代考选科道官员,十分注意人选的仕途经历,强调实践经验和民望的好坏。顺治元年(1644)规定:"考选给事中、监察御史,以大理寺评事、太常寺博士、中书科中书、行人司行人历俸二年者,及在外俸深有荐之推官、知县考取,若遇缺急补,间用部属改授。"[②]顺治八年(1651)对外官考选科道作了规定:"外官钱粮全完,历俸三年荐一次,无参罚者方准行取,记录亦准作一荐。"[③]要求科道官有一定的任职经历和从政记录,是因为官员经过在基层锻炼,积累了相当的实践经验,不仅熟悉国家的法律法规,更了解民情、民意,有利于他们履行监察职责,发挥监控效能。正如康熙所言:"科道行取,原因亲民之官,谙悉利弊,得以据实

① 《清朝续文献通考》卷127,职官十三,京文职,都察院。

② 《钦定台规》(光绪朝版)卷39,通例一,考选。

③ 《钦定台规》(光绪朝版)卷39,通例一,考选。

指陈，有裨政治，且足鼓励人才。”[①]清朝历代统治者都很重视科道官的资历。康熙四十四年(1705)六月谕令：“行取知县，非再任者不得考选科道。”[②]从此，“行取知县无骤补台中者”。[③] 乾隆元年(1736)奏准：“行取知县，三年举行一次，由吏部于正途出身知县内，食俸已满三年，任内无参罚事故者，大省行取三人，中省二人，小省一人，开列职名，具题请旨。”再次重申了知县行取科道的资历。不仅如此，这种要求也涉及到京官，乾隆三十八年(1773)议准：“嗣后编检等官，散馆授职后，历俸三年，始准保送御史。其授职后未及三年者，不准保送。”[④]

再次，言官必须具有良好的个人品德和无私的精神。

清代选择科道官，不仅重视选任对象的文化素质和实践经验，更强调要有良好的品德和无私的精神，不畏强横，敢置祸福于度外。康熙帝认为，言官为治官之官，必须持正守廉，正己而后正人，只有这样，才能更好地行使监察之责。他说：“若言官正，则外吏自不敢肆行贪婪矣。”[⑤]他把品德看得比才华更重要，康熙十二年(1673)颁布上谕：“朕观人必先心术，次才学，心术不善，纵有才学何用?”[⑥]他认为，“使言官果能奉法秉公，实心尽职，则闾阎疾苦，咸得上闻；官吏贪邪，皆可厘剔”，[⑦]指出：“事君

① 《康熙政要》卷9，论择官第十，中央党校出版社，1994年，第153页。
② 《清史稿》卷8，本纪八，圣祖本纪三，第267页。
③ 章中如：《清代考试制度资料》，山西人民出版社，2014年，第105页。
④ 《钦定台规》(光绪朝版)卷39，通例一，考选。
⑤ 《康熙政要》卷15，论贪鄙第二十六，第279页。
⑥ 《康熙政要》卷9，论择官第十，第154页。
⑦ 《康熙政要》卷6，论求谏第六，第115页。

者，果能以公胜私，于治天下何难？若挟其私心，则天下必不能治。"[①]康熙帝还作《给事中箴》和《御史箴》来告诫和鞭策言官要奉公守法，公而忘私。他说："咨尔给事，实专言词……六曹有失，汝其正之。百僚有邪，汝其诤之。予怀邦直，謇谔足多。庶兹有位，胥周濯磨。罔逞己私，小心乃集。罔见近利，不阿乃立。勿流于党，而苟为同。勿慑于威，而戾夫公。道贵毋欺，论尚执要。弃佞励忠，令闻始劭。"[②]在《御史箴》中指出："淬厉风裁，检齐霜纪。下饬官方，上参国是……百司有阙，是绳是弹。民泽或壅，是宣是殚。汝不自克，何以惩墨？汝不自正，何以纠慝？"告诫御史们要"毋畏强御，毋纵残贼……正色台中，为我耳目，效彼股肱"。[③] 雍正帝也强调言官品德的重要性："科道乃朝廷耳目之官，关系甚重，欲正人心，端风俗，必自科道始。科道无私，方能弹劾人之有私者。"认为科道官"果能秉公持正，据实敷陈，方合天下之公是公非，而于朝廷政事有所裨益"。[④] 嘉庆帝对言官提出了更高的希望，他在《御制谏臣论》中指出："惟望言官洗心涤虑，大公无私，常存以言事君之诚，尽屏取巧谋利之伪，作天子之耳目，为朝廷之腹心，上章进谏，置祸福于度外。"[⑤]清统治者反复强调言官品德操守的重要，其实质还是要求言官以一种高度自觉的精神去维护政权的长治久安。基于这种认识，在选拔科道官的时候，十分注重科道官的政绩。据《钦定台规》记载，从

① 《钦定大清会典事例》(光绪朝)卷1030，都察院三三，各道。

② 《康熙政要》卷6，论求谏第六，第117页。

③ 《康熙政要》卷6，论求谏第六，第117—118页。

④ 《钦定台规》(光绪朝版)卷2，训典二，圣谕。

⑤ 《钦定台规》(光绪朝版)卷1，训典一，圣制。

顺治到道光年间，选任科道官大都如此。顺治八年（1651）上谕，内官考取应“选择才守兼优之员”，外官必须“钱粮全完”和“无参罚者”方准行取。康熙四十三年（1704）规定：嗣后行取知县，“降级、还级、革职、还职等官仍不行取”。乾隆六十年（1795）规定：“此后各该衙门保送满汉御史，初次引见未经记名者，下次不得再行保送。”嘉庆四年（1799）又奏准：“由科道降补部属，及捐复、改补部属，并由科道升任后，仍因科道职掌，被议降至部属等官，均不准再行保送。”道光九年（1829）规定：“嗣后各部院堂官，于所属司员内，凡因私罪降补京职，及不胜外任特旨改用人员，不准保送御史，并不得截取外用。”①

除此之外，科道官的入选还有种种限制性的规定。

首先是任职回避。主要回避亲族和本籍。关于亲族回避，顺治十三年（1656）题准：“现任三品以上堂官，其子弟不得考选科道。若父兄赴部候补，而子弟现任科道者，查照资俸调吏部主事。”康熙二十年（1681）又规定：“京官三品以上及总督、巡抚子弟，俱不准考选。”②将限制的范围，由京官扩大到外省督抚。此后，亲族回避范围扩大到满、蒙御史。光绪十三年（1887）议准：“嗣后现任满洲科道各官，如有父子、胞伯叔、胞兄弟、胞侄升任三品以上京堂并外任督抚者，即比照汉员科道回避之例一律办理，该科道自行呈明都察院，具奏令其回避。至各衙门保送宗室、满洲、蒙古御史人员，如有前项应行回避者，亦应比照考选汉御史之例，一概不准保送。”③关于本籍回避，乾隆十三年（1748）

① 《钦定台规》（光绪朝版）卷39，通例一，考选。
② 《钦定台规》（光绪朝版）卷39，通例一，考选。
③ 《钦定台规》（光绪朝版）卷39，通例一，考选。

有省籍回避的规定:"御史应回避本省。除现任御史内,其所任之道在本省者,由院酌拨别道,移咨吏部注册外,嗣后遇有御史缺出,如有记名及应补人员应回避本省者,查明扣除,即将其次之人引见补授。"①并设置审音御史来监督执行,对于违反这项规定的,不仅对冒籍者施以严厉处罚,同时审音御史也要负连带责任。乾隆四十二年(1777)上谕:"如冒籍者尚敢匿不报明,其审音验看诸臣复不认真纠劾,经朕察出,除将本人究治外,定查明审音御史及原派之九卿科道,一并议处。"②回避制度的建立,可以防止官场亲亲相护,有利于御史监察作用的充分发挥。

其次是年龄限制。清初,对御史的年龄没有明文规定,但为了保持监察队伍的朝气,统治者还是强调选拔年富力强的人充任科道。乾隆七年(1742)上谕:对科道中"庸老不能胜任者,或应勒令休致,或应改补教职等官"。③ 嘉庆四年(1799)又明文规定:"嗣后各衙门保送御史,其年齿过轻者,固不便率行保列,如年逾耆艾各员,精力尚强者,仍准保送,以六十五岁为率。"④也就是说,年龄过轻或过老的官员都不得保送科道官。

再次是对兼职的限制。乾隆三十三年(1768)上谕:"向来各部司员补授御史,该堂官等有奏请仍兼本部行走者,虽为熟谙部务起见,但御史有稽察各部之责,若令兼司办事,不无意存瞻顾,究于政体未协。嗣后司员改任御史,奏请留部之处,着永行停

① 《钦定台规》(光绪朝版)卷39,通例一,考选。
② 《钦定台规》(光绪朝版)卷35,稽查七,铨选。
③ 《钦定台规》(光绪朝版)卷35,稽查七,铨选。
④ 《钦定台规》(光绪朝版)卷39,通例一,考选。

止，其现在御史中兼部行走者，并着撤回。”①嘉庆四年（1799）又规定：“嗣后在军机处人员，遇有补放御史者，即回本衙门任事，不必在军机处行走。”②言官不准在行政系统兼职，使监察系统相对独立于行政系统之外，亦有利于实施有效的监督。

对于取得科道候选资格官员的考选和任用，也形成了一系列制度。一般来说，考选的具体事务由吏部和都察院协同办理，凡是科道出缺，就由吏部按一比三的比例，向皇帝推举合乎资格的候选人。在京堂官属员，由主管堂官或吏部带领引见，在外的行取州县官，到京之日，也由吏部带领引见，恭候简定。宗人府御史则由宗人府于宗室内简选引见。考试办法，多为笔试。雍正三年（1725）上谕，以“应开科道人员俱系正途出身，再考文字亦属无益”，③改为由皇帝面试，皇帝在名单上用朱笔圈定，这些被圈定人员，分别入科道候选名册以备补用。

为慎重起见，清初的言官还有试用期，顺治、康熙年间规定试用期为一年，一年期满后，由都察院考核，“果系称职者，具题实授，如不称职者，停其再试”。④ 雍正三年（1725）又规定：“御史试俸之例，有一年限期已满未能深信者，再试一年考核。”⑤将试用期延长至两年。乾隆十七年（1752）整顿科道官制，规定：“嗣后给事中着仍为正五品，御史皆改为从五品，不必试俸。”⑥从此取消了试用期的规定。

---

① 《钦定台规》（光绪朝版）卷39，通例一，考选。

② 《钦定台规》（光绪朝版）卷39，通例一，考选。

③ 《钦定台规》（光绪朝版）卷39，通例一，考选。

④ 《钦定台规》（光绪朝版）卷39，通例一，考选。

⑤ 《钦定台规》（光绪朝版）卷39，通例一，考选。

⑥ 《钦定台规》（光绪朝版）卷39，通例一，考选。

通过考核决定言官的升转，所谓升转即言官的内升外转，其前后含义有所不同。康熙年间，内升是将科道官中那些才优者予以提升，外转是将才力不及、不胜任言职的官员予以降调。雍正即位后，外转便不再是对不胜任者的降用，而是鉴于“外省事务紧要，故令科道中可用之人补授外任”。为避免降用之嫌，“令其将科道原衔带于新任”。[①]

一般来说，科道官的内升，可以补授各部尚书、太常寺少卿等官职。外转官员在清初是做道员用，康熙时，鉴于“在外道员执掌甚要，外转科道官员以道员用，殊为太过”，[②]此后便将科道官以小品官员在外地使用。依清例，“内升官员俱系科道内选拔贤员”，[③]是对优秀的科道官的奖励，因而必须具备一定的政绩，诸如“才优经济，堪任养民”、“品行著闻，政治卓越”、[④]“参大奸大蠹，兴利除弊”、“克尽言职，才能素著”、“才具出众，供职勤慎”。[⑤] 而外转官，则是对那些“或系素无建白，或系昧于事理，或系任意妄言，或系才力不及”，“赃私累累，劣迹彰彰”[⑥]的科道官的惩罚。因此，在清代前期，形成了科道官都重内升而轻外转的局面，尤其是“才优者，犹知惮于外转”。[⑦] 清代中期以后，尤

① 《钦定台规》(光绪朝版)卷40，通例二，升转。

② 中国第一历史档案馆整理：《康熙起居注》，中华书局，1984年，第477页。

③ 昆岗等：《钦定大清会典事例》(光绪朝版)卷1030，都察院三三，各道。

④ 昆岗等：《钦定大清会典事例》(光绪朝版)卷1030，都察院三三，各道。

⑤ 《钦定台规》(光绪朝版)卷40，通例二，升转。

⑥ 《钦定台规》(光绪朝版)卷40，通例二，升转。

⑦ 《钦定台规》(光绪朝版)卷40，通例二，升转。

其是嘉、道以后，受内忧外患的影响，财政拮据，政局不稳，京官更是清苦，加之清廷文网高悬，“缄默者悉邀外用，多言者还原衙门”，[①]内升已不是对科道官的奖励，而科道官也不再把留驻科道或内升视为一种荣誉和美差，反而见风使舵，结舌吞声地安于外转了。如此，就造成了奖不足以鼓士气，罚不足以惩后人的混乱局面。

以上所述科道官的升转主要是针对汉科道官，而对于满族科道官，实行的是另外的政策，“汉御史内升外转俱由都察院论资俸酌定，资送吏部升转”，而满官论俸叙升。“宗室御史遇满洲御史升转之时，一例开列，只令内升，不令外转。”“宗室御史遇满洲御史内升之时，一体开列，各科给事中缺出，与满洲御史通行引见。”所遗宗室御史员缺，“将满洲人员补授”，“宗室给事中升补之后，再将宗室人员补授御史”。“汉科道俸满四年，截取道府，均应由都御使等出具切实考语，分别保送。其满科道遇保副都统等，亦由满都御使出考。”[②]民族歧视政策在科道官的升转中也淋漓尽致地体现出来。

第三节　清代言官的职权

清承明制，赋予言官广泛的职权，不同的是，清代把六科并入都察院，台谏合一。都察院由都御使统领十五道监察御史和六科给事中共同执掌，据《钦定大清会典》，都察院的执掌如下：

① 蒋琦龄著，蒋世玢等点校：《空青水碧斋诗文集》，广西人民出版社，2001年，第30页。

② 《钦定台规》（光绪朝版）卷40，通例二，升转。

"都察院……掌司风纪,察中外百司之职,辨其治之得失与其人之邪正。率科道官而各矢其言责,以饬官常,以秉国宪。率京畿道以治其考察、处分、辩诉之事。大政事下九卿议者则与焉。凡重辟,则会刑部、大理寺以定谳,与秋审、朝审。大祭祀则侍仪,朝会亦如之,皇帝御经筵亦如之,临雍亦如之。"六科:"掌发科钞,稽察在京各衙门之政事而注销其文卷,皆任以言事。皇帝御门则侍班,御经筵亦如之,临雍亦如之。朝会则纠其仪。凡科钞,给事中亲接本于内阁,各分其正钞、外钞而下于部,应封驳则以闻,岁终则汇其本以纳于内阁。凡钞本皆副以史书、录书,惟密本则不钞。凡直,以给事中一人,二日而代,圣制台省箴之碑,即令守护焉。常朝,六科更番而察其朝单,若敕书、计籍、文凭、赋册、批回、试卷、学案、邮符、爰书,则科各分其职。"十五道:"掌稽察在京各衙门之政事而注销其限,分核各省之刑名、秋审、朝审各题,以俟勾决。皆任以言事。皇帝御门、御经筵、临雍,则偕给事中而侍班,朝会则纠其仪,祭祀亦如之,耕耤亦如之,救护日月食亦如之。凡有旨令御史监察者、巡视者,皆并列以科道……若掣签、搭饷、刷卷、磨册、勘工,则道各分其职。"[①]由上可知,都察院执掌庞杂,权力广泛,且有些职权科道之间是相通的。为了研究方便,这里把清代言官职权大致分类如下。

一、行政权:参议政事,驳正违失

清代统治者为广开言路,纠正执政失误,在设立都察院时就规定:"凡有政事背谬及贝勒、大臣有骄肆慢上,贪酷不法,无理

① 《钦定大清会典》(光绪朝)卷69,都察院、六科、十五道。

妄行者，许都察院直言无隐。”[①]赋予都察院及其监察官参政议政的权力。左都御史可以“豫参朝廷大议”，[②]监察御史“有大事集阙廷预议焉”，[③]给事中对于君主言行与政事得失兴废都可以提出建言。清帝经常将政事交九卿科道会议，或者命九卿科道与其他大臣合议，称为九卿议、廷议。清代以六部、都察院、通政司、大理寺为九卿，对一些涉及面广或业务性强的重大政务，皇帝经常敕令下九卿详议或再议，最后由皇帝定夺。廷议的范围更大，除九卿之外，还有内阁大学士、军事首领以及亲王参加，如果所议涉及军事，正副都统、将军都可以参加会议。廷议的内容大多是专门问题，如边患用兵、国家机构增减等，皇帝根据具体问题来选择参加议政的人选。关于言官议政的范围和方式，《钦定台规》有明确规定。顺治十一年（1654）上谕：“凡事关政事得失、民生休戚、大利大害、应兴应革切实可行者，言官宜悉心条奏，直言无隐。”[④]顺治十二年（1655）又谕：“凡事关朕躬，何令不信，何政有差；诸王贝勒、在事诸臣，旷职之愆，丛弊之处，及内外各司何害未除，何利未兴，言官各据见闻，极言无隐。一切启迪朕躬、匡弼国政者，所言果是，即与采用，如有未当，必不加罪。”[⑤]

言官进言的方式，平时条奏，可“各抒忠荩”，随时上呈。如果遇有政事大缺失，可由各道御史全体列名，“公同封进”。[⑥] 清

① 《钦定台规》（光绪朝版）卷2，训典二，圣谕。

② 《清史稿》卷115，志第90，职官二，都察院，第3302页。

③ 《清朝文献通考》卷82，职官六，都察院。

④ 《钦定台规》（光绪朝版）卷2，训典二，圣谕。

⑤ 《钦定台规》（光绪朝版）卷2，训典二，圣谕。

⑥ 《钦定台规》（光绪朝版）卷10，宪纲二，陈奏。

人为内场监试，二人为外场监试。”[①]康熙时期，以参加乡试的旗下生员逐渐增多，在考试时又兼派满洲御史监试。此后，经不断修改，御史监试制度日益完善，监察的范围囊括了乡试、会试、殿试、朝考和朝考拔贡生等各种类考试，考场内外的各个环节。被监督人员除考生外，主考、同考、阅卷官吏以及各类临场管理人员，都在御史的监察范围之内。对于违反考场规则的考生及官员，监试御史有权纠参。对于“有关涉科场情弊者，着都察院、五城御史、步军统领、顺天府、内外帘监试御史即行严拿治罪，不稍宽贷”。[②]

监察机关有权对中央和地方的财政进行监督与稽察，凡是财务出纳、税赋征收、经费开支、工程营缮以及财经纪律等，无不在都察院的检查审计之下。

首先，户科对京内各衙门支领财物、国家每月所收捐项、直省的钱粮杂税、漕粮、盐课、户关、解批等事都有审计之权。《钦定台规》中规定：“凡在京部院各衙门支领户部银物，各衙门每月造册送户科查核，如有浮冒、舛错者，指参。”[③]国家每月所收一切捐项除由户部捐纳房及银库造册稽核外，还要另造印册二份，“移送户科查核，以昭慎重”。[④] 赋税是国家财政的重要来源，因此清统治者对税收极为重视，审计也更为严格。顺治初年就规定，田赋、杂税及兵马钱粮的奏销，都由指定的部门造册，然后转呈户科查核：“凡直省解户部钱粮完欠，及田赋、杂税、兵马钱粮

① 《钦定台规》（光绪朝版）卷33，稽察五，考试。

② 《钦定台规》（光绪朝版）卷33，稽察五，考试。

③ 《钦定台规》（光绪朝版）卷16，六科二，分掌。

④ 《钦定台规》（光绪朝版）卷16，六科二，分掌。

各项奏销册，有蒙混舛错者，由户科指参。”[①]对征收田赋的原始凭证——易知由单也要进行严格审计，强调“州县由单申府，用府印钤盖，呈报部科覆核，如有私派、分洒等弊，户科题参”。[②]无论州县还是直省，奏销册数必须与由单相符。此外，藩司转任后的钱粮交盘，督抚每年奏报的收成分数等也在户科的审核范围之内。关于稽核漕粮，顺治初年规定：“凡漕粮兑定，该管粮道将开帮日期呈报，随造具各帮兑交粮米数目清册，呈送漕运总督，该督具题，以册送户科，由科同全单磨对。”[③]关于盐课考核，顺治三年(1646)议准，“凡运司、提举司等官，一年核办盐课，于岁终将已未销盐引若干，已未完盐课若干，造册呈送盐政，盐政具题，以册送户科注销，俟盐差任满具题，听都察院考察外，仍造具总册，送科稽核”。[④] 关于户关领批，在《钦定台规》中也有规定：“凡户部关差监督，赴科亲领四季印簿，令本商自填纳税数目，按季送科。差满送具总册，户科移取户部红单核对，如有舛错、违限者，题参。”[⑤]户科还有一项重要的任务，就是审查解批，即审查解送到户部的批文，清初规定：“解部钱粮批文册籍，各官当堂定限签发，如假手吏胥，空悬时日，任意违限，挖补年月，扶同作弊，经部科查出，将解役送刑部究拟。”[⑥]除户科外，在六科中有权审计财政的还有兵科和工科。兵科主要察核与军队有关的事项，《钦定台规》规定，凡直省每年奏销兵马棚桩、官兵俸饷

① 《钦定台规》(光绪朝版)卷16，六科二，分掌。
② 《钦定台规》(光绪朝版)卷16，六科二，分掌。
③ 《钦定台规》(光绪朝版)卷16，六科二，分掌。
④ 《钦定台规》(光绪朝版)卷16，六科二，分掌。
⑤ 《钦定台规》(光绪朝版)卷16，六科二，分掌。
⑥ 《钦定台规》(光绪朝版)卷16，六科二，分掌。

领结、驿递钱粮支销数目，都要造具清册，送兵科察核，“如有浮冒舛错者，题参”。此外，“凡直省督抚、提镇、学政、盐政等，每年终，将领过勘合火牌，造具清册，奏缴到日，送兵科察核，违例滥给者，题参”。[①] 工科主要稽核与工程有关的事项。在京工程中，修造宫殿需要工部会同工科一同作出预算，对亲王以下及大臣坟茔所需的物料以及其他修理工程中“工价五十两以上，物价二百两以上”的，要由工科和陕西道御史共同查实，工程完竣后察销。对各直省的重要工程，如修造城垣、官署、兵房、开浚池塘、修理堤坝、石闸、桥梁等项，“均造细册，送工科查核”。[②]

其次，十五道监察御史也有稽核财务之权。清代实行科道合一，御史与给事中同样负有监察财务之责。御史对户部三库、京内工程、宗人府中关涉财物的事件，都有稽核权力。据《钦定大清会典事例》记载，雍正五年(1727)题准，“户部三库出入数目，每月进呈御览，奉旨后，即交都察院，将各处所领银、缎、颜料等物原稿数目查核，如有不符，即行题参”。[③] 陕西道不仅要覆勘工部在京各项工程费用，而且“各直省督抚、盐关、织造，凡事关工程支销钱粮，及解交工部银两、物料等项”，也要由陕西道稽察。[④]

为保证对国家财政的绝对控制，清政府还专门设立宗室御史处和稽察内务府御史处，对宗室的钱粮册籍、婚丧、优恤、借给八旗官员银两以及拖欠、还过细数等账目进行稽核，对武备院每

---

① 《钦定台规》(光绪朝版)卷16，六科二，分掌。

② 《钦定台规》(光绪朝版)卷16，六科二，分掌。

③ 《钦定大清会典事例》(光绪朝)卷1018，都察院二一，各道。

④ 《钦定大清会典事例》(光绪朝)卷1018，都察院二一，各道。

年用过的钱粮数目和内务府广储司六库等官的更调交盘及取用存储物件之数进行稽察。

此外,清政府还派遣专职的科道官巡视地方,如巡漕、巡盐、巡仓等,对地方财务进行监督。

清代统治者通过严密的监察网,对从中央到地方,包括国家、皇室、军队的财政进行严格的审计和监督,把国家财政大权牢牢地控制在手中。

三、司法权:会谳重案,辨明冤枉

参与会审重案、稽察各省刑名,是清代科道官的重要职责之一。会审重案分两种:一是"三法司会审",一是"九卿会审"。三法司会审是指,凡罪至死刑的重大案件,由刑部、大理寺、都察院组成的三法司共同覆核。具体说来,在京刑名,由刑部承办"现审",都察院和大理寺参加会审,分为"会小法"和"会大法"两步。"死罪既取供,大理寺委寺丞或评事,都察院委御史,赴本司(刑部清吏司)会审,谓之会小法;狱成呈堂,都察院左都御史或左副都御史、大理寺卿或少卿,挈同属员赴刑部会审,谓之会大法。"[1]顺治初年,三法司会审只是刑部将案牍抄送都察院和大理寺阅看,"事不同审,稿不面议"。为了保证审案的公正性,顺治十五年(1658)奏准,"嗣后凡交三法司核拟事情,御史会同大理寺官面审同议"。[2] 至于"各省刑名事件,分道御史与掌道御史一同稽核",[3]然后上报刑部,刑部奉旨核议,再将核议意见送

① 《清史稿》卷144,志第119,刑法三,第4206页。

② 《钦定台规》(光绪朝版)卷13,宪纲五,会谳。

③ 《钦定台规》(光绪朝版)卷13,宪纲五,会谳。

都察院、大理寺参核副署，最后返回刑部，由刑部题奏，报皇帝核准。雍正元年(1723)又重申，“直省命盗案件，主稿虽在刑部，然亦由三法司公同确勘画题，方行请旨”。① 会审之后，“若意见不符，或有两议者，应于五日内缮稿送部，一并具题。至外省会稿事件，或有另议，亦于五日内缮稿送部”。② 否则，三法司会稿分别题奏，罪定立决，旨下，则派员监刑，监候者，则转入朝审。

遇有特别重大的案件，皇帝有时交给中央九个主要行政机构的主官，即六部尚书、大理寺卿、都察院左都御史、通政司通政使来会同审理，谓之九卿会审。九卿会审虽是清代中央最高审级，但判决的执行仍需皇帝最后批准。朝审、热审、秋审照例都有都察院参加。顺治十八年(1661)题准，“凡系重犯及遇热审，刑部会同都察院、大理寺公审”。③ 乾隆十三年(1748)又奏准，“嗣后秋审、朝审时，除掌道御史照旧与审外，其余御史遇审某省，即令某道御史一同上班与审”。④ 都察院参与审理重狱，可以看作御史弹劾权的延伸和深化。

都察院不仅监督司法机关的审判活动，而且也接受诉讼，审理有关案件。一般来说，官民对审断不公的案件，可以逐级上告，直至都察院、通政司或步军统领衙门呈诉，即“京控”。顺治十八年(1661)，都察院题准“官民果有冤枉，许赴院辨明，除大事奏闻外，小事立予裁断，或行令该督抚覆审昭雪”。⑤ 民众有冤

① 《钦定台规》(光绪朝版)卷13，宪纲五，会谳。
② 《钦定台规》(光绪朝版)卷13，宪纲五，会谳。
③ 《钦定台规》(光绪朝版)卷13，宪纲五，会谳。
④ 《钦定台规》(光绪朝版)卷13，宪纲五，会谳。
⑤ 《钦定台规》(光绪朝版)卷14，宪纲六，辩诉。

得以向科道申诉,以求救济。都察院对于重大案件,奏请圣裁,其他案件可以自行决定受理,或移送督抚再行审理。此外,顺治元年(1644)还设登闻鼓于都察院,每日有御史一员监直,以防止"内外各衙门有真正贪赃虐害、不公不法,地方重大紧急事情,六部、督、抚、按不行处治,又不奏闻者"。① 顺治十三年(1656),移登闻鼓于长安门外,科道满汉官轮流监直,军民人等若有重大冤抑事情,可以直接击鼓鸣冤,此为"叩阍"。但是,无论哪种形式,官民申诉必须要遵循一定的程序,即:"凡有奏告之人,在外者应先于各该管司、道、府、州、县衙门控诉,若司、道、府、州、县官不与审理,应于该管总督、巡抚、巡按衙门控诉,若总督、巡抚、巡按不准,或审断冤枉,再赴都察院衙门击鼓鸣冤,都察院问果冤枉,应奏闻者不与奏闻,准赴通政使司衙门具本奏闻。在京有冤枉者,应于五城御史及顺天府、宛、大二县告理,若御史、府、县接状不准,或审断不公,再赴都察院衙门、通政使司衙门具奏申告。至于六部,其应呈应诉者,照旧例准理。若内外大小衙门,明知枉情,蔽不上闻,许具本至午门前进奏,传谕之后,有仍前声冤告奏者,问以重罪。"②因此,都察院成了清代救济冤枉的上告机关。到嘉庆时,都察院处理上告案件的程序得以定型,基本上形成了具折奏闻、咨回各该省督抚审办、径行驳斥三种方式。为了防止关涉权要的案件中"瞻顾情面"、"启贿嘱消弭之渐",嘉庆四年(1799)上谕:"嗣后都察院、步军统领衙门,遇有各省呈控之案,俱不准驳斥,其案情较重者,自应即行具奏。即有应咨回本省审办之案,亦应于一月或两月,视控案之多寡,汇奏一次,并将

① 《钦定大清会典事例》(光绪朝)卷1013,都察院一六,宪纲。

② 《钦定台规》(光绪朝版)卷14,宪纲六,辩诉。

各案情节于折内分晰注明，候朕披阅。”[①]

四、其他权力：考核官吏，侍班纠仪

清代赋予都察院以考核官吏权，按考课制度，在京文官的考核称为京察，在外文官的考核谓之大计，武官则称军政。在京察之年，都察院堂官除了“察其属之职而注考”，[②]对都察院内自御史以下各级官员进行考核外，凡“京察、大计、军政，都察院皆与考察，吏部官应议处、议叙者，由都察院议奏”。[③] 在京察之期，并不是所有官吏都由都察院来考核，据乾隆朝《钦定大清会典》记载：“京察之制，三品京堂由部开列事实，具奏候旨，四、五品京堂请特简王大臣验看，分别等第引见，余官各听察于其长。”[④]都察院只参与部分官吏的考核。《大清会典事例》中详细地记载了具体的考核办法。三品以上京官及在外督抚的考核方法是：先自陈政事得失，再由吏部填写履历列题，等候皇帝决定。“在内四品，在外布政使以下各官，俸满三年，移送吏部、都察院考核。”在京各衙门属官考察，“俱听本衙门堂官考核，照外官考察格式，填注考语、事迹，或贤或否，应去应留，造册密送吏部、都察院、吏科、河南道，以凭会考”。[⑤] 外官大计，则“凭各直省督抚核实官评，分别汇题；吏部会同都察院、吏科、河南道详加考察，分别奏请，填注考语”。[⑥] 如有贤否倒置、不合公论者，科道官皆可据实

---

① 《钦定台规》（光绪朝版）卷14，宪纲六，辩诉。

② 《钦定大清会典》（光绪朝）卷11，吏部。

③ 《钦定大清会典》（光绪朝）卷69，都察院。

④ 《钦定大清会典》（乾隆朝）卷6，吏部，（台北）商务印书馆，2008年。

⑤ 《钦定大清会典事例》（光绪朝）卷78，吏部，处分例，京察统例。

⑥ 《钦定大清会典事例》（光绪朝）卷80，吏部，处分例，大计统例。

纠参。关于武官的考核,依据《钦定大清会典》,“考中外武官之治曰军政,五岁则举行焉。凡大臣由部疏闻以候旨,余则注考而别其黜陟。在京则请简王大臣以阅骑射;若驻防,若绿营,皆题而下于部以会核”。① 由此看来,言官考核官吏的权力,只限于京察、大计和军政的会核。都察院堂官与科道官员,是通过官员考核中的会核来发挥其人事监察功能的。

此外,在京察和大计之期,还赋予言官“纠拾”之权,以纠举考察之后出现的遗漏。言官可以对“内而京堂,外而督抚,不拘现在丁忧、告假、养病,悉照京察事例,令科道各官遇有见闻即据实纠劾”。② 为了杜绝言官滥用职权,要求言官纠举的内容“必系紧要衙门,或有关吏治、刑名、钱谷诸大事,不得滥及散轶,摘发细故”。③ 但言官的监察活动不能只限于京察和大计之年,因此,康熙六年(1667)上谕:“言官若有所闻有所见,既许不时陈奏,其拾遗永行停止。”④

肃正礼仪是君主维持威仪的一种重要方法,清代对各种仪式尤为重视,遇有皇帝主持祭祀、朝会等重要典礼时,科道官要负责监察礼仪。《钦定大清会典》规定了各级科道官的职责,其中左都御史和左副都御史在祭祀、朝会、御经筵、临雍时,都要侍仪:“皇帝亲祭圜丘、祈年殿、太庙、历代帝王庙、先农坛、先师庙、关帝庙、文昌庙,侍仪左都御史、左副都御史满洲一人,汉一人,立于西班东向;方泽、社稷坛立于东班西向;日坛立于北班南向;

---

① 《钦定大清会典》(光绪朝)卷49,兵部。

② 《钦定大清会典事例》(光绪朝)卷1020,都察院二三,各道,京察。

③ 《钦定大清会典事例》(光绪朝)卷1020,都察院二三,各道,大计。

④ 《钦定大清会典事例》(光绪朝)卷1020,都察院二三,各道,京察。

月坛立于南班北向……皇帝御殿，侍仪左都御史、左副都御史满洲二人，汉二人，于殿檐下西第三柱前东向立，又左都御史、左副都御史满洲一人，汉一人，于甬道旁品级山第一层前北向立……经筵，侍仪左都御史满洲一人，汉一人……临雍，侍仪左都御史满洲一人，汉一人，有缺皆以左副都御史补班。"①给事中与御史同负纠仪之责，于坛庙祭典陪祭，朝会侍班、查点职名："御门侍班，给事中满洲二人，汉二人，在西阶下东向立……御经筵侍班，给事中满洲一人，汉一人，在文华殿内西向立……临雍侍班，给事中满洲一人，汉一人，在辟雍东西檐柱内东西向立……皇帝升殿，纠仪给事中与御史凡三十六人，于甬道旁每一层品级山之次北向立。"②十五道监察御史在皇帝御门、御经筵、临雍的时候，也要偕给事中侍班，朝会、祭祀、耕耤、救护日月食的时候，负责纠仪。具体说来："御门、御经筵、临雍，各以御史满洲一人，汉一人，于给事中之次侍班……皇帝升殿，以御史与给事中共三十六人，左右分立品级山之次纠仪，常朝及天安门外宣诏，午门外颁时宪书，颁赏文武乡、会试，进士、举人谢恩，临雍之次日，衍圣公率五经博士、各氏后裔，国子监堂官率六堂及各学师生谢恩，各以御史满洲二人，汉二人，分东西二班纠仪……坛庙祭祀，皇帝亲诣行礼，以御史满洲二人，分左右班，于陪祀王公行礼处监仪，御史汉四人，分左右班，于百官行礼处监仪。午门以御史满洲二人，汉二人，分左右班，稽察迎送百官。如遣官恭代，则遣官行礼处，以御史满洲二人，汉二人监礼。百官行礼处，以御史满洲二人，汉二人监礼。告祭圜丘、方泽、太庙、社稷，祫祭前期一日告

---

① 《钦定大清会典》(光绪朝)卷69，都察院。

② 《钦定大清会典》(光绪朝)卷69，都察院。

祭中殿、后殿,祈祷、三坛报祀,各以御史满洲二人,汉二人监礼。祭祀宰牲,以京畿道御史满洲一人,汉一人监视……耕耤以御史满洲二人,汉二人,分东西班侍仪……救护日月食,以御史满洲一人,汉一人,分东西班纠仪。”[①]言官在皇帝大朝之日,要行使稽察之权,对于那些“逾越班行、交相接语,或轻佻嬉笑,礼不逾阶而相与言”等失仪行为,毋得容隐,即行参奏。如果言官遇到失仪者不及时纠参的话,一经查出,“必行治罪”。[②]

总之,清代的言官监督范围极其广泛,执掌十分庞杂,上有对天子的建言与封驳之权,下有对中央及地方百官的监察与纠弹之权,涵盖了政治、经济、法律、军事、文化及社会生活等各个方面,兼有行政监察、司法检察、司法审判乃至行政管理等多种职能,行政、监察、司法等权力相互交叉,兼而有之。灵活多样的监察机制,对封建国家行政管理发挥了重要的监督作用,对保证国家机器高效、平稳运转起了积极作用。但是,随着皇权的高度加强,言官的谏诤成了封建君主虚怀纳谏的点缀,皇帝的意志决定了言官发挥作用的尺度。到了近代,随着国门被打开,国内外形势发生了天翻地覆的变化,清政府不得不对旧有的监察制度进行改革,从此,言官登上了新的政治舞台。

第四节　晚清言官制度的改革

1840 年以后,中国进入“天崩地解”的社会历史转型时期。鸦片战争使中国开始从封建社会逐渐沦为半殖民地半封建社

① 《钦定大清会典》(光绪朝)卷 69,都察院。

② 《钦定大清会典事例》(光绪朝)卷 1022,都察院二五,各道。

会，清政府开始面临内外交困的局面。庚子之役使清廷因再次遭到沉重打击而处于风雨飘摇之中，无法保持其对帝国的控制。在新的形势下，传统的政治、法律制度已经不适应社会发展的需要。为控制国内动荡的局面，适应新的国际形势，挽救岌岌可危的统治，清政府不得不重新考虑通过改革以图生存。在光绪、宣统时期，清政府宣布实行新政，开始了步履维艰的政治、法律体系改革。在官制改革中，清政府保留了都察院。但是，随着半殖民化的加深，其监察制度势必受到影响，列强在华强占租界，中国出现了“国中之国”，这不仅严重侵犯了中国的主权，更使都察院的监察权力和范围受到了相当的限制，以往无所不纠、无所不察的科道官们无法对租界区的行政机构和官员进行监督。加之在清末新政中，清政府又陆续添设了一些机构，如外务部、农工商部、学部、民政部、邮传部等，这些衙门“办理事件并不关报都察院”，都察院“无从稽察”。[①] 有鉴于此，清政府在宣布预备立宪后，便对都察院进行整顿，从机构设置、选任标准、言官职掌、监察程序等四个方面进行调整和改革，从而引发了言官制度的变化。

一、调整言官的机构设置

光绪三十二年（1906）清政府颁布《都察院整顿变通章程》，对言官的机构设置作如下调整：

一、裁减都察院员缺。清初都察院设左都御史满汉各一人，左副都御史满汉各二人，共计六人。清末官制改革时，左都御史、左副都御史员额共为三人，且不分满汉。

---

① 陆宝忠：《呈都察院整顿变通章程清单》，中国第一历史档案馆藏：录副奏折，档号：03—5471—098。

二、裁撤六科。都察院原设吏、户、礼、兵、刑、工六科，分科办事，责有专归，分别对中央各行政部门进行监督。整顿后，废去六科名称，六科给事中改为给事中，“别铸给事中印，额定二十人”。[①]

三、按省设道。清初都察院原设十五道，整顿后“增设辽沈道，仿京畿道例，置掌道、协道各二人；析江南为江苏、安徽二道，湖广为湖北、湖南二道；并增甘肃、新疆二道，置满汉御史各一人。是为二十道”。[②] 清末道的数量增加，但监察官员的编制却有所减少，京畿道和辽沈道因其在首都和陪都的重要地位，各置掌道二缺，协道二缺，其余各道只设掌道二缺，不设协道。

四、裁撤其他衙门。撤销了五城察院，裁撤稽察地方事务的五城巡城御史。撤销了查仓御史、查旗御史，所有稽察宗人府、内务府等差也一并裁撤，其职责由新设立的各级审判厅代替。五月二十八日（7 月 19 日）清廷下旨：“稽查值年旗事务、稽查左右翼前锋统领、护军统领、稽查火器营各御史，均着裁撤。”[③]

五、增设都察院研究所。由都察院堂官中遴派提调二员、编译二员，专司其事。在研究所内添购各种书籍及报纸，以为科道官纠察及裁判行政的参考资料。同时规定，给事中、御史各员必须分日到所研究，“如有所见，各抒议论，存稿传观”。[④] 研究所内还规定了考勤制度，“设立画到簿，由提调稽核，不准托人代

---

① 《清史稿》卷 115，志第 90，职官二，都察院，第 3307 页。

② 《清史稿》卷 115，志第 90，职官二，都察院，第 3305 页。

③ 《光绪宣统两朝上谕档》（三二），广西师大出版社，1996 年，第 109 页。

④ 陆宝忠：《呈都察院整顿变通章程清单》，中国第一历史档案馆藏：录副奏折，档号：03—5471—098。

画，月终由堂调查，以别勤惰，并觇其有无心得”。[①] 该研究所“是中国近代第一个监察研究机构，也是第一个培训监察官员的机构”。[②]

二、改革言官的选任标准

言官为朝廷耳目之官，清政府十分重视言官的铨选。按规定，每逢科道出缺，即由吏部根据翰林及部属候选科道名册登记之次第，每缺每册各录取三名，然后呈请皇帝选择一人任命，如有一册待缺人数不足三人，则由其他册提出补足；如两册待缺之人俱不足数，则咨各衙门专保补足。但是这种保送办法也存在一定的问题，这就是：“凡愿送之员，一概保送，不加甄择，虽有考试，亦但第其甲乙，并无去取。”[③]用这种办法选出的言官，“识见通达、议论纯正者，固不乏人，而毛举细故、无当大体者，亦时不免”。[④] 因此，清末改定官制时，对这种任用之法进行了改革，将考选翰林、部属旧制取消，改为“于京官实缺五品以下至中书，外官实缺四品以下至州县”[⑤]的官员中考选。后来因举办新政，外省对实缺官员需求甚殷，不能按要求保送言官，所以清政府又调

① 陆宝忠：《呈都察院整顿变通章程清单》，中国第一历史档案馆藏：录副奏折，档号：03—5471—098。

② 林代昭：《中国监察制度》，中华书局，1988年，第206页。

③ 奕劻：《奏为遵旨议覆都察院官制事》，中国第一历史档案馆藏：录副奏折，档号：03—9285—021。

④ 《整顿都察院慎选言官着军机大臣等妥议谕》，《清末筹备立宪档案史料》(上)，中华书局，1979年，第478页。

⑤ 《都察院官制着依奕劻等所奏办理谕》，《清末筹备立宪档案史料》(上)，第478页。

整政策，光绪三十三年(1907)年五月下旨："嗣后保送御史，着准其兼择候补人员之曾任实缺及曾经署事，确系声望素孚、政绩卓著者，加具切实考语，一律保送。"[①]而且，要求被保送的言官必须"气节刚正，志虑忠纯"，[②]外官确系"声望素孚，政绩卓著"。[③]同时再次强调言官的出身，"非进士、举贡、荫生出身人员不得保送"，"非学堂卒业人员不得保送"。[④] 在保荐言官时，要说明被保荐人的"志行事迹，出具切实考语，不得以寻常笼统之词漫为推许，其有品谊不端、学术不正者，毋得滥保，如或滥保，一经发觉，并将原保大臣从重治罪"。[⑤] 保送后，由都察院请旨廷试，然后按考试录取之次第登记名册，遇科道出缺，每缺由吏部依次带领三人引见，恭候简用。现任御史也由都察院堂官随时考核，如有声名平常、志节卑陋者，即行据实纠劾。

三、缩减言官的职掌范围

都察院作为中央最高监察机关，在政权运作过程中拥有巨大的权力，其职责为"专掌风宪，以整纲饬纪为职，凡政事得失、官方邪正、有关于国计民生之大利害者，皆得言之，大狱重囚，偕

① 《德宗景皇帝实录》(八)卷573，光绪三十三年五月上，中华书局，1987年，第583页。

② 奕劻：《奏为遵旨议覆都察院官制事》，中国第一历史档案馆藏：录副奏折，档号：03—9285—021。

③ 《清朝续文献通考》卷127，职官十三，京文职，都察院。

④ 陆宝忠：《呈都察院整顿变通章程清单》，中国第一历史档案馆藏：录副奏折，档号：03—5471—098。

⑤ 奕劻：《奏为遵旨议覆都察院官制事》，中国第一历史档案馆藏：录副奏折，档号：03—9285—021。

刑部、大理寺谳平之”。[1] 这就决定了清代监察制度的特征是诸法合体,行政与司法混杂,言官兼有监察行政与司法等诸多权力,国家的全部政务,无不受其监察。但是,这种混杂的监察制度已经不能适应新时代的要求。规范言官的职掌,确定言官的监察职能,已经成为时代提出的新课题,也是清政府必须面对的新问题。光绪三十二年(1906),清廷对言官的职掌进行了整改,改制后言官的职责限定在统司监察上,保留其对京内外行政各衙门公务执行情况的稽查权、考核官吏权,以及侍班纠仪的职责,但也脱卸了一些权力。据奕劻《呈都察院官制清单》记载,左都御史以下、监察御史以上各官,对于“事关报销款项及行政诉讼者,于审计院、行政裁判院设立以后,应转归各该院办理”。“所有会审重谳、覆核刑名及受理陈诉冤枉等执掌,于法部设立及法院编制法实施以后,应转归各该衙门办理。”[2]缩小了都察院的监察范围,减少了言官的职掌。

四、简化监察程序

依据《都察院整顿变通章程》,不仅言官的职掌得以部分脱卸,改制后的监察程序也更趋简单。各部院无需事无巨细地向都察院关报办理的事件,只需将紧要事件陈奏。给事中对各部院用人不当、办事不实等统司纠察,京外各衙门章奏,“凡关涉用人、行政,举措损益者,概行发抄,俾给事中、御史等悉心考究,如

---

① 《清朝文献通考》卷82,职官六,都察院。

② 奕劻:《呈都察院官制清单》,中国第一历史档案馆藏:录副奏折,档号:03—9284—028。

有未协，随时纠正，不必拘定何衙门归何科、何道稽察”。[①] 因为各道按省分设，所以各道御史要于所掌各道访求利病，同时“各省于州县以上之补署，省内外各局所之增减，以及兵制、财政、学务、农业、路矿、警察诸大纲”也需要“按年列表，咨送都察院，以凭考察”，这样既简化了言官的监察程序，又能使都察院“按籍以稽，亦不至传闻失实”。[②]

五、评价

清末言官制度改革，是在借鉴西方监察体制的基础上，对中国传统监察制度进行的一次较大规模的改革，通过精简都察院机构、净化监察职能、简化监察程序等措施，初步建立起现代行政监察的雏形。虽然还很不完善，但以其所依凭的先进政治理念、合理的监察制度结构，对政治制度的发展产生了相当的影响。

（一）改革顺应了历史潮流

20世纪初，随着新政的展开，西方国家的政治制度、法律制度渐次介绍到中国，统治阶级中的一些人已经认识到，中国之积弊所以难以清除，就在于职责不分，行政官员兼有立法、司法之权，司法官兼有立法权。这种混乱局面势必造成行政官员利用职务之便，或凭个人之爱憎创制、变更法律，司法官员为谋听断之便利，创制严峻法律的弊端。在传统官制中还存在一人兼数

---

① 陆宝忠：《呈都察院整顿变通章程清单》，中国第一历史档案馆藏：录副奏折，档号：03—5471—098。

② 陆宝忠：《呈都察院整顿变通章程清单》，中国第一历史档案馆藏：录副奏折，档号：03—5471—098。

差、数人分一任的现象，前者使官员“日不暇给，弊在废事”，后者则使官员“筑室道谋，弊在玩时”，最后导致“贤者累于牵制，不肖者安于推诿”。这种弊端，严重影响官员的行政能力和政府的办事效率。有鉴于此，清廷在宣布仿行立宪时，提出对官制要“清积弊，定责成”。[①]

另一方面，传统的监察制度发展到清代，已经至为完善，但是高度集中的君权，又使皇帝对监察机关拥有绝对的控制权，科道官的考选、任用、升迁都在皇帝的掌控中，科道官的条奏，完全以皇帝的意志为断，即“条陈在臣下，而允行则出朕旨”，[②]这是中国封建社会监察制度无法克服的弊病。在高度集权的专制体制下，科道官们经常处于进退维谷的境地，许多科道官不得不以消极的办法明哲保身，或趋炎附势，或极少条陈，或上奏一些不关痛痒之言以敷衍塞责，或高谈阔论，泛泛而议。对于这种风气，康熙、雍正、乾隆等朝都曾经发布上谕表示不满，但并不能遏止，到清晚期甚至更加严重。嘉庆四年(1799)上谕说：“朕近阅臣工条奏，累牍连篇，率多摭拾浮词，毛举细故，其中荒唐可笑，留中不肯宣示者尚不知凡几。”[③]嘉庆十五年(1810)又谕：“科道本有言事之责，第近来言官条奏，毛举细故者多，而于关系官方不公不法等事，回护瞻徇，转多缄默。其陈奏之件，非受人请托，即有意露名，希冀简擢，实为近来积习。”[④]因此，改革传统的监察制度，建立具有现代行政监察性质的监察系统是大势所趋。

① 《光绪朝东华录》(五)，中华书局，1958年，总第5577页。
② 《钦定大清会典事例》(光绪朝)卷1002，都察院，宪纲，谕旨五。
③ 《钦定大清会典事例》(光绪朝)卷1002，都察院，宪纲，谕旨五。
④ 《钦定大清会典事例》(光绪朝)卷1005，都察院，宪纲，谕旨八。

（二）改革使言官的职权向现代行政监察模式靠拢

中国传统的监察制度是在诸法合体、行政和司法混杂的法律体系下建立起来的，监察官的职权庞杂。在清代，“科道官虽然因处理政务上及地域上设有分界，但是他们的监察权，在性质上并无限制”。[①] 这种现象造成科道官权限不分、职任不明、名实不副等弊端。为消除积弊，清廷一方面明确都察院的职责，确定“都察院本纠察行政之官，职在指陈阙失，伸理冤滞”；[②]另一方面又分职以专任，光绪三十二年(1906)发布上谕：“司法之权则专属之法部，以大理院任审判，而法部监督之，均与行政官相对峙而不为所节制……此外，有资政院以持公论，有都察院以任纠弹，有审计院以查滥费，亦皆独立。”[③]在此原则指导下，清廷在地方设立各级审判厅，卸脱了都察院的司法审判权；撤销五城御史，卸脱了都察院的治安权。而且各道监察御史的职权越来越限制在访求利弊、专司纠察，言官的职权渐趋接近于现代行政监察权，日益向现代行政监察官员靠拢。这种专职化的监察官员的出现，促成了专门的司法监察制度的出现。

（三）改革的局限性

清末的言官制度改革，改变了中国传统的司法与行政不分的体制上的混乱，使言官的职权从众多的职能中净化出来，成为具有现代意义的专职监察官，促进了中国近代监察制度的发展。但改革后言官制度并没有真正发挥其作用。原因之一，是以皇权为中心的旧的官僚体制没有丝毫的改变。立宪运动时期的中

---

① 李剑农：《中国近百年政治史》，复旦大学出版社，2002年，第7页。

② 《光绪朝东华录》(五)，总第5579页。

③ 《光绪朝东华录》(五)，总第5578页。

央官制改革，不仅没有动摇皇权，清廷反而“巧妙地把对中央政府的控制进一步控制在满人手里”，[①]在专制体制下的科道官，必然因其固有的工具性和对皇权强烈的依附性，而影响其职能的发挥，无论都察院有多少详密的监察制度，最后也只能流于形式，不能真正发挥其监察作用。其二，言官依然来自旧有的科道官，他们在没有经过现代监察技能培训的前提下，就进入新的监察系统，这种“新瓶装旧酒”的改革模式，使得仅具有现代形式的言官制度不可能真正发挥其监察功能。其三，新的制度从确立到发挥作用需要一定的时间，从改革言官制度开始到辛亥革命爆发，不过是短短几年的时间，在如此短暂的时间里，一种新制度能否发挥其作用，答案是显而易见的。

清代，无论是监察组织的构建，还是科道人员的选任与考核，都达到了非常完备的程度，言官职权兼具行政、监察、司法，几乎无所不包，在专制皇权的推动下，言官监察制度也发展到了最高和最后形态。极权政治极度强化，皇权至高无上，言官虽然被赋予参政议政、驳正违失、监察百官、弹劾官吏以及条陈政事得失等各种权力，然而，这些权力最终要无条件地服从和服务于皇权，特别是科道合一后，六科封驳皇帝诏书的权力被彻底剥夺，传统的“谏官”名存实亡，言官日益受皇帝的意志所左右。清统治者又通过控制言官的考选、差遣、升转等方式，将言官的前途和命运牢牢地控制在自己手中，从而加强了监察权对皇权的依附，使言官成了完全效忠于自身的“耳目之官”和代己监察文武百官的有效工具。当历史的脚步迈入近代以后，大清帝国遭

---

① (美)费正清、刘广京编:《剑桥中国晚清史》，中国社会科学出版社，1985 年，第 456 页。

遇到前所未有的挑战,内忧外患的局面加剧了社会的动荡,也使君主专制的极权统治受到了前所未有的威胁,传统的监察制度也就走到了其发展的尽头,出现了言官监察功能的弱化或者向其他职能转化的趋向,言官勤于陈言而疏于纠弹,这种现象在洋务运动、戊戌维新和清末新政中有十分明显的表现。

第二章　言官与洋务新政

洋务新政是清廷推行的以“自强”、“求富”为目的的自救运动，是晚清政治变革与社会发展非常重要的阶段。前期学习和效仿西方的军事制度以图“求强”，然后开始“求富”，即兴办民用工业，以解决原料及资金问题。同时，为培养对外交涉和求强、求富过程中所需要的专业人才，还采取了一些引进西方先进文化和培养人才的措施。“洋务运动像是在缺乏产业革命条件的情况下出现的产业革命迹象。它因模仿一部分西方器物而异于传统，又因其主事者以新卫旧的本来意愿而难以挣脱传统。”① “难以挣脱传统”导致颟顸失措，“异于传统”则招致指斥攻击。洋务派的基本主张是“变通”、“自强”、“求富”、“求才”，②这些主张在历史上并不罕见，是老生常谈式的传统治国信条，但洋务派为这几项主张提供了新的标准、新的参照系，即学习西方，以夷人为师，在一定程度上突破了传统的观念，因而遭到顽固守旧势力的反对。言官因其出身与职掌，往往对异于传统儒家信条的言行有很强的敏感性和敌意，面对洋务，不少言官怀有戒心，担

---

①　陈旭麓：《近代中国社会的新陈代谢》，上海人民出版社，1992 年，第 106—107 页。

②　吴雁南等主编：《中国近代社会思潮（1840—1949）》第 1 卷第 1 编第 3 章，湖南教育出版社，1998 年，第 121—142 页。

心兴办洋务会动摇他们长期以来所信奉、依赖的圣人之道与典章制度，反对、攻讦自在意中。随着洋务新政的次第举办，其弊端也开始显现，这又为反对者提供了新的口实。引圣人之言否定、举窳败之处指责洋务新政，成了言官反对洋务运动的基本模式。不过言官并非一个顽固的整体，虽然他们之中的大多数人总体上反对学习西方、举办洋务，但对于学习、仿造那些经过战争比较而高下立见的西方利器，一些言官并不顽固反对，反倒加以支持。在洋务新政由个别洋务官员的主张经朝廷谕旨变为既定国策之后，言官一般不再从政策层面上进行反对，只是坚决抵制那些他们认为有害于国家利益的措施，如修建铁路等，对于洋务新政中的其他方面，则在维护名教、整纲饬纪的旗号下提出修补意见，其最终目的还是为了维护清王朝的长治久安。

第一节 言官对洋务新政的态度

洋务新政之初，言官在支持与反对的场景均有发声，但整体上其表现并不特别引人注目。到光绪朝，洋务新政步入新的发展阶段，军事工业继续创办，民用工业得到相应发展，中国第一支近代化的海军北洋舰队也建立起来。相对同治朝来说，光绪朝的洋务新政发展得不可谓不迅速，范围不可谓不广。然而，笔者在梳理光绪朝言官奏折时却发现，在这一时期言官针对洋务新政发表的意见与新政本身的发展速度不成正比，即便有所陈奏，也是针对某一具体事件。何以在光绪初年，统治者一再征询意见之时，具有言责的言官们却对洋务新政如此冷漠？反映的是何种心态？

一、言官对洋务新政的冷漠

光绪元年(1875)至二十一年(1895),笔者统计到的言官奏折为3624份,他们对时政的批评和建议林林总总,涉及政治、经济、军事、文化等各个方面。按内容分类,列前十位的依次是参奏官吏、社会治安、京控案件、赈务、旌表、铨选、科举、吏治、请奖、任官(见表1)。

表1 光绪元年至二十一年言官奏折按内容分类前十位统计表

次序	1	2	3	4	5	6	7	8	9	10
奏折类别	参奏官吏	社会治安	京控案件	赈务	旌表	铨选	科举	吏治	请奖	任官
数量	563	299	272	197	133	110	107	99	96	88
比例(%)	15.50	8.25	7.50	5.43	3.67	3.03	2.95	2.73	2.64	2.43

表中,参奏官吏、赈务、旌表、铨选、科举、吏治、任官属中央大政,京控案件属地方大政,社会治安属于社会问题。可知在光绪朝前中期,言官所关注的主要是中央和地方的政务性问题和社会问题,尤以中央大政为多。

把关涉洋务新政的项目归类统计,在21年时间里,言官奏折总计151份(见表2),占这一时期言官上奏总数的4.16%。其中对于洋务新政的总体性建言很少,大多是针对具体问题,如兴办铁路、矿务、筹划海防、振兴商务、创办学堂等,与光绪年间洋务新政的发展过程一致。

表 2　光绪元年至二十一年言官奏折中有关洋务新政内容统计表

时间 / 数量 / 类别	光绪元年	光绪二年	光绪三年	光绪四年	光绪五年	光绪六年	光绪七年	光绪八年	光绪九年	光绪十年	光绪十一年	光绪十二年	光绪十三年	光绪十四年	光绪十五年	光绪十六年	光绪十七年	光绪十八年	光绪十九年	光绪二十年	光绪二十一年	合计
总论	2	0	1	2	1	1	0	0	1	1	0	0	0	0	0	1	0	0	0	0	4	14
学校	2	2	0	0	0	0	0	1	4	0	0	0	0	1	0	0	0	0	0	0	1	11
教育	0	1	0	0	1	0	0	0	2	2	0	0	0	0	0	0	1	1	0	0	1	9
矿务	0	0	0	1	2	0	1	0	2	1	0	0	0	0	0	0		1	2	2	4	16
防务	0	0	0	0	0	6	2	0	4	2	3	0	1	0	0	1	1	0	2	4	4	30
铁路	0	0	0	0	0	2	0	0	0	5	1	0	1	5	3	1	0	0	0	0	14	32
海防	0	0	0	0	0	1	0	2	0	4	1	0	0	0	0	0		0	0	1	2	11
外交	0	0	0	0	0	0	1	0	3	1	1	2	0	1	1	0	0	0	0	0	2	12
商务	0	0	0	0	0	0	1	0	0	0	0	0	0	0	1	0	1	1	2	0	3	9
船政	0	0	0	0	0	0	0	0	0	0	1	0	0	0	0	0	0	0	0	1	3	5
海军	0	0	0	0	0	0	0	0	0	0	0	1	0	0	0	0	0	0	0	1	0	2
小计	4	3	1	3	4	10	5	3	16	16	7	3	2	7	5	3	3	3	6	9	38	151

与同期洋务大臣们连篇累牍的陈奏相比，言官们关于洋务新政的奏疏寥寥无几，即便与言官的其他类别的奏议比较，也是少之又少，甚至在有些问题上，形同失声。何以出现如此局面？原因不外两点：

其一，言官的出身和职责决定了其关注范围的广狭。言官绝大多数是科甲正途出身，他们对中国传统之政教根本、治术精华了解颇深；职司监察，以卫道士自居，以纠举弹劾、匡弼时政为使命，对洋务建设大多不以为然，对于洋务建设中那些奇巧技艺更是不屑一顾，因而，对洋务关注不够也在情理之中。

其二，言官对洋务的认知程度影响其建言的内容。洋务新政主要是由以曾国藩、左宗棠、李鸿章等为首的地方督抚和以奕䜣、文祥为首的总理衙门大臣倡导和发动的，两者构成了洋务派的核心力量。自咸丰朝起，战场上使用近代新式武器已经很普遍，且不论英法联军，就是太平军也配备有洋枪洋炮。清政府方面，常胜军、常捷军之类的中外联合武装已经全部是西式装备，清军自身也有相当一部分不再使用冷兵器。在内外厮杀中，统兵的地方督抚们亲身体验到近代新式武器的先进性，认识到它们在扑灭内乱中的巨大作用，也担忧这些先进的新式武器一旦散落民间，将对朝廷构成巨大隐患，更担心持有这些先进武器的外国列强对中国的威胁。巨大的隐忧和严峻的现实，转换成了最能打动清统治者进行变革的理由，使他们认为兴办洋务刻不容缓。除上述洋务官僚之外，洋务派还包括一批竭力鼓吹和支持洋务的知识分子，他们或与洋务官僚关系密切，或者对西方资本主义有较多的了解，或者是接受了西方文化影响。尽管成分复杂，但他们又具有共同的特征，就是思想较为开放，作风务实，勇于开拓创新。与之相反，言官囿于出身和见识，在观念上闭目塞听，固步自封，对于新事物往往深闭固拒，对外国的具体情况、中西实力对比之悬殊颇无所知，甚至根本无法想象。他们因对洋务了解不多而很少建言，即便有所陈奏，也往往是出于偏见，这使得这一时期言官对洋务新政的认识停留在比较肤浅的层次，因而较少对洋务新政从整体上作出评价。

二、言官对洋务新政的批评

随着洋务新政的逐步开展以及风气渐变，进入光绪朝以后，已不见此前顽固派与洋务派的那种尖锐对立与论争。但洋务派所办军事工业、民用工业以及教育机构中存在的一些问题，便成为言官攻击的对象。其中光绪四年(1878)四月河南道御史欧阳云"封疆大吏开机器局，修铁路，宜永远禁止"的上奏颇具代表性。

在奏折中，欧阳云首先指出封疆大吏"不识朝廷用意所在，遂渐忘本务之图"，兴办洋务败坏风气，浪费资财，造成国穷民困。

> 我朝文教昌明，崇正道而黜异端，敦本业而屏邪术，亦何至素隐行怪同于外裔？乃近来格致书院立，而庠序之化变为异端；机器局开，而寻常之用变为淫巧。甚至开船政局、招商局，购造轮船动费数百万金，购造铁甲船又费数百万金……以兵凶空乏之后，此数百万金之费从何而出？出之于国则国困，出之于民则民亦困。[①]

① 欧阳云:《奏为灾难频频人事必有上干天怒者封疆大吏开机器局修铁路宜永远禁止敬陈管见事》，中国第一历史档案馆藏：录副奏折，档号:03—5582—006。

继而，对洋务派师洋人长技以防洋人的思想，以及兴办洋务以使中国富强的目标进行了分析，认为洋务派这种目标不仅不能达到，反而会以此资敌，危及国家，贻害小民：

> 夫人有长技，岂肯倒持太阿而授人以柄，是我之所见为长者，不过适得其短。今费数百万金而学彼之机器，既虚幻而不急于用，购彼之轮船，亦敝坏而不可用。闻轮船近多失事，是其明征。至购铁甲船，将以为海防之用。夫水师戈船必以便捷轻利为要，若铁甲船则笨重不利于用，恐一旦有事，反以借寇兵。前洋人之开铁路也，本以毒我中国，毁吾民房产，发吾民冢墓，夺吾民车载之利……且我既自开其端，将彼之狡焉思启者更有所借口以逞其欲，为害伊于胡底。夫中国生齿之繁，士农之外，百工商贾各执其业以谋其生，自机器局开而百工之业废，轮船、铁路开而舟车之业又废，计此失业之民，能不变为盗贼乎？能不为洋人所饵乎？闻吾民之落外洋者，如旧金山、新嘉坡等处，已不下数十万口，若使失业之民日趋彼处，则中国之虚耗不且日日甚乎？从来富国者，在藏富于民，必不与小民争利，今即轮船、机器、铁路等项有利于国，是亦夺民之利以为利也，况为利仍未可知，而徒费此数百万金，适以困民生而亏国本。[①]

欧阳云还指出，封疆大吏提出学习外国之长技以图富强的

---

① 欧阳云：《奏为灾难频频人事必有上干天怒者封疆大吏开机器局修铁路宜永远禁止敬陈管见事》，中国第一历史档案馆藏：录副奏折，档号：03—5582—006。

思想，是受到了汉奸"以洋教惑吾民，以洋艺、洋器诱吾民"的欺骗；同样，中央之王大臣也是因"求治之急而任疆吏之太重"，他们都没有预料到会出现严重的后果，如果此时不防微杜渐，加以防范，"浸淫日久，人尽从洋教，习洋艺，用洋器，将圣贤之道自此而废，即我祖宗之法自此而隳，黠桀者无复可制，良善者无以为生，天下事尚可问乎"？所以，他请求朝廷"崇正黜邪，无容格致之异说，敦本黜末，无事洋器之奇邪，其船政、招商、机器等局费用可渐裁剪，更不得续行购办。至铁路幸尚未开，尤宜永远禁止"。[①]

欧阳云的奏折抓住了洋务新政中存在的一些问题，如兴办洋务过程中的过度浪费现象；声称学习西方长技，却只能学其皮毛；西方列强在中国修铁路，其实质是为了不断扩大在华利益等等。揭露洋务新政中的一些弊端，有其合理的因素。但欧阳云的批评，更多地是出于对洋务新政的憎恶和以夷变夏的担心，他视格致书院为"异端"，以现代化工业为"淫巧"，认为洋务建设不仅靡费资财，更严重的是会侵蚀"圣贤之道"，破坏"祖宗成法"。所有这些，体现了言官昧于时势，墨守成规，固步自封，对新思想、新事物的排斥心理。

对洋务新政持批评态度的言官大都如此。在他们看来，中国地大物博，封建制度尽善尽美，不再需要任何变革，中国在与列强交涉过程中的兵威不振、屡屡失败，还是因为洋务新政的贻误：

---

① 欧阳云：《奏为灾难频频人事必有上干天怒者封疆大吏开机器局修铁路宜永远禁止敬陈管见事》，中国第一历史档案馆藏：录副奏折，档号：03—5582—006。

夫今所谓五大洲者，惟中国幅员之广，气候之正，民人之众，财赋之饶，诗书风教之善，忠义才杰之多，为四夷之所瞻仰，号称天朝。何以至于帑饷不足，兵威不奋，每有举动，支绌竭蹶，而气为不扬？此无他，故自洋务之兴，一误再误。始误于剿袭西学之虚名，而用财如泥沙，今复误于求奇诡无效之异制，而挹注如漏卮。[①]

甲午战败给中国造成深重的危机，正如张之洞在《吁请修备储才折》中所说："此次和约，其割地、驻兵之害，如猛虎在门，动思吞噬；赔款之害，如人受重伤，气血大损；通商之害，如鸩酒止渴，毒在脏腑。"[②]痛定思痛，洋务派官员提出在中国继续举行洋务的必要性。在朝廷令大臣讨论对策之时，言官提出了不同的看法。

光绪二十一年（1895）闰五月，陕西道御史熙麟上奏，提出"法无可变，宜斥洋务之说"的主张，抨击李鸿章 30 年来所办洋务，并对洋务新政加以全面否定。

熙麟指出，继曾国藩兴办洋务之后，李鸿章亦有所建树，并借洋兵之力平定江南之贼，师用洋人武器，又一举荡平中原之贼。李鸿章虽有大功，但借外力平息匪乱，究竟应内愧于心。然而，李不知愧疚，反而趁机宣扬息乱是洋人、洋器之力，进而鼓吹师事洋人、兴办洋务是富强之本，从此，"天下之奸民遂庞然杂出，莫不处心积虑，思乱成法，而窃附于洋人巧利之说"。南北洋

① 钟德祥：《奏请及时择术定志安内攘外事》，中国第一历史档案馆藏：录副奏折，档号：03—7431—040。

② 张之洞：《张文襄公全集》卷 37，奏议 37，北平文华斋，1928。

海军建立之后，“例禁大开，流品日杂，衅端一肇，曾不逾年，兵则竟无一胜，饷则已无从措举，所谓火轮舟车、水陆兵法、炮台、枪械、电线、铁路，暨机械制造，与洋人争利之百货，言富言强，尽以资敌，且至偿款积两万万之巨债，割地括南北洋之要区，大局之坏至于此极，此李鸿章三十年来讲求洋务之明效大验也”。[①] 在熙麟看来，兴办洋务，深受其害的是国家，得名得利的是官吏，“凡我中国臣子，天良苟未尽丧，亦何忍复举西法而轻议我中国之法哉”？而李鸿章等，“轻议祖宗，忽视君父，只求自利，罔恤国家，罪则断不容诛”。他反复强调，中国无所谓不富强，西方之富强本不足恃。中国富强的途径在于“惩吾贪，治吾惰，严刑重罚，惟旧是由”，“成法相循，不言富强而天下自安”。否则，不揣其本，专齐其末，“尽破成例，尽坏成法，使下井投石之计，为厝薪救火之谋，不鉴李鸿章之前车，仍蹈李鸿章之覆辙，窃恐财愈尽，民愈穷，官吏愈贪，兵将愈惰，一旦有事，虽割地偿款，欲求如今日之少安，亦不可得矣”。[②]

总之，在光绪年间，言官的奏疏中有关洋务新政的宏观议论不多，从仅有的几份奏折也可以看出，言官之所以反对洋务新政，其根本原因还是在于洋务新政动摇了中国传统的价值观、天下观和夷夏观，触及了他们所认为无可改易之社会秩序，因此他们才奋起反对，希望以中国传统的治术来维护中国的长治久安。

---

① 熙麟：《奏为创痛已深法无可变宜斥洋务之说直陈己见事》，中国第一历史档案馆藏：录副奏折，档号：03—5611—022。

② 熙麟：《奏为创痛已深法无可变宜斥洋务之说直陈己见事》，中国第一历史档案馆藏：录副奏折，档号：03—5611—022。

三、言官的治国之术

言官对洋务新政的批评，体现了他们对世界大势的无知，也说明中国传统的思想与作风在他们头脑中已经根深蒂固。所以，面对近代以来中国数千年未有之变局，面对中国从未遭遇过的危机，他们反对洋务派向西方学习以致富强的主张，却又提不出更有建设性的治国方略，只能以不变应万变，在其所谙熟的传统治术中找寻出路，对摇摇欲坠的封建统治做简单的修补和弥缝，其治国安邦之策依然没有跳出中国传统政治的窠臼。

首先，以遵祖制、崇圣学为图治之道、行政之方。

光绪二十年(1894)二月，掌四川道御史杨晨上奏，提出“图治之道，以经史为最详，行政之方，惟祖制为最善”，强调用人、行政“鉴于成宪则罔有愆”，应“以敬天法祖为心，以明目达聪为治，慎起居而谨颦笑，惜名器而戒侈靡”，只有这样才能使“朝廷之精神一振，四海之观听一新”，才能取得“内治益修，而外患自息”的效果。[①] 山西道御史潘庆澜在《奏为请复经筵以崇圣学为自强之本综核人才等敬陈管见事》中表达了同样的思想，他指出，“用人、行政之大法，无不赅备于列圣谟训之中及历代经史之中”，引用《尚书》中“学于古训乃有获”，吁请光绪帝“复经筵以崇圣学”。[②] 江南道御史钟德祥也认为“法祖懋学以正朝廷、正百

① 杨晨：《奏为敬陈图治之道行政之方事》，中国第一历史档案馆藏：朱批奏折，档号：04—01—14—0088—007。

② 潘庆澜：《奏为请复经筵以崇圣学为自强之本综核人才等敬陈管见事》，中国第一历史档案馆藏：录副奏折，档号：03—5614—021。

官”，才是天下幸事。[①]

其次，用人、行政得当是为政之道，自强之本。

早在光绪元年(1875)，京畿道御史许廷桂就提出，“为政之道，首重得人，欲行政之各通其宜，必用人之各得其当”。[②] 20年过去之后，尽管国内外形势发生了很大变化，但言官的认识仍停留在原地。光绪二十一年(1895)六月，掌云南道御史曹志清上奏，提出国家强弱决定于用人、行政是否得当。略称：

> 国之强弱无定形，视乎行政之得失；行政之得失有明效，视乎用人之当否。方今时事多艰，内外臣工诸多条奏，或请练兵，或议筹饷，或请变易法度，或议增设防守，而其实则莫要于用人。盖用得其人，则庶政自能备举；用失其人，则良法亦属具文。

他总结了洋务新政以来清廷筹划海防、制造军械以及三省练兵的实践，指出这些虽是自强之要道，但因所用非人，“致令数千百万之帑项，尽虚靡于贪庸奸狡之手，而毫无可恃”。前事不忘，后事之师，事到如今，“改弦更张，补救非晚”。至于如何用人，曹志清指出：“用人之道，辨其能否，必先辨其邪正，欲用正人，必先摒弃憸人。能而轨于正者大可用，能而趋于邪者不可用”，“正士盈廷则奸宄敛迹……内而枢廷、部院，外而督抚、提

① 钟德祥：《奏请及时择术定志安内攘外事》，中国第一历史档案馆藏：录副奏折，档号：03—7431—040。

② 许廷桂：《奏为条陈用人行政管见事》，中国第一历史档案馆藏：录副奏折，档号：03—7423—014。

镇，果皆正人，则其所保荐无不正矣。大法者小自廉，源清者流自洁，吏治必渐即于澄清，军事必日加整顿，不必专讲富强，而富强之基已立矣。"①

潘庆澜认为，自强之本，不仅在于"崇圣学"，还在于用人、行政。他指出，洋务建设中的设铁路、开矿产、制枪炮、购战船等，"固可以自强之具，而实非自强之本"。因为"铁路、矿产利虽厚，非得朴勤廉敏之人权其出入而统筹之，恐利未集而弊已丛生，于国家仍无利也；枪炮、战船，器虽精，非得忠勇诚笃之人严其赏罚以训练之，恐器徒积而用之不力，而疆场如无人也"。所以，"自强之本仍非于用人、行政求之不可矣……铁路、矿产、枪炮、战船皆可由得人而理，岂等于舍本逐末之为哉"。②

对于行政、用人的细节问题，言官们建言颇多，其内容无外乎严铨选、重考核、励廉耻、明赏罚、杜徇情、抑奔竞、用老成等等，③所有这些建言，都没有超出传统治术的范围。

再次，去故习、安人心，是延国脉、固国本之道。

光绪二十一年(1895)四月，山东道御史杨福臻上奏，提出去除故习积弊，并以之作为时事艰危形势下维持统治的良策。他

① 曹志清：《奏为遵议选拔人才用人先辨别邪正请自大臣始自洁汰邪敬陈愚见事》，中国第一历史档案馆藏：录副奏折，档号：03—5611—027。

② 潘庆澜：《奏为请复经筵以崇圣学为自强之本综核人才等敬陈管见事》，中国第一历史档案馆藏：录副奏折，档号：03—5614—021。

③ 参见许廷桂：《奏为条陈用人行政管见事》，中国第一历史档案馆藏：录副奏折，档号：03—7423—014；彭世昌：《奏为敬陈求才管见十二条事》，中国第一历史档案馆藏：录副奏折，档号：03—5666—008；洪良品：《奏为彗星示警请修政弭灾事》，中国第一历史档案馆藏：录副奏折，档号：03—7422—007；文海：《奏请饬下中外大臣培养人才敬陈管见事》，中国第一历史档案馆藏：录副奏折，档号：03—7208—070。

说，中日战争中中国的溃败，“皆诸臣贻误所致，故习积弊已在圣明洞见之中”。臣工积习表现在三个方面，即因循、贪婪、周旋世故。由“三习”又产生“六弊”，即吏治不清、民生凋敝、军政废弛、国用匮乏、人才不举、刑章不肃。此六弊在过去为隐忧，在今天已为显患，“若不力改其故习，虽兵舰多于敌人，枪炮猛于敌人，机器灵于敌人，算学精于敌人，恐一旦有变，委而去之，犹今日也”。①

江西道御史杨崇伊提出，宜安人心以固国本。甲午战争后，学习西方的变法热潮逐渐兴起，对此，杨崇伊指出，效法西方，于中国的世道人心未及考虑，在中国士大夫中，习孔孟之业者有数十万人，其中不能改业者居半，如果改学西方语言文字，这些士大夫将有废弃终身之虑，这样就会失去士心，士为四民之首，失去士心，就等于失去民心，所以西学“必不能行”。他批评谈时务者“咸注意洋务，而于固结人心之道视为迂图”的做法，强调中国的要务在于固结人心，“人心固结，偶有外侮，休养生息一二十年，而元气复充，人心不固，虽无外侮，内忧亦复可虑”。②

除以上所列，经常见诸言官奏章的治国方略还有整饬吏治、关注民生、理财安民等。

与洋务派相比，言官们在面临“数千年未有之变局”时的态度令人喟叹。洋务派以其务实的态度，感觉到传统的治国之术已经无法应对新的局势，必须改弦更张，学习西方的长技，才可

① 杨福臻：《奏为时事艰危担荷无人亟应明定赏罚事》，中国第一历史档案馆藏：朱批奏折，档号：04—01—01—1003—055。

② 杨崇伊：《奏为安民心以固国本请饬诸臣统筹全局固结人心敬陈管见事》，中国第一历史档案馆藏：录副奏折，档号：03—5614—020。

能使中国自立，尽管他们对西方的长技认识上有局限，但毕竟迈出了进步的第一步。在兴办洋务的实践中，洋务派学习西方的步子迈得越来越快，中国近代化的车轮由是启动。但言官的表现却大失水准，甚至经甲午一战，几乎天下人皆以为不变法不足以救中国的情况下，一些言官依然固步自封，老调重弹，可见传统意识形态对其桎梏之深。当然，历史的脚步终究前行，而危机的刺激也一定会发人深省，仍然有部分言官在日益严重的民族危机面前，认识有所改观，在甲午后的变法维新中，与维新派一道探求救亡图存的道路。

第二节　言官与修建铁路的论争

在举办洋务新政的30余年里，顽固派与洋务派的论争从来就没有停止过，两派思想交锋的内容涉及洋务建设的各个方面。其中关于修建铁路问题的论争，前后持续十年，时间最长，争持最激烈。言官对建造铁路问题十分关注，在言官有关洋务新政的奏折中，涉及铁路问题的居于首位。其观点基本划一，都对这种新的交通方式怀有戒惧之心，因而坚决反对。言官的思想倾向，加强了顽固派的力量，也使清末的铁路建设一波三折。

一、洋务派与顽固派关于修建铁路的论战

早在洋务新政开始之前，西方国家就一再要求在中国修建铁路，并且拟定了一个建筑庞大的铁路网的计划。洋务新政开始后，总税务司英国人赫德、英国驻华参赞威妥玛通过各种途径向总理衙门递呈，劝中国兴办铁路。慈禧太后饬令相关人员会

议后，无论是洋务派还是顽固派都作出了一致的回应：铁路危害巨大，在中国断不可行。

随着洋务活动的开展和对“夷情”了解的加深，洋务派逐渐明了铁路在军事战略和交通运输上的作用，到19世纪70年代，洋务派便把修建铁路作为自强、求富的重要措施之一，极力鼓吹。同治十一年(1872)，李鸿章在《覆丁雨生中丞》中，就已经把兴办铁路与加强边防联系起来，他说：“俄人坚拒伊犁，我军万难远役，非开铁路则新疆、甘陇无转运之法，即无战守之方。俄窥西陲，英未必不垂涎滇、蜀。但自开煤铁矿与火车路，则万国缩伏，三军必皆踊跃。”①同治十三年(1874)日本侵入台湾之后，清廷的海防之议兴起，李鸿章在《筹议海防折》中，提出效仿西方，建设铁路、电线，以巩固海防。由于当时各方阻力太大，李鸿章的建议没能付诸实施。

光绪六年(1880)，中俄伊犁谈判开始后，东北和西北边疆局势突然紧张，铁路因其在调兵、运饷方面的便利而日益受到重视。同年底，淮系将领刘铭传入京，就防务问题应诏陈言，正式提出修建铁路的建议。他说：

> 自强之道，练兵、造器固宜次第举行，然其机括则在于急造铁路。铁路之利于漕务、赈务、商务、矿务、厘捐、行旅者不可殚述，而于用兵一道尤为急不可缓之图。中国幅员辽阔，北边绵亘万里，毗连俄界，通商各海口又与各国共之，画疆而守则防不胜防，驰逐往来则鞭长莫及。惟铁路一开，

① 顾廷龙、戴逸主编：《李鸿章全集》(30)，信函(二)，安徽教育出版社，2008年，第474页。

> 则东西南北呼吸相通，视敌所驱，相机策应……若铁路造成，则声势联络……防边、防海，转运枪炮，朝发夕至……十八省合为一气，一兵抵十数兵之用。将来兵权、饷权俱在朝廷，内重外轻，不为疆臣所牵制矣。①

刘铭传提出以北京为中心，修建四条铁路，即清江浦至北京，汉口至北京，北京至盛京，北京至甘肃。由于工程浩繁，他建议应先修清江浦至北京一路。② 这样就将铁路建设问题提上了日程。当天清廷发布上谕："着李鸿章、刘坤一按照各折内所陈，悉心筹商，妥议具奏。"③

李鸿章、刘坤一尚未覆奏，顽固派便按捺不住，起而反对了。翰林院侍读学士张家骧首先上奏，指出建造铁路有三大弊端："洋人工于贸利，其从旁觊觎，意想可知……设或借端生事，百计要求，则将何以应之？利尚未兴，患已隐伏，此一弊也"；沿途田亩、房舍、坟墓等迁移不便，"民间必不乐从，势迫刑驱，徒滋骚扰，此二弊也；"若铁路既开，则由上海、汉口入京者，大半归于陆行，天津码头即将从此而衰……此赢彼缩，势所必然。是铁路之利未兴，招商局数百万款项弃于一旦……而复耗费巨资以求不可必得之利，虚靡帑项，赔累无穷，此三弊也"。他建议"将刘铭传请开铁路一节，置之不议，以防流弊而杜莠言"。④ 清廷亦批

---

① 《中国近代史资料丛刊·洋务运动》(六)，上海人民出版社，1961年，第138页。

② 《中国近代史资料丛刊·洋务运动》(六)，第139页。

③ 《德宗景皇帝实录》(二)卷123，光绪六年十一月上，第769页。

④ 《中国近代史资料丛刊·洋务运动》(六)，第140—141页。

交李鸿章、刘坤一，着将张折与刘铭传奏折一并覆议具奏。

同年十二月初一日（12 月 31 日），李鸿章上《妥议铁路事宜折》，声援刘铭传。李鸿章首先论证，修铁路与古代列圣刳木为舟、剡木为楫，服牛乘马、引重致远等本质一样，都是为了济不通，利天下；又概述国际局势，强调铁路在列强兴起、强盛中的作用，指出欧美“各国所以日臻富强而莫与之敌者，以其有轮船以通海道，复有铁路以便陆行也”。就连日本这样的蕞尔小国，也效法西方，在其境内营造了铁路，实现了富强，并因此产生“藐视中国之心”；由国际局势再谈到中国面临的险境：“处今日各国皆有铁路之时，而中国独无，譬犹居中古以后而屏弃舟车，其动辄后于人也必矣。”之后，顺其自然地引出修建铁路的“九利”，即便于国计、军政、京师、民生、转运、邮政、矿务、招商轮船、行旅。其中，“国计、军谋两事，尤属富强切要之图”。李鸿章极力赞成刘铭传提出的建造铁路、先造清江浦至北京一路的建议，“先创规模，以为发轫之端，庶将来逐渐推广，不患无奋兴之日”。并一一驳斥张家骧提出的“三弊”。在奏折中，李鸿章还对朝廷最为担心的铁路经费和主权问题作了详尽的说明。最后，李鸿章又将修造铁路与开矿联系起来：“中国既造铁路，必须自开煤铁，庶免厚费漏于外洋……是矿务因铁路而益旺，铁路因矿务而益修，二者又相济为功矣。”[①]

李折上呈之后，立即引起轩然大波，顽固派的反对更强烈。顺天府丞王家璧上奏说：“观该二臣筹划措置之迹，似为外国谋，非为我朝廷谋也。其言铁路九利，词意重复，甚至自相矛盾，总不过夸火车之速耳，不足深辩……人臣从政，一旦欲变历代帝王

① 《中国近代史资料丛刊·洋务运动》(六)，第 141—149 页。

及本朝列圣体国经野之法制，岂可轻易纵诞若此！”[①]翰林院侍读学士周德润则说铁路可以行之外夷，不可以行之中国，因为“外夷以经商为主，君与民共谋共利者也；中国以养民为主，君以利利民，而君不言利者也”；建造铁路是“蠹民”的“邪说”。[②] 通政使司参议刘锡鸿的观点则更为荒谬，他说铁路逢山开路、遇水架桥，是惊动山神、龙王的不祥之物，会惹怒神灵，招来巨大灾难，因此，“断非中国所能仿行”。[③] 就这样，“顽固派根本不从‘技术’层面反驳洋务派，而是将是否应当修铁路这种技术问题提升到‘道德’层面，从道德上否定修铁路，使主张修铁路者居于‘不道德’的‘道德劣势’”。[④]

洋务派的另一重要人物南洋大臣刘坤一的覆奏，态度模棱两可，一方面承认铁路“于征调、运输两端，可期神速”，另一方面又担心“铁路、火车有妨民间生计”，“内地厘税将归乌有”，建造与否各有利弊，请饬令“总理衙门核明造路行车有无格碍，收税还款有无把握”，再做决定。[⑤]

由于顽固派力量强大，洋务派内部意见也不一致，李鸿章又很难从“道德”层面去反驳顽固派的诘难，第一次关于修铁路的争论便以洋务派的失败而告终。光绪七年正月十六日（1881 年 2 月 14 日），清廷发布上谕：“铁路、火车为外洋所盛行，中国若拟创办，无论利少害多，且需费至数千万，安得有此巨款？若借

---

① 《中国近代史资料丛刊·洋务运动》（六），第 149—150 页。

② 《中国近代史资料丛刊·洋务运动》（六），第 152—154 页。

③ 《中国近代史资料丛刊·洋务运动》（六），第 154—165 页。

④ 雷颐：《铁路与政争——以李鸿章修铁路为例》，载于雷颐：《历史的裂缝：近代中国与幽暗人性》，广西师范大学出版社，2007 年，第 45 页。

⑤ 《中国近代史资料丛刊·洋务运动》（六），第 150—152 页。

用洋债,流弊尤多。叠据廷臣陈奏,佥以铁路断不宜开,不为无见。刘铭传所奏,着毋庸议。”①

光绪九年(1883),法国进兵越南,中法关系紧张,铁路在军事战略上的地位日显重要。李鸿章致函醇亲王奕譞,说明建造铁路的种种好处,并希望由奕譞直接出面主持修建铁路工作。他说:“火车、铁路利益甚大,东西洋均已盛行,中国阻于浮议,至今未能试办,将来欲求富强制敌之策,舍此莫由。倘海多铁舰,陆有铁道,此乃真实声威,外人断不敢轻于称兵恫喝。尚祈主持大计为幸。”②中法战争后,铁路之议再起。光绪十一年(1885)夏,左宗棠在其遗折中,力陈筑造铁路给西方各国带来的益处,主张在中国修筑铁路:“民因而富,国因而强,人物因而倍盛,有利无害,固有明征。天下俗论纷纷,究不必与之辨白。”他旧事重提,力主先建造从清江浦至北京的铁路,为减少顽固派的阻力,建议将该线路的终点由北京改为通州。③

海军衙门成立后,清廷将办理铁路事宜划归其管理,李鸿章以会办的身份得以名正言顺地办理铁路事务。在前期关于应否修建铁路的争论中,洋务派虽然失败,但李鸿章已经在其管辖范围内试办了唐山至胥各庄段的铁路,以便开平煤矿运煤。光绪十二年(1886)奕譞巡视北洋海口之后,李鸿章求得奕譞的支持,先是将该段铁路延长到芦台附近的阎庄,继而又延至大沽、天津。光绪十四年(1888),李鸿章又通过海军衙门奏请修筑天津至通州的铁路,得到批准。铁路即将修到天子脚下,顽固派忍无

① 《德宗景皇帝实录》(二)卷126,光绪七年正月,第815页。
② 顾廷龙、戴逸主编:《李鸿章全集》(33),信函(五),第240页。
③ 《左宗棠全集》,奏稿八,岳麓书社,2009年,第545—546页。

可忍，弹章纷至沓来，掀起了关于铁路问题的又一次大争论。

顽固派声势浩大，成员上自大学士，下至言官，他们或致函奕譞，或上奏朝廷，力陈修建铁路之害。顽固派的意见主要集中在资敌、扰民、夺民生计等问题。[①] 在此次争论中，洋务派因得到奕譞的支持，毫不示弱，针锋相对，对顽固派的责难一一予以反驳。经过实践检验，铁路的优越性已经日益显现，比起顽固派的荒唐理论和空洞说教，洋务派以事实说话，显得更有说服力。

由于顽固派和洋务派各执一端，势均力敌，朝廷一时难作决断。慈禧太后于光绪十五年正月十五日（1889 年 2 月 14 日）发布懿旨，令各地方督抚发表意见。深谙官场之道的地方大员不肯得罪任何一方，大多含混其词，态度暧昧，只有两广总督张之洞态度明确，表示修筑铁路刻不容缓。不过，张之洞以修筑铁路必须有全局观念为由，建议停修津通铁路，改修芦汉铁路。清廷几经权衡，采纳了张之洞的建议。不久，调张之洞任湖广总督，开始筹划芦汉铁路的修建。至此，历时半年的洋务派与顽固派的争论遂告结束。

光绪年间，洋务派与顽固派就铁路问题进行的争论，先后持续十年之久，这场争论最终以洋务派的胜利而告终。洋务派为修建铁路而艰步跋涉的过程，反映了中国近代化之路的艰难曲折。

---

① 参见《论铁路利害折》，载于《中国近代史资料丛刊·洋务运动》（六），第 167—169 页；《光绪十年十一月二十五日内阁学士徐致祥奏》，载于《中国近代史资料丛刊·洋务运动》（六），第 172—173 页；《光绪十一年十月初五日太仆寺少卿延茂奏》，载于《中国近代史资料丛刊·洋务运动》（六），第 179—181 页。

二、言官对建造铁路的态度

关于铁路问题的最初争论，是围绕着中国要不要修建铁路而展开的。在这一阶段，一切探讨还都处于理论层面，没有涉及到铁路建设的实际问题。此时中国的铁路建设还没有起步，铁路对中国传统社会的冲击也远远没有其他洋务事业，诸如电线、商务、矿务等来得强烈，所以争论只限于统治阶级上层的少数人。在争论中，言官很少参加，即便有所提及，也是夹杂在其他的奏事中。如光绪元年(1875)九月，工科给事中陈彝上奏，力陈“铜线之害不可枚举”，捎带对兴办铁路一事进行评论：“铜线之外，尚有铁路之说。夫以铁为路，数千里火车可以直达，从此中国无险可守，是即春秋时晋人使齐尽东其亩之故智也。”①

言官之中最早明确反对修路的是江西道御史洪良品。光绪六年(1880)十二月，洪良品上奏，提出“铁路不可轻开，自强贵于知本”。在奏折中，洪良品批评刘铭传倡议修路是不知中外国情差异。他说：“中国之利在养民，以本为治者也。外国之利在经商，以末为治者也。近来谈洋务者不明此义，于古圣君贤相体国经野之制不闻讲求，而专以奇技为可恃。”于是才有了机器、电线的兴办和建筑铁路的要求。然而，三者相较，铁路的危害最大，不可胜言。洪良品列举了兴办铁路的五大害处：

> 中国人稠地密，小民以贩负辇运为生……今铁路自图便捷，而商贾之利专归于上，将穷民之生计益无所资……其

① 陈彝：《奏为铜线上陆万不可行谨陈愚见事》，中国第一历史档案馆藏：录副奏折，档号：03—9436—005。

害一。俄夷与中国邻……使铁路一开，将山川无阻，处处可通，彼或乘隙扰边，巧于袭夺，设一处防守偶失，不适为敌人向导之资乎……况夷人之欲开铁路久矣，只以中国无此例，难于强求。今此端既开，势必以接修为请。物必先腐而后蠹生之，正谓此也，其害二。谓铁路便于调兵，夫兵贵精不贵多……军之强弱在将不在兵也。今恃铁路以调兵，设兵不得力，猝有不逞奸民乘机煽乱，夺我铁路，蔓延为害，何以御之？其害三。兴数千里工役……势必劳民动众，坏人坟墓，夺人畎亩……且铁路之造，必雇夷工，而以民夫助之，夷人既专其利，华民反受其害，相形并处，未有不滋生事端者，其害四。说者谓铁路可以济海运之穷，不知海、陆皆中国地也，海运既不可恃，岂陆运遂独可恃？……有此巨款以修铁路，何不用之以复河运？且何不用之以修畿辅水利、屯田，以省东南之漕乎？况黄河天险，桥架难施，万难如外国之河易致工力。即夷人性巧，侥幸可成，而每年沙石所侵压，水潦所冲啮，岁修之费，巡守之资，如灌漏卮，莫可完结。夫一黄河尚足以困国力，况加以铁路之修理乎？其害五。[①]

洪良品指出，即使在财力雄厚之时，尚不可浪掷，何况如今库储支绌，尚需借贷于外国，修铁路“将以自贫自弱，非所以自强也”。中国的自强之道在于用人、行政，“荐贤必当其任，勿徇偏好之私。理财必稽其实，勿任中饱之蠹。行军必择其将，勿饰训练之名。折狱必当其情，勿沿瞻循之弊。以培养元气为务，以固

① 洪良品：《奏为敬陈不可轻开铁路管见事》，中国第一历史档案馆藏：录副奏折，档号：03—7140—001。

结人心为本。朝廷之上,事事责实,臣下之心,念念奉公”。[①]

随折还上一附片,批驳用铁路调兵的说法,指出中国海道漫长,“一旦有警,以中国轮船调兵,即日可到,呼吸亦自灵通,何减铁路之便捷?如谓海道为梗,夫海洋皆中国地也,煌煌大兵尚不敢由海道行,又何以责其一战,以曷贵千里调兵为耶?此调兵必由铁路之说诬也”。同时,对伊犁交涉之后,俄国在中国东北不断扩张势力十分忧虑。他说:“今闻俄国修路将近我边,使东三省铁路果成,彼必援外夷各国铁路通行之例,求与我国接连,以便各国来往,阴嗾各国与我为难,此尤不可不深虑也。”[②]

洪良品对建造铁路的批评,与张家骧、王家璧等顽固派成员如出一辙,他所阐述的观点,也代表了此后一个时期言官的主流思想。

洋务派在争论中失败了,但他们为修路所做的努力却一天都没有停止过。光绪七年(1881),他们修建了唐胥铁路,以后又千方百计地将该路由胥各庄展至芦台、大沽,光绪十四年(1888)修到天津。次年,经过修建京通铁路问题的讨论后,清廷最终同意兴办芦汉铁路,迈出了铁路史上关键的一步。此间,清政府对铁路的政策经历了“筹办”、“试办”到“兴办”的过程,言官对铁路问题的议论也一直相伴而行。

在这一过程中,言官关于铁路问题的集中议论有两次,第一次是在光绪十年(1884),第二次是在光绪十四年(1888)。

---

① 洪良品:《奏为敬陈不可轻开铁路管见事》,中国第一历史档案馆藏:录副奏折,档号:03—7140—001。

② 洪良品:《奏为深虑俄国将修筑铁路入东三省等地事》,中国第一历史档案馆藏:录副奏片,档号:03—7121—035。

光绪十年(1884),清廷决定在西山试办铁路。消息传出,引发了言官的反对声浪。山东道御史文海、陕西道御史张廷燎、浙江道御史汪正元等人接连上折反对。

文海提出“铁路之修,有害无利”,针对拟在西山至卢沟桥之间修路,阐述称:

> 用洋人之料,雇洋人之工,数百万金徒资外国,其害一。借洋债不能无利息,即以六厘计之,每年约需利银四十万两,五年归清,即用利银二百余万两,以此巨款,轻于一掷,其害二。沿途居民能不骚扰,坟墓、田舍能不迁移?干天地之和,蹙生灵之命,其害三。民情不悦,难免滋生事端,倡乱者起,先毁铁路,流贼之渐,不可不防,其害四。[①]

文海认为修造铁路乃“夺中华之利以富外洋”之举,“误国殃民,莫大乎是”。因此,他请求清廷“勿为宵小蛊惑,将修置铁路即行禁止”。[②]

光绪十一年(1885)九月,文海再次上奏,对修建铁路的危害进行补充论证。他说:“夷人熟悉海面,中国人不能与之争锋,惟陆地交兵,彼犹有顾虑踌躇之候……今若修置铁路,使彼水陆皆得便捷,我竟无险可守。”并且,铁路在运粮、运兵方面皆存流弊,所以他请求“即将铁路停修,并嗣后中外大小臣工,断不准请修

---

① 文海:《奏为沥陈修置铁路为害甚多请即行禁止事》,中国第一历史档案馆藏:录副奏折,档号:03—9439—014。

② 文海:《奏为沥陈修置铁路为害甚多请即行禁止事》,中国第一历史档案馆藏:录副奏折,档号:03—9439—014。

铁路，以杜外夷蛊惑之心”。[1]

张廷燎于光绪十年十一月二十三日（1885 年 1 月 8 日）上奏称，“西山非通衢，不关运道；非边要，不关防务，修此何为”？以之运煤？“夫产煤之地去京师甚近，驼载肩挑，无数穷黎俱借此谋生，而国家数百年来亦不闻有缺煤之患。”或将来铁路延长，以之运粮？“不知海道不通，而河运可复。”或者为了节省运费？可以“将江浙各省漕粮暂收折色，于直隶就近采买”。用于调兵？“兵贵精不贵多”，“如谓兵单地方，必需调遣增益方能制胜，而附近之兵，亦何不可克期而至？”既然以上诸事皆不急需，“则铁路之修，无论事不可行，亦势有所不及也”。更何况铁路一修，“必生外夷觊觎之心，始则以好言假借之而不能遽却，继则以强力直据之而不能骤除，势必至通商省份皆驻扎外夷包险之兵，其为害有不可胜言者”。铁路流弊甚多，所以他请求“立罢此议”。[2]

光绪十年（1884）十二月，汪正元上一折一片，强调借洋款修铁路的危害。汪正元指出，借洋款修铁路，虽然对中国运粮、运煤、调兵有一定的便利，但是，“不知我能往，彼亦能来，我兵速往，彼未必即退，彼兵速来，我未免先惊”。“且洋人多诡计，即使断铁路可以覆兵车，彼若乘我运粮之时，突以兵车随粮车之后，我能前行一步、后断一步乎？”“谓铁路多设防兵，重重守护，彼必不能深入。不知铁路之车，瞬息百里，彼随粮车而进，两面防兵发炮，则粮车同受其害。”有鉴于此，汪正元断言：“铁路一开，不

① 文海：《奏为再陈修铁路有害无利请降旨停修并不准再行请修事》，中国第一历史档案馆藏：录副奏折，档号：03—9439—015。

② 张廷燎：《奏为具陈铁道创修流弊甚大亟宜停止事》，中国第一历史档案馆藏：录副奏折，档号：03—9439—016。

啻开门揖盗……我贷钱为彼开路，但有害并无利。”所以，不能“贪小利而遂忘大害”。① 在奏片中，汪正元指出，西方各国“许借军饷以修铁路，内藏祸心”。略称：

臣闻万国和约，两国交兵，他国不许相助，故此次洋人许借军饷五百万，必以开铁路为名。西山铁路之开，将借此以借军饷，不得已也。臣愚以为洋人名为托词开路借我以饷，实则托词借饷令我开路耳。不然，中国河工需费甚巨，何不以此为名而必以开铁路为名乎？借款五百万，如果给我实银，则助饷属实，其意可嘉。若不给实银，而但包造铁路，造路百里作为借百万，造路千里作为借千万，是铁路已成，我负千万之债累，而未见一钱，军饷丝毫无济，而彼所求于中国二十余年不能得者，今则画地为饼，而竟得之矣。尔时若与争论，彼必自居理直而啧有烦言，谓原议借银开路，并非借银助饷，万国之和约具在，谁敢有违。如是则借饷即致寇之端，铁路即进兵之径，祸不旋踵而悔甚噬脐矣……且夫同类者势必相亲，常情也。洋人亲洋人，自然之理也。中外议和，我为主而彼皆客，主人逐一客，众客皆不安，谁肯助主以逐客哉？观于法人侵我疆时，议和者但劝我输钱于彼，未闻有劝彼输钱者，今何为而助我饷以攻彼耶？助我以饷，即当给我以银，胡为而必假名于造铁路，胡为而为我包造铁

① 汪正元：《奏为具陈铁路有害无利其端已渐宜防事》，中国第一历史档案馆藏：录副奏折，档号：03—9439—018。

> 路，使我费财于无谓耶？平心而察之，则真伪自见矣。[1]

以上三位从各个角度反对修建铁路，他们的反对意见不乏提醒和警示，但充斥着迂腐荒谬之气。

光绪十四年(1888)年年底，李鸿章通过奕譞奏请修筑从天津到通州的铁路，清廷批准，再次引起廷臣激烈的争论。在这次争论中，言官比较活跃，上奏的数量也比以往要多，其对铁路的态度依然故我，只是角度不同。

河南道御史余联沅不仅反对津通铁路的修建，而且反对在中国修造任何铁路。这一年的十一月二十二日(12 月 24 日)，余联沅呈递奏折，就李鸿章代沈保靖、周馥进奉火轮车一事发表见解，认为铁路是“奇巧之物”，要求对李鸿章等人严旨切责，“以杜外臣贡献之端，以示国家崇俭之意”。[2] 十二月初八日(1889 年 1 月 9 日)又专折上奏，论“铁路有害无利”。他首先分析了建造铁路的五大害处，略称：

> 天津至京计程二百四十里，陆行者车几三千辆，水行者舟几数万只，刍秣仰给于旅店，饘粥并资于市廛。若铁路一开，全归火车，则执鞭者辍业，操舵者停工，以数十百万之生灵，尽束手而绝其生计，不辗转于沟壑，必啸聚于山林，是有害于舟车也……铁路取径宜直，又宜平，势必铲坟拆庐，蹂

---

① 汪正元：《奏为洋人许借军饷以修铁路内藏祸心据实直陈事》，中国第一历史档案馆藏：录副奏片，档号：03—9439—019。

② 余联沅：《奏为具陈国家崇俭严旨切责直督李鸿章代沈保靖等进奉火轮车事》，中国第一历史档案馆藏：录副奏折，档号：03—9439—036。

> 田塍井，室家之转徙匪易，闾阎之鸡犬皆惊，而当事者非迫之以刑章，必要之以贿赂，纷纷滋扰，民何以堪？是有害于田野也……铁路一开，则由津至京，不崇朝而达门庭，历堂奥，长驱直入，毫无阻碍，既失王公设险之意，又懈重门击柝之防，是有害于根本也。伏察天主、耶稣布满中华，牧师、神甫流毒村镇，其患为从古所未有，其横为有司难惩，然犹有穷乡僻壤为彼族所不及到之区也。若铁路一行，则四通八达皆可任彼遨游，愚妇村氓不难尽被煽惑，冠裳化为鳞介，礼仪必至消亡，是有害于风俗也……铁路仿自外夷，制造必由洋匠，多则千万，少亦数百万。辇金徒供于海外，还珠未见其有期，是有害于财用也。[①]

然后万分忧虑地说：铁路一成，"弃险要而肆彼驰驱，糜财力而充彼府库，数十百年后，洋人之足迹将遍于山陬岭峤，而小民之耳目尽濡染夫异类殊形，万一有事，谁为皇上之腹心，孰为朝廷之干城乎"？[②]

户科掌印给事中洪良品等坚决反对修建津通铁路。十二月十八日(1889 年 1 月 19 日)，洪良品与另外两位御史联衔上奏，指出开铁路关系重大，请求朝廷"熟权利害，以杜后患"。他们从铁路之"有形之利"，"固宜筹之于意中；而其无形之害，亦宜虑之于意外"的认识出发，重点分析了铁路对国防安全的三大危害：

---

① 余联沅：《奏为铁路有害无利请旨停修事》，中国第一历史档案馆藏：录副奏折，档号：03—9439—037。

② 余联沅：《奏为铁路有害无利请旨停修事》，中国第一历史档案馆藏：录副奏折，档号：03—9439—037。

其一，不利于京师安全。京通铁路经过之地，“密迩宫廷，宗庙社稷在焉……今设一铁路火车于此，寅发卯至，孰有近于此者？是自溃其防而为敌人缩地之方也”；其二，不利于防止敌人“诡谋”。铁路修成后，“华夷杂处，万一诡谋窃发，借此利器，乘我不备，其患何堪设想”？其三，便于敌人长驱直入。“今修铁路，必先平治道途，划尽险阻，一旦海口有变，侥幸登陆，炮车所指，略无阻碍，此又因铁路而尽撤其藩篱者。”所以，“虽有百利而不能偿此一害”。①

同日，掌山西道御史屠仁守、掌广西道御史吴兆泰联衔上奏，反对修建通州铁路。“臣维自强之策，不务修道德、明政刑，而专恃铁路，固已急其末而忘其本。即就铁路而论，非其人则不可开，非其地则不可开。”接着他们阐述了津通铁路对于北京安全的威胁，说：“若通州则有万不可开者。迫近海疆，计畿甸三百里耳，宗社万年，道在磐固，皇居辰极，意重深严。自京师至直沽，方将阻之以峻垒，限之以重关，犹恐不足深恃。若置铁路其间，尽撤藩篱，洞启门户，风驰电走，朝夕可至，厝火积薪而寝其上，日无高枕之安，伏弩千钧而当其锋，时有骇机之虑，设险守国之谓何矣！”最后责问：“李鸿章有何苦不得已而必成此万有一危之举乎？……如果贻误大局，将问诸商人陈承德等乎？抑李鸿章自任之也？”②

言官的反对形成强大的气势。慈禧太后于十二月二十日

① 洪良品等：《奏为议开铁路关系重大请熟权利害事》，中国第一历史档案馆藏：录副奏折，档号：03—9439—039。

② 屠仁守、吴兆泰：《奏为通州铁路断不宜开请饬会议速停事》，中国第一历史档案馆藏：录副奏折，档号：03—9439—038。

(1889年1月21日)发布懿旨:“余联沅、屠仁守等、洪良品等奏请停办铁路折三件……着海军衙门会同军机大臣妥议具奏。”①海军衙门没有立时覆奏,反而奏请赏给那些为中国铁路建设作出贡献的外国人宝星,以此表明自己的立场。

此后又有福建道御史何福堃上奏反对修建铁路:“惟政治之要,不外乎俯顺舆情,所以顺舆情者无他,亦使之有田庐之乐、衣食之计而已。”他反驳了沈保靖等提出的建筑津通铁路的各项理由,认为其“不可信者有六”,并提醒说,京师一带本来就“莽伏尤多”,“若复增亿万失业之民于肘腋股肱之郡,万一前项匪类因其愁怨饥冻,诱煽勾结,其为患害何可胜言”!②

铁路之议开始以后,言官的主流态度是反对,他们与其他守旧大臣结成顽固派集团,这样就给人留下一种印象,似乎言官群体对铁路一事态度是一致的;目前大多数学者在提及这个问题时,也将言官统统列入顽固派之列。言官群体真的就是铁板一块,都是修建铁路的坚定反对者?笔者经检索,发现了言官之中不同的声音,这就是光绪十三年闰四月十一日(1887年6月2日)掌云南道御史韫德的一道奏折。该折是因同年二月二十二日(3月16日)海军衙门奏请开办由大沽至山海关铁路,并奉旨允准一事而上奏。不同于前述言官反对铁路的论调,韫德将铁路的修建视为“皇太后、皇上因时制宜,变通尽利,而王大臣等公忠体国,得风气之先,开饷源之大,所以调兵运械亟图自强之意,至深且远”的举措:

① 《中国近代史资料丛刊·洋务运动》(六),第210页。

② 何福堃:《奏为具陈通州现造铁路扰民流弊滋大恐酿事端请敕会议查覆事》,中国第一历史档案馆藏:录副奏折,档号:03—9439—051。

铁路之设，譬如一身血脉，必使五官百骸周流无滞。以大势论，京师为首善之区，最为各路汇归要领。此外各省如腹地，边徼如肢体，凡输舟所不达者，铁路一开，筋脉即可联络，声势不至隔阂……将来由畿辅达津沽，则常年海运、河运天庾正供皆可直运京师，既省剥船之费，且免偷漏之虞，此外税课所入，亦得少资海军衙门粮糈，不独调兵运械朝发夕至较为灵便已也。内地开办铁路，工作守护，贫民得以谋生，操纵自由，亦无需借材异地。以中土之资财，招中土之工匠，舟车之利，失而复得，下顺舆情，上裨国计，所谓因民之所利而利之者，利莫大焉也。[1]

韫德认为修建铁路“工繁费巨，与其官修不如民办，与其公帑不如商捐”，建议“特简熟谙洋务、洞悉地方大臣督修近畿，外省附近南北洋者责成南北洋大臣，远者责成各省督抚，审度要害，出示招徕，先就本地绅富集资举办，本地不足，益以外捐，民董其役，官考其成，办成后即就地招募守护，仍按税则纳课充饷。如此易官修为民修，既不预支公帑，亦不多滋靡费，集资不难，图成更易”。[2]

上述观点，与洋务派如出一辙。在顽固派占上风的时期，言官能有如此见解，实属难能可贵。

---

① 韫德：《奏为铁路既开拟请简员督修择要推广民捐民办事》，中国第一历史档案馆藏：录副奏折，档号：03—9439—031。

② 韫德：《奏为铁路既开拟请简员督修择要推广民捐民办事》，中国第一历史档案馆藏：录副奏折，档号：03—9439—031。

三、对铁路问题论争中言官表现的评价

关于铁路问题的争论持续了十年之久，各方力量充分发表了意见。言官群体整体上反对铁路建设，他们的参与在某种程度上加剧了晚清的派系斗争，对政治格局产生了一定的影响。

首先，言官反对铁路的主张，是延缓中国铁路建设进程的因素之一。无论是前期关于要不要建造铁路的讨论，还是后期关于津通铁路的论争，绝大多数言官都站在顽固派的立场，自始至终反对修路。从历史发展的结果看，顽固派未能阻止洋务派引进铁路这一近代化的交通工具，但两派论争的拉锯战推迟了铁路的兴建，在一定程度上延缓了近代化的进程。

其次，言官反对铁路的立场，成为翁同龢用来与李鸿章斗争的棋子。关于铁路问题，言官与李鸿章等尖锐对立，在双方思想交锋过程中，促使李鸿章在立场上走到了后党一边。中法战争引发了清廷内部权力结构的巨大变动，慈禧太后“倒恭用醇”之策得以贯彻实施，恭王既倒，深得恭王倚畀的李鸿章略感孤立，为了保住自己的权力版图，李鸿章不断扩充淮系、北洋实力，积极投身于洋务运动便是其中的措施之一。李鸿章借用洋务新政巩固权力和地位的做法，引起帝师翁同龢的不满，双方明争暗斗。在翁、李斗争中，翁同龢借用言官的力量，以铁路问题攻击李鸿章；李鸿章也寻找靠山，与醇亲王密切往来，得到奕譞的支持，渐渐地投入后党的怀抱。

也要看到，言官的思想观念也在随形势的发展而变化。在铁路问题论争之初，言官几乎是众口一词地反对，但随着铁路铺设的不断延伸，其先进性日益体现，言官中也有人关注到这一

点，所以才有了韫德赞成铁路之议。虽然声音略显微弱，但说明在新形势下，言官群体是有可能发生变化的，体现了时代发展对传统思想的分化和瓦解。当清廷将铁路建设定为国策之后，言官中固执原见者虽不乏人，但很多人开始重新考虑问题。例如，当清廷决定修筑芦汉铁路以后，言官便不再像以前那样继续反对，转而为铁路建设建言献策。光绪十五年八月十八日（1889年9月12日），署都察院左副都御使黄体芳上奏，“铁路之议如在必行，万不可借洋款以自累”。“洋款用之甚便，偿之甚难”，兴办铁路，雇工、购料，必将分润外人，“若更称贷重资，我之利未见而彼已坐享其利”。况近年灾害频仍，库款支绌，“若更以各省税课大宗提抵新旧洋债，军国要需，岁入必将骤减，数年之内，设有缓急，何以应之”？① 八月二十二日（9月16日），礼科给事中张廷燎上奏，建议芦汉铁路应该“择要兴修”，“先从黄河修起，桥成而南北可通，可以一气呵成。桥不成则别筹良策，帑或不至虚靡”。② 由以上两折可以看出，随着争论焦点的转移，言官关注的已经不是是否建筑铁路的问题了，而是具体的铁路规划及预防铁路建设中可能出现的弊端。这种情况越到后来越为明显，建议更加具体。光绪二十一年十月二十六日（1895年12月12日），河南道御史胡景桂上奏，对铁路建设中的具体问题建议如下：“铁路首要择地”，“筹款宜定股份”，“铁路宜分段兴造”，“养

① 黄体芳：《奏为铁路之议如在必行万不可借洋款以自累事》，中国第一历史档案馆藏：录副奏折，档号：03—9440—020。

② 张廷燎：《奏为创修数千里轮车事体重大宜先择要兴修以观成效敬陈管见事》，中国第一历史档案馆藏：录副奏折，档号：03—9440—021。

路须立定章”。[①] 同年十二月初三日(1896 年 1 月 17 日),福建道御史胡孚宸上奏,建议在边疆省份“赶紧招募富商自为兴造,务令轨辙宽窄不与外洋相同”,以绝外患。[②] 光绪二十二年七月初十日(1896 年 8 月 18 日),江西道御史杨崇伊上奏,推举盛宣怀督办芦汉铁路工程,等等。[③]

第三节　言官与新式海防建设

鸦片战争中中国第一次遭遇海上来的强敌,殖民者的炮舰打破了大清帝国的宁谧,也打破了中国历史上边患主要来自西、北边境的传统。随后,中国海疆不断遭受列强的侵扰,海防问题的严重性愈益凸显,成为国人关注的焦点。于是有了较大规模的海防问题大讨论,并随之催生了中国近代海防观念的萌芽。参与海防问题讨论的大多是王公大臣和封疆大吏,言官因职责所在,当然不能缄默不言。

一、关于海防建设的大讨论

海防之议产生于近代中国的第一次边疆危机。1865 年初,中亚浩罕国军官阿古柏趁着新疆地区爆发少数民族反清武装起义、局势动荡之机,纠集一批武装力量侵入南疆,在扫平几个反

---

① 胡景桂:《奏为铁路事宜请定官督商办章程敬陈管见事》,中国第一历史档案馆藏:录副奏折,档号:03—9658—025。

② 胡孚宸:《奏为举办边省铁路当预防外患要挟请明降谕旨自为兴造事》,中国第一历史档案馆藏:录副奏折,档号:03—9658—033。

③ 杨崇伊:《奏为推举盛宣怀督办芦汉铁路工程事》,中国第一历史档案馆藏:录副奏片,档号:03—9658—054。

清武装建立的割据政权后,悍然宣布成立"哲德沙尔汗国"。1870年,阿古柏又入侵北疆,进占乌鲁木齐和吐鲁番盆地,势力发展到玛纳斯。至此,除哈密和巴里坤一角之外,整个新疆地区都被阿古柏所侵占。对新疆地区觊觎已久的沙俄,乘清政府忙于陕、甘军务,无力西顾,于1871年7月,以"代为收复"之名,悍然出兵侵占新疆重镇伊犁,并在控制和利用阿古柏政权的问题上与英国展开激烈争夺,新疆出现了严重的危机。沙俄的野心不限于"代管"伊犁,而是进一步觊觎乌鲁木齐,企图侵夺中国西北的大片领土。清政府心急如焚,一面就新疆问题直接与沙俄交涉,一面准备进兵新疆。正当西北狼烟四起之时,东南海疆又骤然报警。1874年春,日本以琉球船民在台湾遇难为借口,悍然出兵侵犯台湾,东南沿海局势再度紧张。清政府在与日本进行交涉的同时,派船政大臣沈葆桢率军赴台部署防务。10月,在英、美、法等国的调停下,清政府与日本订立《台事专条》(即《中日北京专约》),中国"赔偿"日本军费银50万两,承认琉球是日本属国。在"倭逼于东南,俄环于西北"的夹击态势下,保东南还是守西北就成了摆在清政府面前的一道难题。同治十三年九月二十七日(1874年11月5日),军机大臣奕䜣、文祥、宝鋆、沈桂芬等人就筹办海防事宜上奏,指出:"溯自庚申之衅(指日本侵台事件),创巨痛深……以一小国之不驯,而备御已苦无策,西洋各国之观变而动,患之濒见而未见者也。倘遇一朝之猝发,而弭救更何所凭?"[①]在列强环伺、险象环生的国际形势下,中国必须加快筹建海防,以抵御外敌入侵。为此,他们提出了"练兵、简

① 《中国近代史资料丛刊·洋务运动》(一),第26—27页。

器、造船、筹饷、用人、持久”六项具体措施。[①] 十月十一日（11月19日），丁日昌通过广东巡抚张兆栋将其在江苏巡抚任上拟定的《海洋水师章程》六条上奏，提出建立北洋、东洋、南洋三支海军，并将“三洋联为一气”的主张，“意在整饬海防，力求实际”。[②] 清廷将奏折发往南北洋大臣、滨江滨海的十五位督抚、将军等，饬令他们就“紧要机宜”详细筹议，逐一提出切实可行的办法，限一个月内覆奏，从而拉开了海防、塞防之争的序幕。

讨论历时一个多月，各督抚就海防与塞防问题各抒己见，形成了三种观点：

一是以李鸿章为代表的放弃新疆专事海防论。李鸿章认为，自从中国的东南门户被列强的坚船利炮打开以后，中国遭遇到了“数千年来未有之变局”和“数千年未有之强敌”，在变化的形势下，应将国防重点由西北边疆转移到东南沿海，把有限的财力投入到海防建设上。之所以如此，是因为“揆度情形，俄先蚕食，英必分其利，皆不愿中国得志于西方。而论中国目前力量，实不及专顾西域，师老财痛，尤虑别生他变”。无论从英、俄等国对新疆的态度，还是中国当时的国力，都应该“停兵移饷”，放弃新疆，而加强海防。他强调：“新疆不复，于肢体之元气无伤；海疆不防，则腹心之大患愈棘。”因此，他建议清廷“密谕西路各统帅，但严守现有边界，且屯且耕，不必急图进取”，“已经出塞及尚未出塞各军，似须略加核减，可撤则撤，可停则停。其停撤之饷，即匀作海防之饷”。[③] 李鸿章的主张得到奕譞和很多地方督抚

① 《中国近代史资料丛刊・洋务运动》（一），第30页。

② 《中国近代史资料丛刊・洋务运动》（一），第31—32页。

③ 《中国近代史资料丛刊・洋务运动》（一），第40—54页。

的支持。奕譞甚至表示“李鸿章之请罢西征为最上之策”。[①]

二是以湖南巡抚王文韶为代表的注重塞防论。王文韶认为，在全面的国防危机中，西北和东南的敌人都是中国的威胁，但是，西北的敌人威胁更大。他剖析道：“俄人攘我伊犁，殆有久假不归之势。履霜坚冰，其几已见。今虽关内肃清，大军出塞，而艰于馈运，深入为难。我师迟一步，则俄人进一步，我师迟一日，则俄人进一日，事机之急，莫此为甚。彼英、法、美诸国，固乘机而动者，万一俄患日滋，则海疆之变，相逼而来，备御之方，顾此失彼，中外大局，将有不堪设想者矣。”[②]因此，“持久完全之谋，水师固不可废，而所重尤在陆防”。[③] 他指出：“海疆之患不能无因而至，其所视成败以为动静者，则西陲军务也。”“目前之计，尚宜以全力注重西征”，一举收复新疆，“但使俄人不能逞志于西北，则各国必不致构衅于东南”。[④] 王文韶的观点与山东巡抚丁宝桢、江苏巡抚吴元炳等人海防固宜筹办，但应全力注重塞防的意见大致相同。

三是以左宗棠为代表的海防、塞防并重论。左宗棠在议覆总理衙门筹议海防措施函中，从国家整体安全的角度出发，明确提出应将海防和塞防统筹考虑，不能偏废一方。他说：现在西北“用兵乏饷，指沿海各省协济为大宗……若沿海各省因筹办海防

① 《中国近代史资料丛刊·洋务运动》(一)，第116页。

② 王文韶：《宜全力注重西征折》，中华书局编辑部、李书源整理：《筹办夷务始末》(同治朝)卷99，第十册，中华书局，2008年，第4023—4024页。

③ 王文韶：《水师不可废而所重尤在陆防折》，中华书局编辑部、李书源整理：《筹办夷务始末》(同治朝)卷99，第十册，第4023页。

④ 王文韶：《宜全力注重西征折》，中华书局编辑部、李书源整理：《筹办夷务始末》(同治朝)卷99，第十册，第4023—4024页。

急于自顾，纷请停缓协济，则西北有必用之兵，东南无可指之饷，大局何以能支？……且即海防言之，凡所筹画，宜规久远。始事之时，即悉索以供，不留余力，设后之厘税衰减，经常之费又将何出？万一岛族生心，调发日烦，需用孔急，将何策应之？凡此皆宜通筹合计，早为之所者”。[①] 主张“东则海防，西则塞防，二者并重”。[②] 在讨论过程中，左宗棠还驳斥了李鸿章的“停兵移饷”的建议，指出即便是兵停，饷也不能停，对于新疆地区可以因时制宜，巩固塞防。他说：“论者拟停撤出关兵饷，无论乌鲁木齐未复，无撤兵之理；即乌鲁木齐已复，定议划地而守，以征兵作戍兵为固圉计，而乘障防秋，星罗棋布，地可缩而兵不能减，兵既增而饷不能缺，非合东南财赋通融挹注，何以重边镇而严内外之防？是塞防可因时制宜，而兵饷仍难遽言裁减也。”[③]如果真如李鸿章所言“停兵节饷”，那就等于“自撤藩篱”，会造成“我退寸而寇进尺，不独陇右堪虞，即北路科布多、乌里雅苏台等处恐亦未能晏然”的结果，因此，“停兵节饷，于海防未必有益，于边塞则大有所妨”。[④] 并且关系到都城的安危，这是因为：“重新疆者所以保蒙古，保蒙古者所以卫京师。西北臂指相连，形势完整，自无隙可乘。若新疆不固，则蒙部不安，匪特陕、甘、山西各边时虞侵轶，防不胜防，即直北关山，亦将无晏眠之日。”[⑤]

---

① 《中国近代史资料丛刊·洋务运动》(一)，第110页。

② 《左宗棠全集》，奏稿六，第176页。

③ 《覆陈海防塞防暨关外剿抚粮运情形折》，《左宗棠全集》，奏稿六，第178页。

④ 《覆陈海防塞防暨关外剿抚粮运情形折》，《左宗棠全集》，奏稿六，第179页。

⑤ 《遵旨统筹全局折》，《左宗棠全集》，奏稿六，第649页。

海防、塞防之争，固然有派系利益之争的痕迹，如李鸿章强调海防的重要性，在于他想借此巩固淮系的势力；而左宗棠的湘系势力已由东南转移到西北，放弃新疆就等于缩小湘系的政治版图，所以，他一再强调西北边疆的重要性。但是，这场持续很久的论争，实质是在外敌当前之际，统治集团就如何加强国防，抵御外侮的国防战略之争。经过反复斟酌之后，清廷采纳了左宗棠的建议，采取海防、塞防并重战略，一方面命沈葆桢、李鸿章分别督办南北洋海防事宜，另一方面任命左宗棠为钦差大臣督办新疆军务。结果不仅收复了新疆，创建近代海军的设想也正式进入实施阶段。

二、言官对新式海防建设的认识

当海防建设成为既定的军事战略之后，人们对它的关注越来越多。言官自不例外，建言多种多样。

光绪八年十二月十五日(1883 年 1 月 23 日)，山西道御史陈启泰上奏，提出“海防要务决宜加意讲求”的主张，针对正在建设中的北洋水师，提出六条建议，即添制船械、广采煤铁、扩充电线、厘定章程、储养人材、筹备饷项。这是一个以添船制械为核心，带动洋务各业共同发展的庞大计划。

陈启泰首先指出：“创建海军最为当务之急，然规模太小，适为他族所轻。”以中国目前的形势而论，应该不断扩大舰队规模，添制各种战船，“分驻各省海口，并抽派数船南至越南，北至朝鲜，来往梭巡，以资保护”。舰队所需战船应该通过两种方式解决，一是分派熟悉、廉干委员，前往外国船厂定造，二是依靠闽、沪等厂自行制造。至于战船上所需的枪炮、弹药、水雷等，一方面模仿西方武器制造,一方面在国内悬重赏以奖励发明,这样“船械既多,兵威斯振,肘腋之患自可无虞”。

建造船械需要大量的煤铁,舰队联络又依赖电线,为此陈启泰提出“广采煤铁”和“扩充电线”。他说:“各厂添办船械,煤铁需用尤多,专恃购自外洋,殊不足备缓急。”因此,中国当自办矿务,尤其是“煤铁两项有裨军实,似应先其所急”,沿海、滨江地带可以先行试办,“招雇矿师,于各省近水诸山前往探觅,得有矿苗,察其质之高下,计其利之厚薄,即可购置机器,分别开办。距水较远之区,如果苗脉极旺,出产充盈,尽可创修铁路、火车,源源运送,以省肩负之劳。官为倡之,商民和之,不独大益军储,即地方亦臻殷实”。关于扩充电线,陈启泰指出“洋面既派兵轮分驻,即不可不设电线以通消息”,因为“军情紧急,旦夕万状,邮传迂缓,既恐怕有误机宜,借助外人,事体更多窒碍”,因此不如招雇洋匠自行安设,“中国电报局似宜推广,各省海口凡兵船寄碇之处,一体开办”,这样才能“呼吸灵通,遇有警报,瞬息可至,斯调度布置不虞迟误”。

在奏折中,陈启泰对传统教育提出批评。指出当今儒生,拘于传统的科目,于交涉利害情形茫然不晓,究其原因,在于平时所学都不切实际,对于朝章国政也多有隔膜,因此,“冀有济时通变之材出乎其间,必无是理”。他大胆地提出,“即周、孔复生,亦不至鄙夷洋务置而不讲”,中国万不能闭关自治,应将列朝圣训、方略、洋务始末等,“颁发各直省各学书院刊刻,以广流传,俾士子咸知钦览”。同时,“总理衙门所刊各国条约及翻译各国书籍有关兵法、制造者,直省均可刊发各学,以资观省”,否则,“闭拒太深,讲求无自,又何怪有乏才之叹哉”?

在选拔人才方面，陈启泰提出了切实的建议。他说，在科举制难以变通的情况下，“可否特设一科，专取博通掌故、练达时务之士，无论举贡生监皆准赴考，试以有用之学，由督抚考定优等……发往沿海各省委用，自较孝廉方正暨优贡、拔贡等项为有实际。武试亦可别设水师一科，凡有能造战舰、炮台、火器及熟悉风涛、沙线、驾驶、测量兼用枪炮有准的者，由各省考取，咨送总理衙门验试，如有成效，即以擢补海防务职”。各省应当效仿京师之同文馆等，“招集聪颖子弟，延聘西人，课以新学”。对于出洋留学，他提出“学徒出洋，本为良法，但从前皆挑选幼童，往往先入为主，徒染习气，反弃本根。若不拘定年岁，凡有志之士，曾习经传、通知大义，自愿阅历夷情、考究西法者，概令前往，似较有益”。①

陈启泰在奏折中没有提到“洋务”字眼儿，但洋务新政的所有项目，诸如兴办铁路、矿务、电线，以及培养新式人才等等，几乎无一例外地体现出来，寓于海防建设之中。

随着海军建设的发展，出现了资金、人才等方面的问题，为此，清廷下诏求言。光绪十一年十一月二十一日（1885 年 12 月 26 日），湖广道御史金寿松上奏，提出在海军建设中，中国应该自己培养和选拔专门人才，自制船炮。他说：自“海军创设伊始，条理纷繁，布置良非易易，而购造船炮，为费不赀，是理财为第一义矣……理财固属要端，用人尤为先务，从来非常之功业，必待非常之人才”。中国的船炮落后于西方，所以不惜重金从西方购买，虽然解决了燃眉之急，但“船炮购自外洋，无论上等者不可得，即果得上等之器，而购其器或须募其人。又器精者价倍昂，

① 陈启泰：《奏为筹拟海防六条以制岛夷而张国势事》，中国第一历史档案馆藏：录副奏折，档号：03—9386—059。

频频以重金流溢外洋，中国愈形虚耗，已大不可；况一旦失好，则彼守局外之例，我即有坐困之忧”。有鉴于此，中国应及早谋划，“悬重赏以待有功，核事实以杜滥保，勿以拘文牵义困杰出之英，勿以按格循资淹轶群之彦”，这样十年二十年后，“必更有奇才异能出焉”。他建议清廷“饬下王大臣及各省督抚，并电谕出使大臣，于接见属僚、延访绅商之际，留心物色，陆续保荐。其有精通算学，智能制造机器、炮台，有裨战守者为上，算学粗通，未能造器而曾游历各国，遍览地球、熟悉风涛沙线、习谙文字语言者次之，宜如何分别优加擢用，不复拘以常格。倘有殷实绅富，乐输巨资，雇募巧匠造成适用船炮等项者，则畀以不次之秩，即令统带是船，或监督某局；其不愿统带、监督者听之。或有思巧之人，拆视所购枪炮，照式精造，亦能命中及远者，给予善价，毋得克减；并令勒名其上，量与职衔以荣之，即使为众匠之师，以凭广为仿造。倘由此神而明之，别造一器，效倍于前者，则赏亦倍之”。用以上的办法来发现人才，鼓励发明，那么，海军建设必定会“日新月盛”，“自强之机可决矣”。[1] 金寿松强调，海军建设不仅要选拔将才，更需要有自力更生的意识。在随折所上的奏片中，他提出海防建设应该消除畛域，和衷共济。中国海面绵延数千里，“应联络者八九省，欲求臂指相使、呼应灵通，似宜更番戍守，会合巡防，俾得惯习风涛，遍历口岸，庶免迁地弗良之患，冀收临机立应之功”。否则，如果“畛域过分，必致互相诿卸，事多掣肘，人怀异心，防务何由而成，将才何由而集”？[2]

---

① 金寿松：《奏为海军创设预备人才自制船炮请饬王大臣等陆续保荐事》，中国第一历史档案馆藏：录副奏折，档号：03—9390—030。

② 《中国近代史资料丛刊·洋务运动》（三），第40—42页。

其说不为无见。

在洋务新政期间，加强海防建设，在各级官员中已经形成共识，言官也没有不同声音。在具体问题的处理上，言官往往有自己的一得之见。陕西道御史朱一新在军港建设、海军衙门用人方面提出了自己的见解。

军港建设是海防建设的重要内容。随着北洋水师的不断发展，李鸿章决定选择一个港口，作为北洋水师驻泊和修理的基地。经过多次讨论后，李鸿章选择了旅顺。从光绪六年(1880)开始，历时十年，耗资白银数百万两，到光绪十六年(1890)年竣工，建成了我国近代最大的军港。

李鸿章的选择遭到朱一新的批评。光绪十二年六月初八日(1886年7月9日)，朱一新上奏，在"详稽地势，参考众论"的基础上，列举在旅顺建设军港的六大不足：(一)口门太窄，敌易封堵；(二)口内浅沙胶滞，战舰难以成列，疏浚则费巨帑；(三)口外陡岸深水，无阻敌之泥沼浅滩，敌易登岸以袭我后；(四)港口三面悬海，守护倍难，内埠离外岸太近，敌船炸弹易及；(五)无内河以通腹地，转运甚艰，燕、齐与之隔海，猝遭封堵，陆兵难以集结；(六)金州西面大连，环为旅顺后路，颈地太狭，敌船便于寄碇，断我运道。他认为"旅顺一区非战守之善地"，不宜斥巨资修建船坞，并从战略角度提出"欲固旅顺、威海卫，则莫如先固胶州"，"建胶州为重镇以资联络"。他列举了胶州湾的四大优点：(一)海口宽二三里，内有大澳可容群舰；(二)地形盘亘，岛屿林立，薛家、陈家诸岛，横石隐伏，号称天险；(三)地处南北洋之中，上可蔽登、莱，下可控江、浙，是兵家必争之地；(四)交通运输方便，海陆相接，海河相连，遥接津、沽，"一旦中外有事，运北洋之军实以济胶州，则臂指可以相联，而西夷窜扰之谋无所逞；或运齐鲁之杂粮以供卫士，则漕舟可直达，而西夷封港之技无所施”。朱一新的建议是有见地的。甲午战争中，清军疏于陆上防守，日军从金州登陆以拊旅顺后背，导致旅顺失守。

在用人方面，朱一新认为，醇亲王奕譞在海军中大用满员，不利于海军发展，海军建设必须满汉并用。他说：“海军衙门宜仿总署之制，额设满汉章京也……今日之时势，从古未有之变局，非合群策群力无以挫外夷之凶焰而折其谋，而其端则必自海军始。矧会办、帮办诸大臣，固已满汉并用矣。似宜仿总署成例，额设章京若干员，俾满汉正途出身者皆得由考试进。但当稍变旧法，使竟一日之长，毋取浮辞，毋重小楷，必以通达时事、学有本原者为合格。斯士争自奋，或亦造就人才之一端也。”①

他还提出，在“在闽、粤宜添置水陆学堂”，以储养人才。鉴于“购炮买船，近多浮冒”，提出在船炮制造方面应该“增开机局，准集公司，平时可以略塞漏卮，临事可无虞掣肘”。②

此外，福建道御史萧韶认为，“筹办海防，非防海面亦防海口”，清求“照会各国，船上必须张挂旗号”；③都察院左都御史徐树铭提出，应当由熟悉舰船、有一定专业知识的人来管理船政，

① 朱一新：《奏为敬陈海军宜建胶州为重镇等事宜以备择采事》，中国第一历史档案馆藏：录副奏折，档号：03—9391—054。

② 朱一新：《奏为敬陈海军宜建胶州为重镇等事宜以备择采事》，中国第一历史档案馆藏：录副奏折，档号：03—9391—054。

③ 萧韶：《奏为全力筹办海防非防海面亦防海口请饬总理衙门照会各国船上必须张挂旗号事》，中国第一历史档案馆藏：录副奏折，档号：03—9385—051。

驾驶员应该“由出洋学生驾驶”。[1] 这些都丰富了海防建设的内容。

三、对言官海防观念的评价

对于海防建设，言官没有反对的声音，这一方面是因为经过海防、塞防之争，建设海军已经成了清廷的既定国策；另一方面，随着洋务运动的开展，经过近代化浪潮洗礼后，言官的思想观念已开始发生转变。

从这一时期言官的奏议来看，无论是陈启泰的六条建议，还是金寿松和朱一新等人培养新型海军人才的主张，都与李鸿章“居今日而欲整顿海防，舍变法与用人，别无下手之方”；变法必须“讲求军实，造就人才……而尤以人才为亟要，使天下有志之士无不明于洋务”的思想相吻合，[2]反映了在时代大潮的冲击下，言官思想分化的倾向。

言官与洋务派的争论，是具体事务执行过程中技术层面的争执。以朱一新的“欲固旅顺、威海卫，则莫如先固胶州”为例，“先固胶州”的建议，从海防全局和长远的海军建设角度看，有一定的道理。在《议覆朱一新条陈》中，李鸿章逐条批驳了朱一新的建议：“一、口门狭，则我能出而敌不易入，转觉紧固易守。敌船封堵与否，本不系口门之宽窄。二、疏浚淤浅费帑，凡水师屯埠，不论大小，未有不须疏浚，即未有不费帑者。三、口外亦有浅滩暗礁，不尽陡岸，敌虽有可登陆之处，要在防守严密。四、各炮

---

① 徐树铭：《奏为整顿海军战舰请选派技艺成熟者驾驶及总理事》，中国第一历史档案馆藏：录副奏折，档号：03—6188—030。

② 《中国近代史资料丛刊·洋务运动》(一)，第40—42页。

台皆有巨炮，交互夹击，敌船炸弹有山遮蔽，内埠不致大损。五、无内河通腹地，固无如何，有事时须预集陆军援护。六、大连湾距旅尚远，金州后路暂有毅军分防，临时仍应添兵，彼不过欲先固胶州，故为抑扬失当之论。殊不知胶距天津一千三百余里，实属鞭长莫及，且胶澳僻在登、莱背后，距黑水洋至成山头行船正道尚三百余里，敌船可扬舲直北，不必旁趋。”最后得出结论：“若以全力营胶州而置旅顺于不顾，彼谓堂奥得以晏如者，实未敢信。书生逞臆妄谈，无足怪也。”[①]李鸿章在旅顺建军港的想法是从大局考虑，“当时，清廷的海防思想是以防守京畿为主，以晚清时期国防政体形势、北洋的建设能力、军队武器装备的性能以及旅顺的交通条件而论，在该地建港应该是相对合理的选择”。[②] 从当时的客观条件看，朱一新的想法未免超前，没有得到采纳。

第四节　言官与其他洋务新政

在其他洋务领域，言官总体上持支持态度，反映出其观念和认识的复杂性。

一、整顿同文馆，选拔经世人才

同文馆于同治元年(1862)成立，主旨在解决对外交涉中的翻译问题。学员主要从八旗子弟中挑选，学习的科目主要是外

① 顾廷龙、戴逸主编：《李鸿章全集》(34)，奏议(一)，第41页。

② 左立平：《中国海军史(晚清民国卷)》，华中科技大学出版社，2015年，第28页。

语。随着洋务新政的逐步开展，技术人才严重缺乏，于是在同治五年(1866)，奕䜣等人上奏，建议招收正途出身人员到同文馆学习天文、算学，以便培养懂得制造轮船、机器诸法的技术人才。方案一出，遭到顽固派反对，引发了激烈的论战。

同治六年正月二十九日(1867年3月5日)，掌山东道御史张盛藻率先上奏，指责奕䜣等人的建议是“重名利而轻气节”。他说：“朝廷命官必用科甲正途者，为其读孔孟之书，学尧舜之道，明体达用，规模宏远也，何必令其习为机巧，专明制造轮船、洋枪之理乎？”认为求强之道莫过于“整纪纲，明政刑，严赏罚，求贤养民，练兵筹饷诸大端”。对臣民“气节”，惟有依靠祖宗数百年来的深仁厚泽，以尧、舜、孔、孟之道进行教育和培养。如果让科甲正途人员去学习西学，就会败坏“士习人心”，动摇国本。[①]大学士倭仁上奏，强调“立国之道，尚礼仪不尚权谋，根本之图，在人心不在技艺”。认为天文、算学不过是“一艺之末”，学不学无关大局，即便需要学习，也没必要以夷为师，否则就会“驱中国之众咸归与夷”。[②]

奕䜣等人逐一驳斥顽固派的论点，并进一步向朝廷阐明学习西学的必要性，天文算学馆得以设立。

同文馆的规模不断扩大，除外语外，逐渐增加了化学、天文、算学、格致、医学等课程。为适应现代教学的需要，还添设各种实验设施，购置丰富的图书资料，聘请外国教习，将西方近代教育理念和管理方式引入课堂。

光绪年间，随着同文馆规模的扩大和社会影响的加深，在办

① 《中国近代史资料丛刊·洋务运动》(二)，第29页。

② 《中国近代史资料丛刊·洋务运动》(二)，第30页。

学中有一些问题出现，这些问题引起了言官的关注。

光绪九年六月二十一日（1883 年 7 月 24 日），掌广东道御史陈锦上奏，指出同文馆存在“考课不真”、“铨补不公”、“奖赏不实”、“馆规不严”、“提调非人”的问题，要求“设法整顿，以期材归实用，费不虚糜”。[①]

光绪二十一年十二月初九日（1896 年 1 月 23 日），掌广东道御史陈其璋上奏，首先阐述学校对造就人才的作用：“窃自海禁大开，风气日变，论者谓国势之强弱，视乎人才之盛衰，而造就人才，必自广设学校始。”然后，对同文馆在师资力量、教学方法、教学内容方面存在的弊端进行深入分析：

> 同文馆本为讲求西学而设，学生不下百余人，岁费亦需巨万两，而所学者只算术、天文及各国语言文字，在外洋只称为小中学塾，不得称为大学堂，且自始至终，虽亦逐渐加功，仍属有名无实，门类不分，精粗不辨……计自开馆以来，已历三十余年，问有造诣精纯、洞悉时务、卓为有用之才乎？所请之洋教师，果确知其教法精通、名望出众，为西国上等人乎？授受之法，固不甚精，而近年来，情弊之多，尤非初设馆时可比。向章有月考有季考，立法尚严，今则洋教师视为具文，并不悉心考校，甚至瞻徇情面，考列等第不尽足凭，但论情谊之浅深，不论课艺之优劣。学生等平时在馆，亦多任意酣嬉，年少气浮，从不潜心学习，间有聪颖异人者，亦只剽窃皮毛，资为谈剧。及至三年大考，则又于洋教师处先行馈

① 陈锦：《奏为同文馆积弊滋深请饬整顿事》，中国第一历史档案馆藏：录副奏折，档号：03—9433—042。

赠,故作殷勤,交通名条,希图优等。总其事者,不精于此,其能不受人欺蒙乎?

他提出的解决方案是:“仿照外洋初学、中学、上学办法,限以年岁为度,由粗及精,以次递进,倘年岁逾限而技艺未精、语言文字尚未熟悉者,立即撤回,不准徇情留馆,虚糜膏火经费。”“于天文算学、语言文字之外,择西学中之最要者,添设门类,俾学生等日求精进,逐渐加功。”①

陈其璋前折附有奏片,重提招收正途人员入馆学习的主张:

再,经世之学,惟以切用为贵。自中西通市以来,办理格致、制造、行军、理财之务,在在需才。取之科目者,每窒而难通;拔之杂流者,又浮而鲜实。识者谓非并洋务于科目中,未易会两家之长而收其效。臣细绎其言,实属救时之切务。但风气未开,人溺所习,若骤变科目,则今日之主持乏人;倘长此因循,则后日之事变安赖。近闻翰林、编、检及各部司员,颇有研究洋务,愿自备资斧,在同文馆肄业者。此等人员久谙中学,志趣已近端整,更研西法、实业,可冀恢弘,较诸幼学生徒,似有把握。且今时为学生,异时即可为主试,以此为参合中西学术之枢纽,即以此为变通科目之权舆。查同治初年创设同文馆时,奏定章程,本谓编、检、庶吉士及进士出身之五品以下京外各官与举人、五贡一律招考,立法固已美善。拟请旨饬下总理各国事务衙门,查照定章,

① 陈其璋:《奏为时事多艰拟请整顿同文馆事》,中国第一历史档案馆藏:录副奏折,档号:03—7209—056。

将前项人员准在同文馆肄习，编定额数，酌予年限，量给常餐，以资讲习。于公家所费无多，而砥砺群才，可收速效。[①]

陈锦和陈其璋都是从为洋务新政造就人才出发而考虑问题，与当年张盛藻反对在同文馆中设置天文算学馆不可同日而语，反映了时代的发展对言官的影响。

二、振兴商务以保利权

言官对待商务，最初即不像对铁路那样坚决抵制，随着风气渐开，言官对振兴商务的态度也渐趋积极，建言日趋活跃。

光绪四年(1878)四月，湖广道御史李璠上奏，提出“寓强于富、制敌以商，以裕民生而销外患”的主张。

李璠认为列强尽管要求百变，但是万变不离其宗，“皆通商事也”。“泰西各国谓商务之盛衰关夫国运，故君民同心，利之所在，全力赴之。始而海滨，继而腹地，既蚀人之资财，并据人之形胜，盘踞已久，遂惟所欲为。”其通商的实质是，“既辟土而又生财”。中国深受通商之害：“今中外税则已定，不能骤更条约，又有各国均沾之语，于是日用之需及奇技淫巧之物纷至沓来，下则工贾吃其亏，上则税厘受其害。今日求开口岸，明日求免厘金，一国既去，一国又来，循环无穷，总理各国事务衙门将有不胜其扰者矣。”解决之道，只有“以商敌商”，这是抵抗列强侵略的“销患无形、釜底抽薪之法”。对于振兴商务的前

① 陈其璋：《奏为参合中西学术拟请翰林编检及各部司员等官一律招考入同文馆肄习事》，中国第一历史档案馆藏：录副奏片，档号：03—7209—064。

景，他说：

> 诚使内外臣工知中国之大势如此，洋人之诡谋中国之受害实在于此，官民同心，联成一气，实力举行，逐渐推广，二十年后彼将纷纷四散矣，尚何口岸之增、税厘之减乎？是不战而屈人之兵也。①

在随折所上附片中，李璠提出了以商制敌的具体措施："以商制敌，大要两端，外国所需于中国者，自行贩运；中国所需于外国者，自行制造，如是而已。"如此，"彼所需于我者，既有外洋贸易以收回利权，彼所售于我者，复有机器制造以绝其销路，将诡计更无所施"。②

此后，主张振兴商务的言官越来越多。

光绪十七年(1891)三月，江西道御史讷清阿上奏，指出通商十余年来，洋货流行于中国各省，消耗内地之资财，剥夺小民之生计，如果不思抵制，为害将不堪设想。为此，他提出"振兴商务，以广利源而裕国课"。具体办法有三：一是"广设领事以护华民"，使流寓国外的华民"有所依仗"；二是"招来矿工以利局用"，使"各省机器局所需取用更便"；三是"酌裁厘卡以纾商力"。在奏折的最后，他总结道："护商、开矿生财，固以济用，即裁减厘

---

① 李璠：《奏为寓强于富制敌以商以裕民生而销外患》，中国第一历史档案馆藏：录副奏折，档号：03—9378—008。

② 李璠：《奏为外国一切制造皆可仿其法次第举行使其诡计更无所行事》，中国第一历史档案馆藏：录副奏片，档号：03—9378—009。

金，初似不便于官府，洎行之既久，商务愈旺，则国课愈充。”[1]

《马关条约》签订后，中国面临更大的经济威胁。国难当头，部分言官的思想也日益活跃起来，他们再次把讲求商务作为济时救难的良方。

光绪二十一年十一月十七日（1896 年 1 月 1 日），掌江西道御史王鹏运上奏，请求清廷“速讲求商务以维大局”。他说：“自古立国，未有不富而能强者，况今日之天下，固一通商之天下，各国借商务之盛以凭凌于中国，中国坐商务之弛以受侮于各国，举彼之所以得计者，知我之所以失计明矣。”中国自有洋务以来，只是徒袭虚名，全无实际，官与商声气不通，相互隔绝。朝廷虽有恤商保民之意，而地方官吏之扰商病民风气，却相沿成习，毫无忌惮，以至于华商不得不纳银于洋商，托名其下，以求摆脱官吏的扰害，出现了“我商民渐归异族”的现象，造成“人心之变，实为大患”。因此，“为今之计，惟有急饬内外大小臣工，合力讲求护商便民之策”。先办好两件事，即设立商务局和整顿招商局。“二局既兴，则商情自达，商会自举”。然后，由国家提倡商务，“使内外大小臣工合力考究”，或者“于京师亦立一商务公所，使天下言商务者，果有良策，皆可以上达圣聪”，这样，“风气日开，利权可期渐复，人心不至外向，既可以消患，又可以致强”。[2]

十二月初三日（1896 年 1 月 17 日），福建道御史臣胡孚宸上奏，提出振兴商务以保利权的主张：

---

① 讷清阿：《奏为振兴商务以广利源事》，中国第一历史档案馆藏：录副奏折，档号：03—7133—013。

② 王鹏运：《奏为外患日深人心渐异请讲求护商便民以维大局事》，中国第一历史档案馆藏：录副奏折，档号：03—5613—013。

今日急务，莫如振兴商务，精造土货以敌来源。盖天道地宝，原不禁人取携，与其供人朘削而生计日见萧条，何如自为经营而利权归我掌握？不独丝茶固有之利不可听其劫夺，即煤铁、工商诸务以及服饰、器具一切杂货之凡有便于日用者，亦不可不认真讲求，官为提倡……相应请旨，特简廉正有为之人为商务大臣，重其事权，厚其廉俸，令其讲求利病，督率工商，或谕设公司而官为护持，或酌拨官本而商为附益，或筹众资而预屯客货，以免外人抑勒；或劝散商而集成总会，以免众志纷歧；或商各国更定税则，俾入重出轻；或立学堂讲求工艺，俾日新月异，又复计其赢绌，明其赏罚，有漏卮则力塞之，有奸侩则重诛之。勿以款过繁难而惜小费，勿以利涉纤细而有轻心，损益因时，官商一气，饷源既裕，兵势自强，环球各国而犹敢尝试要挟轻发难端者，未之有也。[1]

三、兴办矿务以开财源

光绪时期，军工企业略有规模，民用企业的创办方兴未艾，各地局厂大量兴建，需要大量的煤铁，而煤铁大半依赖进口，这种状况制约了洋务运动的发展。因此，很多言官提出兴办矿务以解决洋务局厂原料及燃料供应的问题。陈其璋、讷清阿把兴办矿务与海军建设、振兴商务连带提出，也有言官专就兴办矿务给出建议。

---

① 胡孚宸：《奏为商务极宜经理以保利权事》，中国第一历史档案馆藏：录副奏折，档号：03—7133—017。

光绪四年十月二十四日(1878年11月18日),掌江南道御史曹秉哲上奏,提议仿用西法开采煤铁:“法贵因时而制宜,事可取人以为善。方今之务,以海防为最要,欲办海防,莫先于筹款项,欲筹款项,莫大于采煤铁。”“计各局每年需用煤铁约银二百万两,大半取办于外洋。此一时权宜则可,若为长久之计,殊非善策。且恐一旦有事,洋人煤铁停止不来,各局立受其困。是各大臣平日苦心经营,至临事时,反多掣肘,此尤事之不可不虑者也。”具体办法是:“凡地方有煤有铁之处,准其招徕殷商,仿用西法开采,一切鼓铸之机器,转运之火车,倘民间乐办,悉听其便。应如何完纳厘税,酌量征收,尤必坚持定见,勿为浮言所惑。”“财源之开始于此,国家之固亦基于此。”①

中法战争爆发前夕,左副都御史张佩纶出于战略考虑,提出开东南之矿不如开西北之矿,开西北之矿又不如开滇、黔之矿,在滇、黔等地开采五金之矿,既可以收“安边足用之效”,又可以“借地利以遏敌谋”。② 浙江道御史叶荫昉提出,为防止外患,应解除对新疆等地金矿的封禁,“趁洋人未至之先,明弛矿场之禁,自行试办”,以此收利国用、厚民生之效。③

---

① 曹秉哲:《奏请仿用西法开采煤铁事》,中国第一历史档案馆藏:录副奏折,档号:03—9426—018。

② 张佩纶:《奏为敬陈滇省开办矿厂管见事》,中国第一历史档案馆藏:录副奏片,档号:03—9426—064。

③ 叶荫昉:《奏为密陈新疆封禁各矿宜设法防闲或先行试办开采分别妥议事》,中国第一历史档案馆藏:录副奏折,档号:03—9642—020。

第三章　言官与戊戌新政

梁启超曾说："吾国四千年大梦之唤醒，实自甲午战败割台湾、偿二百兆以后始也。"[①]天朝大国败于"蕞尔小国"，震撼了中国社会，振衰起弊、变法自强成为摆在中国人面前的首要任务。《马关条约》正式换约前后，光绪帝在四天内连发两道上谕，号召文武大小官员"坚苦一心，痛除积弊"，[②]"切实振兴，一新气象"，[③]表明急于求治的心情和变法维新的决心。这两道上谕也成为维新变法人士的动力，为以后实行变法维新提供了政治根据。言官凭借对国家前途命运的忧患意识，积极地投入到挽救危亡的运动中，他们上奏章，递条陈，提出自己的改革思路和策略。

第一节　言官的政治变革主张

甲午战争唤醒了国人，催生了戊戌变法。民族危机的加剧，

---

① 梁启超：《戊戌政变记》，张品兴主编：《梁启超全集》（第一册），北京出版社，1999 年，第 181 页。

② 《光绪朝东华录》（四），总第 3595 页。此条上谕时间为光绪二十一年四月乙卯，即光绪二十一年四月十四日，而《德宗景皇帝实录》（五）卷 366 第 780 页载此道上谕时间为光绪二十一年四月戊午，即光绪二十一年四月十七日。此处采用《光绪朝东华录》中的时间。

③ 《光绪朝东华录》（四），总第 3596 页。

也使言官所思考的问题由技术革新转向制度变革。学习西方先进的政治制度,改革中国传统的封建专制制度,是言官思考的问题之一。

一、诏定国是以正趋向

光绪二十四年四月十三日(1898年6月1日),山东道御史杨深秀上《请定国是明赏罚以正趋向而振国祚》,吁请诏定国是。杨深秀指出:"理无两可,事无中立,非定国是无以示臣民之趋向,非明赏罚无以为政事之推行。踯躅歧途者不能至,首鼠两端者不能行。午针未定,标向不立,议论不一,游移不断,未有能成功者也。"在"当今大地既通,万国环逼,新法日出"的形势下,中国的旧制度、旧方法已经过时,只有参照外国新法加以改革,才能使"祖宗艰难缔造之天下,望以不坠者也"。接着分析了此前变法中存在的弊端及守旧派阻挠变法的原因:"累奉诏书,颁行新政,而大臣置若罔闻,或阁而不宣,或宣而不行,或行而不举,则以国是未定、赏罚未明故也。乃者诏书频下,废武科,裁冗兵,开学堂,举行经济特科及经济常科,皇上于变法之方,既已讲之明,审之决,而后行之矣。而犹未著定国是,申明赏罚,别黑白而定一尊,决嫌疑而去犹豫,致使新政不举。台湾既割,胶变旋生,今又半年矣。是非强敌割之,而守旧者倒戈内攻而割之也;亦非守旧者割之,而国是未定、赏罚未明割之也。""夫守旧之人,实非不知今之宜变法也;或年老不能读书,或气衰不能任事。不能读书,则难考新政;不能任事,则畏闻兴作。虑新法之行,于旧官必多更革,于旧人必多褫斥,于其富贵之图,大有不便,则惟有出全力以阻挠之,造谣言以摇惑之。"最后,为坚定光绪帝的变法决心，强调："夫古今为政，未有东西未定、游移两可者。若皇上仍主由旧，则将总署、使臣，船政、铁路、电线、邮政、制造、招商之局，同文、方言之馆尽撤之，而禁言外国之故，永锢开新之人可也。若以夏葛冬裘，时变既易，量时审势，必宜开新，而徘徊中立，令臣民依依莫适，天下趋向无定，必致一事不立，坐待削弱。胶、旅之事，是其前车。臣愚谓皇上仍主守旧则已，若审观时变，必当变法，非明降谕旨，著定国是，宣布维新之意，痛斥守旧之弊，无以定趋向而革旧俗也。"[①]杨深秀把诏定国是、变法图强作为中国摆脱帝国主义瓜分危机的自救良药。

四月二十日（6月8日），翰林院侍读学士徐致靖上《奏为外侮方深国是未定守旧开新两无所据请特申乾断明示从违折》，吁请诏定国是。他们的奏折坚定了光绪帝诏定国是的决心，且得到慈禧太后的许可。《翁同龢日记》中记载："廿三日（6月11日）……上奉慈谕，以前日御史杨深秀、学士徐致靖言国是未定，良是。今宜专讲西学，明白宣示等因。并御书某某官应准入学，圣意坚定。臣对西法不可不讲，圣贤义理之学尤不可忘。退拟旨一道，又饬各省督抚保使才，不论官职大小旨一道。"[②]同一天，光绪帝颁布《明定国是诏》：

数年以来，中外臣工讲求实务，多主变法自强。迩者诏书数下，如开特科，裁冗兵，改武科制度，立大小学堂，皆经再三审定，筹之至熟，甫议施行。惟是风气尚未大开，论说

---

① 《戊戌变法档案史料》，中华书局，1958年，第1—2页；中国第一历史档案馆藏：录副奏折，档号：03—9446—031。

② 陈义杰整理：《翁同龢日记》（六），中华书局，1998年，第3132页。

莫衷一是，或托于老成忧国，以为旧章必应墨守，新法必当摈除，众喙哓哓，空言无补。试问今日时局如此，国势如此，若仍以不练之兵，有限之饷，士无实学，工无良师，强弱相形，贫富悬绝，岂真能制梃以挞坚甲利兵乎？朕惟国是不定，则号令不行，极其流弊，必至门户纷争，互相水火，徒蹈宋、明积习，于时政毫无裨益。即以中国大经大法而论，五帝三王，不相沿袭，譬之冬裘夏葛，势不两存。用特明白宣示，嗣后中外大小诸臣，自王公以及士庶，各宜努力向上，发愤为雄，以圣贤义理之学，植其根本，又须博采西学之切于时务者，实力讲求，以救空疏迂谬之弊。专心致志，精益求精，毋徒袭其皮毛，毋竞腾其口说。总期化无用为有用，以成通经济变之才。[①]

《明定国是诏》标志着维新变法从此取得了“合法”的地位，令维新派欢欣鼓舞。正如梁启超所说，光绪帝“召军机全堂下此诏书，宣示天下，斥墨守旧章之非，著托于老成之谬，定水火门户之争，明夏葛冬裘之尚，以变法为号令之宗旨，以西学为臣民之讲求，着为国是，以定众向，然后变法之事乃决，人心乃一，趋向乃定。自是天下向风，上自朝廷，下至士人，纷纷言变法，盖为四千年拨旧开新之大举。圣谟洋洋，一切维新，基于此诏，新政之行，开于此日”。[②]

掌山东道御史宋伯鲁是维新变法坚定的支持者，他在四月

① 《德宗景皇帝实录》(六)卷418，光绪二十四年四月，第482页。

② 梁启超：《戊戌政变记》，张品兴主编：《梁启超全集》(第一册)，第192页。

二十九日(6月17日)上《变法先后有序乞速奋乾断以救艰危折》,提出要想推行新政,必须"速奋乾断","讲明国是,正定方针"。洋务派变法失败的原因就在于"国是未变,议论未变,人才未变"。要推行新政,"非诏书三令五申所能得也"。在变法之先,皇帝应该与大臣"早作夜思,讲明国是,正定方针"。阐明:"所谓变国是者,在正明中国之在大地为数十国中之一国,非复汉、唐、宋、明大一统之时。其为治,当用诸国并立、流通比较之法,不能用分毫一统、闭关卧治之旧。枢译大臣,近支王公,公卿督抚,皆当日夜讲求,至明至尽,令晓然于天道之变、古今之殊,无泥古自骄,无拘墟自惑。或令游历外国,博地球之大观,使知变或可存,不变则削,全变乃存,小变仍削,深通其故,显豁无疑,而后推行新政可无滞碍,奉宣德意,勇猛敷施也。"请求光绪帝"大誓群臣,特下明诏,著创巨痛深之言,发穷变通久之道,申明采集万国良法之意,宣白万法变新、与民更始之方,痛斥守旧拘墟之愚惑,严定违旨不更新改变之重罚,布告天下,咸令维新"。[①]

二、改革体制以推行新政

在变法运动期间,维新派认识到封建专制体制是社会前进的巨大阻力和障碍,因此提出改革封建体制。光绪二十四年(1898)正月,康有为向光绪帝呈递《应诏统筹全局折》,即《上清帝第六书》,从此,"大誓臣工,开制度新政局"成为维新派的政治改革纲领。所谓"开制度新政局",就是在现行体制之外,另设强力机构,具体而言,就是在内廷开制度局以总其纲,另立十二专

---

① 《戊戌变法档案史料》,第3—4页;中国第一历史档案馆藏:录副奏折,档号:03—9446—041。

局以分其事，在道、县设立民政局和民政分局督办。其中最为重要的是设立“制度局”。制度局“征天下通才二十人为参与，将一切政事、制度重新商定”。[1] 按照康有为的设计，制度局“将成为中央的政治决策机构，一切新政的政令将经其讨论决定后，交十二局办理。康有为本人也企图通过进入制度局……而成为变法的领导者和决策者”。[2]

支持变法的言官围绕着“制度局”之意分别上奏，从而形成了“议政处”、“立法院”、“懋勤殿”等一系列变革旧体制的新名目。

二月初八日（2 月 28 日），宋伯鲁上《请设立议政处折》，提出设议政处的理由和设想：

> 窃惟国初有议政之设，六部有交议之事，皆所以揆度事情，抉择可否，行之邦国，施之民人者也。自设立军机处，议政之员遂罢，六部交议之件，皆臣工随时条奏，率非国家大政大疑。而翰詹科道九卿集议之举，在当日时时有之，今则独有朝审一事尚存旧制。而一切大政大疑，均由军机大臣议论裁决，或会同别署而已。时局之棘，莫棘于今日。今日之关系亦巨矣，今日之庶务亦殷矣，而奠危康险，责诸数人，万绪千端，决于一旦。理繁数赜，尺短寸长，揆诸时务，或似合而实离，施之天下，或始集而终殆。《书》曰：询谋佥同。

① 孔祥吉：《救亡图存的蓝图——康有为变法奏议辑证》，（台北）联合报系文化基金会，1998 年，第 8 页。

② 茅海建：《从甲午到戊戌：康有为〈我史〉鉴注》，三联书店，2009 年，第 299 页。

> 又曰：汝则有大疑，谋及乃心，谋及卿士，谋及庶人，谋及卜筮。盖不虚衷则理不显，不博采则事不明也。泰西上下议院深得此意，其所以强耳。朝廷近年以来推广各省学校，改三场策问，今复设经济特科，搜岩采干，有若饥渴。然而缓不济急者，所论皆储才之事，非能解眉睫之危也。以中国之大，沐浴祖宗德泽二百余年，岂真无康济时艰、通达体用其人，以济目前之急哉！或屈抑下僚，或隐处岩穴，不招之不至，不用之不出耳。

议政处的宗旨是“略师泰西议院之制，仍用议政名目，设立议政处一区，与军机、军务两处并重”。议员的人选，由各省督抚和京官一品以上大员举荐，皇帝钦定，“无论已仕未仕，务限一月内出具考语，资送吏部。引见后即充当议政员，以三十员为限。月给薪水，轮流住班，有事则集，不足则缺”。这等于给那些地位卑微且具备新学知识的人才开辟了一条直接进入中央决策机构的合法途径。

宋伯鲁设计“议政处”，希图以此让维新人士参与议政，类似于康有为在变法初期提出的在内廷开制度局的设想。折上后，光绪帝下旨“暂存”。

《明定国是诏》颁布不久，宋伯鲁再次递折，即前文提到的《变法先后有序乞速奋乾断以救艰危折》，以“三权鼎立”之义为依据，追溯中国政治传统，将现行体制与西方国家制度作了一番对比，指出：“泰西论政，有三权鼎立之义。三权者，有议政之官，有行政之官，有司法之官也。夫国之政体，犹人之身体也。议政者譬若心思，行政者譬如手足，司法者譬如耳目，各守其官，而后体立事成。然心思虽灵，不能兼持行；手足虽强，不能思义理。今万几至繁，天下至重，军机为政府，跪对不过须臾，是仅为出纳喉舌之人，而无论思经邦之实。六部、总署为行政守例之官，而一切条陈亦得与议，是以手足代谋思之任，五官乖宜，举动失措。臣愚以为骤变新法，皆无旧例可循，非有论思专官，不能改定新制。若待群臣枝节而请，又待六部按例而议，则以旧例议新法，惟有驳之而已。近者，经济科目实为转移天下之枢纽，而经礼官议行，即等于具文，无补海内人事，仍从事帖括，不肯讲求经济，此办旧例议新法已然之效也。"要起衰振弱，就要有雷霆万钧的勇气，设"论思之官"，立法改制。具体言之，就是"开立法院于内廷，选天下通才入院办事"。[①]

由议政处到立法院，都不过是康有为制度局的变种。不过，宋伯鲁折中提出的"草定章程，酌定宪法"，却具有现代意识的色彩，"这里的宪法虽说不是资本主义国家的宪法，但是，它无疑会在一定程度上体现新兴的民族资产阶级的利益"。[②]

七月二十八日（9月13日）宋伯鲁上《选通才以备顾问折》，请开懋勤殿。宋折原文不曾得见，但是据茅海建先生考证：宋折"当由康有为代拟，虽未能在档案中检出，但从军机处的拟题来看，其基本内容还是清楚的，即请设懋勤殿"。[③] 从康有为自编年谱中也可以得到印证。康有为称："四卿（按：指光绪

---

① 《戊戌变法档案史料》，第3—4页；中国第一历史档案馆藏：录副奏折，档号：03—9446—041。

② 孔祥吉：《康有为变法奏议研究》，辽宁教育出版社，1988年，第314页。

③ 茅海建：《从甲午到戊戌：康有为〈我史〉鉴注》，第708页。

新拔擢的军机四章京）亟亟欲举新政，吾以制度局不开，琐碎拾遗，终无当也，故以请开懋勤殿以议制度，草折令宋芝栋上之，举黄公度（黄遵宪）、卓如（梁启超）二人。王小航（王照）又上之，举幼博（康广仁）及孺博（麦孟华）、二徐（徐致靖、徐仁铸？二人为父子，无人注解，但当时支持变法的徐姓士大夫只有这二人，致靖为学士，子仁铸为湖南学政，此外尚有仁铸之弟仁镜，但名气不大）并宋芝栋。徐学士亦请开懋勤殿，又竟荐我。复生（谭嗣同）、芝栋召对，亦面奏请开懋勤殿。上久与常熟议定开制度局，至是得诸臣疏，决意开之。"①懋勤殿建于明代嘉靖年间，夏言拟匾额为"懋勤"，取"懋学勤政"之意。清代起居注官恽毓鼎在其《崇陵传信录》中记载："懋勤殿在乾清宫西廊，屋五楹，列圣燕居念典处。咸丰中叶，何秋涛福建主事以进《朔方备乘》，诏在懋勤殿行走。同治后殿久虚，惟南书房诸臣，时就其中应制作书，以其与南斋毗连也。"②在戊戌变法期间，康有为一直认为开制度局是整个变法大局中的提纲立本之事，但要变革旧制，必然会遭到守旧诸臣的强烈反对，因此在康有为代宋伯鲁草拟这份奏折时，变换了名称，采用历史上曾经有过的先例，以懋勤殿来代替制度局。至于"懋勤殿"的性质，在康有为所上《谢赏编书银两乞预定开国会期并先选人才议政许民上书事折》中曾经言及，他说：

日本未开国会之先，亦先征一国之人才，以议政事，于

① 《康南海自编年谱》，《中国近代史资料丛刊・戊戌变法》（四），神州国光社，1953年，第159页。

② 恽毓鼎：《崇陵传信录》，中华书局，2007年，第58页。

是大久保利通、木户孝允等出，臣所写进《日本变法考》已发明之。伏乞皇上特下明诏，令群臣各荐才俊，府必一人，不问已仕未仕，概行征集阙下，大开懋勤殿，令入直行走。悬百国之图，备中外之籍，分列百政，各设专科，派以鸠集东西，斟酌古今，编纂政法，以备施行。日轮二十人，置之左右，以备顾问。或赐茶果，优假颜色。其有大政，或其近地，或其专科，与之商略，或发与议定。既可觇其才识，亦以赞助圣谟。①

不难看出，懋勤殿与宋伯鲁此前所提议政处、立法院是一脉相承的。光绪帝曾有意开懋勤殿，这在梁启超的《戊戌政变记》中有记载："上既广采群议，图治之心益切，至七月廿八日，决意开懋勤殿，选集通国英才数十人，并延聘东西各国政治专家，共议制度，将一切应兴应革之事全盘筹划，定一详细规则，然后施行。"②梁启超所说光绪帝决意开懋勤殿的时间，与宋伯鲁上折时间相符，可以说光绪帝开懋勤殿是受了宋伯鲁奏折的影响。

综上，在戊戌维新前后，宋伯鲁所主张的议政处、立法院、懋勤殿，都是康有为制度局的补充，与制度局并没有实质性差别。这不仅关系到官员地位和利益的重新分配问题，也关系到政治权力的重新分配和政治体制的根本转变。因此，当光绪帝向慈禧太后当面请示开懋勤殿的时候，一场大的冲突就在所难免了。

---

① 麦仲华、康同薇编：《戊戌奏稿》，宣统三年三月，（台北）文海出版社，1985年，第94页。

② 梁启超：《戊戌政变记》，张品兴主编：《梁启超全集》（第一册），第215页。

三、操权柄、明赏罚、斥顽臣，以行实政

维新变法的序幕拉开以后，如何冲破守旧势力的层层阻挠，使维新变法得以顺利进行，关乎变法能否成功，也是言官所关注的问题之一。杨深秀在《请定国是明赏罚以正趋向而振国祚》折中，明确地提出行维新之政，必须大用赏罚。他说：

> 赏罚者，人主之大柄，所以操纵奔走天下者也。皇上有赏罚之大柄而不用，徒付之吏议，夫吏议之律，是亦守旧而已。皇上无操纵天下之权，故日欲行维新之政，而未见毫厘之效也。故从古行新法之时，未有不大用赏罚也。今开新者力任艰巨，未见赏擢，守旧者废格诏书，未见罢斥，开新者事劳而势逆，守旧者事逸而势顺，是驱天下人守旧而已。昔赵武灵王之罢公叔成，秦孝公之罢甘龙，日本之君睦仁变法之罢幕府藩侯，俄彼得变法之诛近卫大臣，此皆变法已然之效也。皇上欲推行新政，速见实效，请查核内外大臣奉行甲午以来新政之谕旨，若学堂，若武备，若商务农工，何者举行，何者废格，嘉奖其举行者，罢斥其废格者，明降谕旨，雷厉风行，如此而新政不行、疆土不保者，未之有也。[①]

同样主张明赏罚以推新政的还有宋伯鲁和江南道御史李盛铎。光绪二十四年四月二十六日（1898年6月14日）军机处随手登记档记："御史宋伯鲁折一：《请明定赏罚以推新政由》；片

① 《戊戌变法档案史料》，第1—2页；中国第一历史档案馆藏：录副奏折，档号：03—9446—031。

一:《经济科请分别办理由》;片一:《陕西昭信股票请宽减由》。御史李盛铎折一:《请明定赏罚以行实政由》;片一:《行政在于用人由》。"[①]《请明定赏罚以推新政由》、《请明定赏罚以行实政由》、《行政在于用人由》只存目录,并无全文。但是我们从看过这些折片的翁同龢的日记中可以寻得一丝踪迹。翁同龢称:"李盛铎(新政既定宗旨,宜明赏罚,行者陈(宝箴)、张(南皮)、鹿(传霖)为最,廖、邓次之,沮者史、谭(春及);片,用人宜慎,能议事未必能办事。宋伯鲁,明赏罚,大致与李同,此两件均暂存)……"[②]可见,在光绪帝诏定国是后,宋、李都主张以"明赏罚"来推动官员行"实政",从而确保维新变法的顺利进行。

在《变法先后有序乞速奋乾断以救艰危折》中,宋伯鲁痛斥守旧拘墟、"违旨不更新改变"之的官僚,请"褫斥其一二以警天下。即使其才可用,亦必暂加褫斥,徐与开复,以正国是而耸众听",让守旧分子"无不洗心回面,改视易听,而奉宣新法"。[③]

把罢斥顽臣的主张转变为行动的事例,是宋伯鲁联合杨深秀弹劾礼部尚书、总理各国事务大臣许应骙。五月初二日(6月20日),宋伯鲁和杨深秀联名上奏,弹劾许应骙"守旧迂谬,阻挠新政,贻笑邻使"。折中指出许应骙有三端劣行:其一,阻挠新政,"有诏书关乎开新下礼部议者,其多方阻挠";其二,仇视新政人才,"遇有通达时务之士,则疾之如仇";其三,不能"深通洋务、

---

① 中国第一历史档案馆藏:军机处随手登记档,光绪二十四年四月二十六日,档号:03—0296—2—1224—141。

② 陈义杰整理:《翁同龢日记》,(六),第3133页。

③ 《戊戌变法档案史料》,第3—4页;中国第一历史档案馆藏:录副奏折,档号:03—9446—041。

洞悉敌情”，导致“中国之见轻见侮”。他们请求光绪帝特振天威，“将礼部尚书许应骙以三、四品京堂降调，退出总理衙门行走”。[①] 奉上谕：“御史宋伯鲁、杨深秀奏，礼臣守旧迂谬阻挠新政一折。着许应骙按照所陈各节，明白回奏。”[②]查五月初四日(6月22日)军机处随手登记档，许应骙上《遵旨明白回奏折》，就宋、杨的指责一一进行驳斥，并对康有为等维新派反唇相讥。当日内阁明发上谕：

> 许应骙奏，遵旨明白回奏一折。该尚书被参各节，既据逐一陈明，并无阻挠等情，即着毋庸置议。礼部有总司贡举、学校之责，总理衙门办理交涉事件，均关紧要。该尚书嗣后遇事，务当益加勉励，与各堂官和衷商榷，用副委任。[③]

由弹劾许应骙事件可以看出，戊戌变法时期，守旧派还拥有强大的势力，变法维新任重而道远。当然，此后光绪帝罢免阻挠新政的礼部六堂官，超擢倡言变法的礼部主事王照，也说明言官们操权柄、明赏罚、斥顽臣以行实政的政治主张对光绪帝产生了影响。

戊戌变法期间，言官奏议呈现出以下特点：第一，具奏人员和奏折数量少。从前文所列的奏折来看，在众多的言官中，具折

---

① 《戊戌变法档案史料》，第5—6页；清华大学历史系编：《戊戌变法文献资料系日》，上海书店出版社，1998年，第720页；中国第一历史档案馆藏：录副奏折，档号：03—9447—004。

② 《光绪宣统两朝上谕档》(二四)，第204页。

③ 《光绪宣统两朝上谕档》(二四)，第205页。

支持变法的只有杨深秀、宋伯鲁和李振铎等人，明确提出要进行政治体制改革的奏议也只有为数不多的几份。第二，言官们有关政治改革的奏折多由康有为代写。康有为提出在宫中设制度局，表面上是光绪帝的政治咨询机构，其职能是议政，但康有为的真实意图是把这一机构变成由他主持、控制的政治决策部门，用以领导维新变法运动顺利进行。为实现改革设想，康有为一方面不断上书光绪帝，另一方面为那些拥有具折之权、同情并支持变法的言官代拟奏折。为避免朋党串通之嫌，康有为在那些他代拟的奏折中变换说法，如宋伯鲁奏折中所提到的议政处、立法院和懋勤殿等，都是康有为这一策略的产物。据《康南海自编年谱》记载，在戊戌维新期间，杨深秀的《请定国是明赏罚以正趋向而振国祚》，宋伯鲁的《请设立议政处折》、《变法先后有序乞速奋乾断以救艰危折》、《选通才以备顾问折》、《请明定赏罚以推新政由》，宋伯鲁、杨深秀联名上奏的《礼臣守旧迂谬阻挠新政折》，均由其代拟，经孔祥吉、茅海建等人考证后确认。对于李盛铎的《请明定赏罚以行实政由》，孔祥吉和茅海建存在分歧。孔称“该折由康代拟”，[①]而茅则对此表示怀疑，他说：“从对人物的臧否中可知李的政治态度，他属张之洞、陈宝箴等稳健的改革派。该派在学术思想、政治思想上与康有为有较大分歧。”[②]

造成这种现象的原因，一是多数言官对政治体制改革的必要性认识不足。近代以来，虽然学习西方，更张政治体制以实现富国强兵的思想已经被一些比较先进的中国人所认识，

① 孔祥吉：《救亡图存的蓝图——康有为变法奏议辑证》，第105—112页。

② 茅海建：《从甲午到戊戌：康有为〈我史〉鉴注》，第412页。

但也只是在少数人中传播，即使在戊戌维新时期，真正意识到封建体制已经成为中国社会前进的巨大阻力和障碍，从而产生变革要求的，也只有以康有为为代表的维新派，对于绝大多数现行体制受益者的言官来说，变革要求并不强烈。这样，维新派便只能利用言官中同情并支持变法的官员，为他们代拟奏折，利用其建白之权，向皇帝灌输维新变法的主张。二是封建势力强大，光绪皇帝没有实权，使得言官讳言政治体制。政治体制改革关系到权力的重新分配，从根本上变革政治体制，也涉及到官员的自身地位和切身利益。戊戌维新的社会基础并不深厚，维新派所依靠的是一个没有实权的皇帝，在强大的封建势力包围之下进行改革，招致的反对也多。因此，在光绪帝诏定国是之后，接二连三地颁布裁冗署、废卿寺等上谕，内外大臣多四顾而言他，在维新大局没有明确之前，多数言官也只能因观望而缄默，对上谕很少回应。戊戌时期言官整体上对政治体制改革态度的淡漠，从另一个方面反映出言官并非当时的激进改革派。

第二节　言官的经济变法主张

甲午战争后，大量的战争借款和战后赔款使清政府又一次陷入财政危机之中，不得不走上举借外债的道路。西方国家也乐于把剩余资本输出到半殖民地的中国来，通过铁路、开矿等项贷款或投资，掠夺中国的路矿等权利。1897 年德国强占胶州湾以后，列强在中国掀起强占租借地、瓜分势力范围的狂潮，在中国建工厂、开银行，贪婪地掠夺原材料，操纵中国的金融和财政，使中国的社会经济发展和近代化进程受到严重挫折。面对触目惊心的形势，言官们也在考虑对策，并提出一些新的建议。

一、振兴农工商务以杜漏卮

通过振兴农工商务以抵制列强经济侵略是言官的共识，只不过由于各自看问题的角度不同，他们提出的解决办法也略有差异。掌江南道御史曾宗彦将列强侵略加深归因于铁路的修建，认为必须以振兴农工商务来抵制。光绪二十四年五月初二日（1898年6月20日），曾宗彦上《请振兴农工二务折》，指出铁路不仅是列强掠夺中国的工具，也是中国洋货横行、贫弱相因的渊薮。他说："是铁路者，将以开中国之利源，适以竭中原之膏血也……铁路愈广，洋货愈畅，财力愈匮，贫与弱相因，祸变之来，岂有底止？"①如何抵制？曾宗彦提出"行之甚便而无弊"的两种办法，即"励农学以尽地力"和"准专利以劝百工"。前者是采用"西国农学新法"经营土地，依靠国家之力推广在这方面已经取得一定成绩的上海农学会的经验，向全国宣示朝廷重视农业的意向，请明降谕旨，"将上海农学会亟予激励，或饬地方官力为保护，或恩赏银两，不论多寡，以示特施。使天下晓然于朝廷之意向，首在明农，则海澨山陬，闻风尽奋，美大之利，计日可收"；后者是鼓励民间的发明创造，予以专利，请"饬下各直省督抚、将军，凡民间能出新意制造器物者，准呈所在地方官考验，以适用之大小，定专利之年限，其能制造新式军械有益大计者，所在督抚、将军专折奏明，破格奖励"。他认为"农者货之所自出也，工

① 《戊戌变法档案史料》，第386页；中国第一历史档案馆藏：录副奏折，档号：03—9447—002。

者货之所自成也,二者皆兴,则铁路之通,以富以强。二者有一不兴,则铁路之通,以贫以弱”。因此,只有振兴农工二务,才能达到“国不费而政成,官不劳而事理,事半功倍”的效果。[①]

曾宗彦把列强的侵略归咎于铁路,未免有失偏颇,不过,振兴农工以抵制洋货,却很有见地,很快得到了光绪帝的回应。五月十六日(7月4日),光绪帝根据总理各国事务衙门对曾折的议覆,发布上谕:

> 农务为富国根本,亟宜振兴。各省可耕之土,未尽地力者尚多。着各督抚督饬各该地方官劝谕绅民,兼采中西各法切实兴办,不准空言搪塞。须知讲求农政,本古人劳农劝相之意,是在地方官随时维持保护,实力奉行。如果办有成效,准该督抚奏请奖叙。上海近日创设农学会,颇开风气,着刘坤一查明该学会章程,咨送总理各国事务衙门查核颁行。其外洋农学诸书,并着各省学堂广为编译,以资肄习。[②]

第二天,光绪帝再发上谕,命总理各国事务衙门酌定章程,奖励著书、创法、制器等人才,对于独力创建学堂、开辟地利、兴造枪炮各厂,有裨于经国远猷、殖民大计,都要给予特赏。上谕称:

---

① 《戊戌变法档案史料》,第387页;中国第一历史档案馆藏:录副奏折,档号:03—9447—002。

② 《光绪宣统两朝上谕档》(二四),第229页。

现在振兴庶务，富强至计，首在鼓励人才。各省士民，著有新书，及创行新法、制成新器，果系堪资实用者，允宜悬赏以为之劝。或量其才能，试以实职；或锡之章服，表以殊荣。所制之器，颁给执照，酌定年限，准其专利售卖。其有能独力创建学堂、开辟地利、兴造枪炮各厂，有裨于经国远猷、殖民大计，并着照军功之例，给予特赏，以昭激励。其如何详定章程之处，着总理各国事务衙门即行妥议具奏。[①]

礼科给事中庞鸿书与曾宗彦主张相似。七月十八日（9月3日），庞鸿书上《振兴庶务宜审利弊折》。该折没能检获，但查军机处上谕档，同一天，光绪帝向军机大臣等连续颁发四道谕旨，其中一道是着有关各部门酌议庞折。[②] 其中，折内有关“振兴农务、劝课种植，推广工艺、商务，设局各条，着端方、徐建寅、吴懋鼎酌核具奏”。从督理农工商总局大臣端方和吴懋鼎《遵议给事中庞鸿书条陈农工商务详细覆陈折》中，可以清晰地看出庞鸿书的基本主张。端方等人遵旨对庞鸿书的奏折逐条酌核后，称：

原奏所称振兴农务一节。农田以水利为根本，自属扼要之论，开渠凿井，亦兴水利之要法，皆当由局设法推广，以尽地力。至所云西洋种田机器决难收效，则未尽然。查外

---

① 《光绪宣统两朝上谕档》（二四），第231页。

② 其他三道谕旨为：“条陈通用银圆等语，着户部妥议具奏；条陈改定武科等语，着兵部妥议具奏；条陈经济科等语，着总理各国事务王大臣会同礼部酌核具奏。”“条陈大学堂章程等语，着孙家鼐酌核具奏。”“条陈创修铁路、开拓矿务等语，着王文韶、张荫桓酌核具奏。”见《光绪宣统两朝上谕档》（二四），第340—342页。

洋农器,美国最精,日本最廉,每具约一二千金,足垦数顷之田,较之雇农受佃,一年计之似绌,数年计之则优。且所云农夫蠢拙者,以其无学也。今既拟开办农学、农报广为劝导,数年之后,农智大开,则袯襫之妇子,皆识字之耕夫,又何虞其难用。

又原奏所称劝课种植一节。查植物之学,西国著有专书,荷兰、德、法诸邦,至设树林部以统之。良以土壤有刚柔,华实有宜忌。若以一端限之,诚有如湖北、江西种桑毫无成效者。所请分别土宜,设法劝导,照总理衙门开辟地利给奖之例,予以匾额顶戴,事属可行,应请照准。将来劝课树株,如有成效,拟由臣局酌定章程,分别奖励。

又原奏所称推广工艺一节。近年以来,上海之缫丝织布,贵州之制造火柴,山东之酿葡萄酒,直、东之织草帽辫,大利所在,民争趋之。他如吉林之红酒,口外之毛绒、皮张,为外人所称许,皆当设法鼓舞,以尽其用。杜外洋之漏卮,即以阜内地之物力。苟有独设机厂,自制货物,尤当优予奖励,力为保护,使与臣局相为维系,相为佐助。至云机器制造,直百抽十之令,当时税务司议定报税存栈章程,业经停办。惟通商各口岸,虽有华商自立关栈及保险公司,而权力尚轻。将来国家设立官银行接济诸商,不受洋人挟制,工艺自可振兴。

又原奏所称设商局宜用富商一节。前者各省设立商务局,绅为经理,未能著效,诚有如该给事中所云者。现在臣局议办大要,即拟延订各省富商专任各省兴商事务。果能自筹股本或纠集公司,查明款项属实,应即批准,给以文札,议章兴办，并由京外总分局与地方官吏公同保护，不使掣肘。正与所奏大意吻合。[①]

由端方等人的覆议折中，可以把庞鸿书的建议归纳起来，即：把兴修水利作为发展农业的根本，把开渠凿井作为兴修水利的要法，因地制宜，劝课种植。在工业发展方面，继承以往工业发展中的优良传统，鼓励并保护以机器自制货物，逐步摆脱洋人的控制，达到振兴工艺的目的。在发展商业方面，设商局，各省富商专任各省兴商事务，鼓励商人成立公司，官为保护。庞鸿书的主张除"西洋种田机器决难收效"因不合时宜被否定外，其他的主张都被不同程度地肯定。

二、筹办铁路、矿务以杜各国觊觎

甲午战争前，清政府的财政尚能维持收支平衡的状态，战后因巨额的战争赔款而陷入财政危机。戊戌维新开始后，中央和地方举办新政，用度日急，如何开浚利源便成了统治者首先要思考的问题。言官当中很多人就把筹办铁路、矿务当成化解财政危机的重要手段。据笔者统计，从光绪二十年到二十四年(1894—1898)，言官奏折中有关铁路问题的总计30份，约占光绪朝34年间77份的39%，有关矿务问题的总计20份，约占光绪朝34年间45份的44%，可见言官们对于兴办铁路和矿务的重视程度。这些奏折主要集中于开办铁路和矿务的重要性，以及如何开办等问题。

---

① 《戊戌变法档案史料》，第396—397页；中国第一历史档案馆藏：录副奏折，档号：03—9449—058。

关于开办矿务的重要性，光绪二十二年二月初一日（1896年3月14日），掌广东道御史陈其璋在《奏为铁路既兴宜广开矿产敬陈管见事》一折中有具体阐述。他说：

> 中国五金煤铁之富甲于地球，久为西人所艳羡。癸酉年西报称，德人游历中国，曾过直隶、山东、湖南、湖北等省，探悉矿产极富，煤矿尤多，复闻河南、山西、云南亦然。奥国博物院谓中国煤产以江西乐平、山东莱州、浙江江山及湖南等处为最，而莫多于山西。比利时议院谓中华土厚人稠，金、银、铜、锡四金之矿，所在多有，通国煤产十倍于英。李提摩太《时事新论》谓山西矿产曾经德人游历，称该省煤铁之矿品居上上，多至十三万余英方里。矿产之见于西人称述者如此。其见于臣工奏报者，如前两江总督沈葆桢《覆陈洋务事宜疏》，谓福建古田等处产铁甚旺，洋人用之，皆以为铁质胜于西洋。前福建巡抚丁日昌《海防条议》称磁州、平陆、大同、太原、米脂等处，皆煤多而佳。潍县、莱芜等处，皆有煤而块亦大。镇江之东南山，煤铁五金似皆可采。浙江之金华，福建之永定，则有煤井。各省产铁尤多，广东之芝麻铁尤有韧力。近日出使大臣许景澄所译俄图，称新疆和阗至罗布淖尔一带，共有金矿十七处，皆经俄人测绘可凭。矿产之见于臣工奏报者，又如此富媪。含积既若是之多，外洋探测又如斯之确，拟恳皇上饬下各省督抚、将军，遴派熟悉矿学之员，相度地脉，择要开采，既可以固边防，并可以裕饷项……俄人在切贵河挖金，往往侵入华疆，尤为边圉之隐患，况近者法人议约，即以云南矿务为言。与其漫藏而资以

盗粮，何如先事而绝彼窥伺，此矿务之有益于边防也……至腹地繁区，可仿照西洋公司之例，集股兴办，商股如不足，以官款济之。十年之后，美利无穷，居今日而策富强，计无便于此者。①

通过兴办矿务以固边防、裕饷项，可谓一举两得。

关于如何兴办矿务，陈其璋提出了商办的建议：

近年来官办各矿，如贵州曾彦铨、山东李宗岱，均亏至数十万之多，并无成效。现闻谕饬官为招商，是官办之不及商办，已在圣明洞鉴之中。惟臣以为，由官招商虽与官办有异，而商民凑集巨款，仍须官为主持，商民等疑虑潜萌，仍必有迟回观望。间有具呈认办，而既经官吏之手，即不免弊窦丛生，或假事阻挠，或借端需索，稍不遂意，辄谓该商家等家非殷实，勒令呈验资本、田产、房屋，报明抵官，事事刁难，受累正复不浅。利厚则官先中饱，利薄则商更吃亏，即或弊绝风清，而官与民分位悬殊，商人未有不疑且畏者。拟请明降谕旨，令各省督抚转饬各州县，晓谕民间，恪遵康熙年间定例，凡各省产矿之处，由本地人民自行呈请开采，地方官专事监管弹压，其一切资本多寡、生计盈亏，官不与闻，俾商民便于行事。纶音远播，遐迩莫不周知。矿厂既多，则矿税益

① 陈其璋：《奏为铁路既兴宜广开矿产敬陈管见事》，中国第一历史档案馆藏：录副奏折，档号：03—9643—055。

旺，富国裕民之道实基于此矣。[①]

陈其璋支持利用外资兴办铁路、矿务。他在光绪二十四年(1898)闰三月上了一折一片，即《奏为亟宜广为筹办铁路矿产事》和《奏为山西铁路矿务拟请仿泰西章程另设监督稽查事》。奏折阐述了美国招商兴办铁路、矿务而成为富冠五大洲之国的事实，建议清政府效仿美国，准许商人自借洋款筹办路矿：

> 中国商力之疲，日甚一日，若必须自筹资本，开办铁路、矿产，其势必不能行。而各国垂涎，早有耽耽虎视之势，今其端已屡见矣。俄有东三省之请，英有缅甸达云南之求，法有由越南通广西龙州之谋，德有由胶州御济南之索。铁路既去，矿产随之。为今之计，不如明降谕旨，听凭我国商人自借洋债，广为开办，国家但为保护，盈余亏折，绝不相干。盖我国多一商办之路，即彼少一蔓延之路，我多一商办之矿，即彼少一窥伺之矿。不但富强可致，抑且嫌衅可消。其借我巨款者，即保我疆土者也。现在卢汉铁路、津镇之路均已开办，而各省枝路亦宜节节灵通，相应请旨，饬下总理各国事务衙门咨行各省将军、督抚，迅速招商，广为筹办，群策群力，共济时艰，不得以朝廷已设立总公司，借端推诿。[②]

---

① 陈其璋：《奏为开办矿务宜专归商办事》，中国第一历史档案馆藏：录副奏折，档号：03—9643—056。

② 陈其璋：《奏为亟宜广为筹办铁路矿产事》，中国第一历史档案馆藏：录副奏折，档号：03—9659—015。

在附片中，陈其璋针对商人借洋款办路矿引起的纠纷，提出仿照西方，设立监督来管理的办法：

查泰西章程，凡办铁路等项，另设监督稽查，拟请仿照办理，由山西本地公举公正绅士一人，以为监督，随时查察，其亏折、盈余仍应归诸商人，与监督并无干涉。如此则商人兴办有所慑而不敢为非，既不患本地阻挠，亦不虑洋人肆辩矣。①

陈折上奏后，光绪帝谕令“下总理各国事务衙门议”。② 同年四月，奕劻等上《奏为遵旨议覆御史陈其璋奏铁路矿产广为筹办并铁路拟设监督事》：

现在时事艰难，国用匮乏，亟宜修路、开矿以图富强。兴办稽迟，各国皆萌觊觎之念，致中国以自有之利权，转为外人所攘夺。该御史所奏，自系洞悉时务，为当今必不可缓之图。惟兴利之中，尤宜除弊，若听凭商人自借洋债，恐奸商勾结洋商，影射侵占，轇轕不清，流弊甚大……该御史所请各节，亦应俟派定铁路矿务大臣，随时议覆，奏明办理。原片又称，山西铁路、矿务，抚臣胡聘之奏请由商人自借洋款兴办，山西京官谓惑于商人之言，将该处地方卖与洋人，联合呈请停办，嗣闻已将商人撤去，另行招商，而洋人坚执

① 陈其璋：《奏为山西铁路矿务拟请仿泰西章程另设监督稽查事》，中国第一历史档案馆藏：录副奏片，档号：03—9659—016。

② 《德宗景皇帝实录》(六)卷417，光绪二十四年润三月，第459页。

> 前言，势难中止。拟请仿泰西章程，由山西本地公举公正绅士以为监督，随时查察，则商人有所慑而不敢为非，既不患本地阻挠，亦不虑洋人肆辩等语。臣等查山西矿务现经臣衙门与洋商改订合同，派山西商务局绅董经理，并经电调局绅来京议办，与该御史所请举绅士以为监督之意适相吻合，业经议定合同，另行具奏。

光绪帝朱批："依议。钦此。"[①]甲午战争后，通过开办铁路、矿务以使中国走上富强之路，已经是统治阶级上层的共识。只是对于具体如何施策，还存在着犹豫和争论。

宋伯鲁和杨深秀也提出商办铁路、矿务的建议。查光绪二十四年六月十一日（1898年7月29日）军机处随手登记档载有："御史宋伯鲁折一：《各省举办铁路矿务官不如商》；片一：《主事席庆云承办山西煤矿请饬查验由》；片一：《大学堂派办各员请开去前项差使由》。"[②]六月二十三日（8月10日）载有："御史杨深秀折一：《请申谕诸臣力除积弊》；片一：《津镇铁路请饬招商承办》。"[③]宋的原折没能检获，但其观点，可以从光绪帝的上谕中得到印证。六月十一日（7月29日），谕军机大臣等："御史宋伯鲁等奏，各省举办铁路、矿务，官不如商，亟宜及时鼓励；暨主事席庆云承办西山煤矿，请饬查验各折片，着总理各国事务王大臣

① 奕劻等：《奏为遵旨议覆御史陈其璋奏铁路矿产广为筹办并铁路拟设监督事》，中国第一历史档案馆藏：录副奏折，档号：03—9659—022。

② 中国第一历史档案馆藏：军机处随手登记档，光绪二十四年六月十一日，档号：03—0296—2—1124—186。

③ 中国第一历史档案馆藏：军机处随手登记档，光绪二十四年六月二十三日，档号：03—0296—2—1124—198。

斟酌办理。”①

杨深秀的奏片内容为：

> 再，铸造铁路，遄行轮车，实为今日富强之要图。现在自芦汉、津榆、粤鄂、东三省等处，均已次第开办，惟津镇一路，关系东南半壁利权，办理尤宜迅速。昨闻容闳承办此条铁路，计时已及半载，而所筹备款项，至今尚无把握，若再迟延数月，无人承办，诚恐为洋商所夺，而大利转归外人。拟请饬下该管大臣，另行招商办理，务期妥速有成，以杜外人觊觎之心。②

据孔祥吉考证，杨深秀此片为康有为代拟，其中提出的招商办理铁路的建议，是康有为招商集股办理铁路思想的体现。③六月二十三日（8月10日），光绪帝上谕："御史杨深秀奏，津镇铁路请饬招商承办等语，着王文韶、张荫桓酌核办理。"④

此前的五月初二日（6月20日），江南道御史曾宗彦上《请振兴农工二务折》，同时附《奏为具陈矿务需才应选学生赴欧美精习矿学并请饬下南北洋大臣设立矿学学堂等事》片，提出设立矿务学堂，以培养中国自己的矿务人才：

---

① 《光绪宣统两朝上谕档》（二四），第267页。

② 孔祥吉：《康有为变法奏章辑考》，北京图书馆出版社，2008年，第321页。

③ 孔祥吉：《康有为变法奏章辑考》，第321页。

④ 《光绪宣统两朝上谕档》（二四），第293页。

矿利为当今急务，人人共知，而历办殊少成效者，其故安在？查西法惟矿学最为深邃，彼国精此者亦属寥寥，中国所聘之外洋矿师，率皆下材，即中选亦不可得，矿利何自而兴。盖中选以上之矿师，在彼国已获利不赀，断不肯舍近就远，其势然也。然则中国矿学不兴，矿利断不可得，所当反求其本矣。急宜于天津、福州、广东各学堂中，精选聪颖学生已通西国语言文字者数十人，驰赴欧美各国精习矿学，学成之日，予以优奖，回国效力。一面饬下南北洋大臣，设立矿学学堂，由总理衙门咨饬出使各国使臣，搜求海外矿学各书，咨送学堂，亦选已通西国语言文字者数十人，聚习其中。上选教习，固不易得，聘一中选者足矣。习之既久，其中必有出类拔萃之才出，而供国家之用。大抵微渺之学，即善教者亦但能示以程途，及其精微之处，神而明之，存乎其人，所谓大匠能与人规矩，不能与人巧也。甚未可以教习难求，因噎废食。若犹以为缓，及今图之，固失之缓，及今不图，岂止于缓？伏乞饬下总理衙门，迅速妥议，请旨施行，于矿务实有裨益。①

曾折被发交总理衙门议奏。五月十三日（7月1日），奕劻等上《遵议精选学生赴欧美精习矿学并设计矿学学堂片》，称：

该御史请派学生赴欧美各国精习矿业，并请饬下南北洋大臣设立矿学学堂，自系为培养人材、振兴矿学起见。惟

① 《戊戌变法档案史料》，第433页；中国第一历史档案馆藏：录副奏折，档号：03—9447—003。

> 欧美各国语言文字与中国迥异，非先精熟西文，无从考求西学。现在天津、福州、广东各学堂，已通西文者，若赴欧美两洲，道远用繁，经费较巨。日本自维新以来，讲求泰西各种学业，深得奥窍，出使大臣裕庚，前致臣衙门公函谓：该国矿学，尤有心得。若先选派学生前往日本学习，同洲同文，机势较顺。本年闰三月间，该国使臣矢野文雄函称：该国政府，愿与中国倍敦友谊，请派学生前往肄业，该国支其经费等语。现经臣等公同商议，另行具奏。拟即咨行南北洋大臣及两广、湖广、闽浙各督抚，拣派年幼颖悟各学生，开具衔名，咨报臣衙门，派往日本矿务学堂专门学习，以归简易。仍一面由各大臣、督抚，就现有学堂酌增矿学一门，延聘各国上等矿师，切实教授，以期造就愈宏，成材愈众。[1]

当日，奉朱批："依议。钦此。"[2]基本上接受了曾宗彦的建议。

总体来看，甲午战争后，言官们对兴办铁路、矿务的态度发生了根本的转变，那种担心铁路夺民生计、滋生游手、缩地资敌等愚昧之见已经没有了多少市场，转而积极主张兴办。这种转变，除了言官们已经感受到铁路与矿务的兴办已是大势所趋，无力抵拒外，还基于两个原因，一是担心中国利权外溢，所以，以兴办铁路、矿务来抵制西方的觊觎；二是清廷财政窘困，急需解困之方，而经过洋务派的鼓吹宣传，言官也逐渐相信了路矿是国家的可靠利源，态度由是转变。

---

① 《戊戌变法档案史料》，第258页。

② 《戊戌变法档案史料》，第258页。

三、裁厘加税以裕国恤商

举办新政需要大量资金，而清政府为偿付对日战争赔款和“赎辽费”，财政上早已入不敷出。

面对财政窘况，言官纷纷献计献策。光绪二十四年（1898）四月，掌京畿道御史陈其璋上《奏为筹款维艰请约开铁路口岸借增关税折》，提出在内地开设口岸以增加关税等建议。折中称：

……由朝廷先派威望素著、熟悉洋务之大臣，先与各国公使密商，指定内地铁路经过之处，加设口岸几处，准其通商。欲沾此额外之利益者，则须先于现在各口税则，值百抽十，为他日内地通商之信约，其国不允，则将来内地口岸，即不准同享利益……此次铁路志在必成，陆路口岸势所必设，凡觊觎内地陆路之利者，定必欣然乐从，即有不愿之国，深恐一落人后，他日牵涉各国，无可要求，亦不能不相率俯就。此议果成，其利有四：每年所增关税，约有二千一二百万两，即以此项盈余作为铁路经费，抽彼族之税，筑我国之路，十余年中，内地边隘铁路可遍，其利一。内地既为公共通商之所，虽有龃龉，莫敢首难，其利二。内地出口之货，不及洋货进口之多，今铁路既通，口岸日辟，则出口之货较增，外溢之利可挽，其利三。各省厘捐，本属权宜之计，此次关税加增数，可与厘金相抵，厘捐亦可渐裁，其利四。

或疑内地通商，外洋之销路愈多，中国之利源愈溢，不思现在未通商之省，洋货何尝不行？铁路既通，更不能禁之不运，不若外示和好，内增利权之为得也。惟此事不必多派

> 大员，致蹈推诿之积习，且内地只准通商，不准借口保护商民，纷调兵队驻扎内地，此尤宜预为订明者也。再，洋人零星日用之物，如烟酒等项，中国向不征税，刻值修约之期，宜仿各国非公使不得享此权利之例，一律加征，每年关税亦可约增五百万两。[①]

随折还附有《奏为裁厘捐加进口税片》，提出裁厘加税的方案：

> 臣闻大学士李鸿章在外国时，商加进口税则，各洋报纷纷议论，谓中国税则较诸国本属最轻，只因厘捐节节阻滞，有意稽留，致令洋货行销不畅，如能将厘捐全裁，即值百抽十，再行酌加，亦无不可。其议论虽出于日报，而外洋各报馆与政府、商局息息相通，必确有见闻，方敢登报。盖洋商之意，明知中国防营协饷，皆赖厘金为挹注，厘金一日不撤，即彼族有所借口，进口税遂一日不加。臣愚以为，厘金原属国家不得已之举，三十年来已成弩末，况不肖官吏，侵吞中饱，更贻口实于远人。今外洋既有此言，刻又值修约之际，应令大学士李鸿章与各公使开议，如果所增之数，足抵各省厘金，则岁入之数并不见少，而各省之局用既省，护卡之炮船可裁，洋商无包揽之权，商民免稽查之苦，裕国恤商，实无更利于此者。如因外销之款，无从开支，则一年之后，可易厘金为坐贾，此为公法自主之权，他国不能顾问，而留难中

---

① 陈其璋：《奏为筹款维艰请约开铁路口岸借增关税折》，中国第一历史档案馆藏：录副奏折，档号：03—6402—040。

饱之弊，不革自除，局用薪水，亦可概从节省。[1]

奏片递上之后，光绪帝下令“交总署核议”。五月十六日（7月4日），庆亲王奕劻领衔递呈《奏为遵旨议覆御史陈其璋请与各国开议酌加进口税事》，略称：

总理衙门查洋货进口税则，原定正税值百抽五，子税值百抽二五。当时系以关平银三两作一金镑计算，近来镑价日昂，税数仍旧，中国受亏甚巨，是以光绪二十二年正月间，臣鸿章出使之便，臣衙门奉令与各国商论，将从前税则酌增。迨臣鸿章抵英，切商外部，略按镑价收税，而该外部有加镑不如加税之说，允届修约之时，再行商议。

臣荫桓上年奉命出洋，与英国外部筹商。该外部云，事关中国税务，应由驻华使臣与总理衙门商办，已给该使臣训条等语。当将商议情形，奏明在案。查光绪二十五年即届与英修约之期，业于本年正月间奏请将英约修改，借得早定加税之议，奉旨允准……以冀保我利权，借收得寸得尺之效……

又如原奏内称：如所增之数，足抵各省厘金，则岁入之数，并不见少，而各省之局用既省，护卡之炮船可裁。如因外销之款，无从开支，则一年之后，可易厘金为坐贾，而留难中饱之弊，不革自除，局用薪水，亦可概从节省等语。户部查各省百货厘金，每年约收一千六百万两，而外销之数，尚

[1] 陈其璋：《奏为裁厘捐加进口税片》，中国第一历史档案馆藏：录副奏片，档号：03—6402—041。

未据各省详细开报。今议洋货加增进口税，则一年究可加增若干，殊难预计，未使遽将厘金一项停止征收，应俟进口税则与各国使臣妥议加增以后，察看一两年内，如果洋税岁多之数，足敌厘金岁收之数，再将裁撤厘金及易厘金为坐贾各节，斟酌核定，此时应请暂缓置议。[①]

西方列强为了确保其在华经济特权，根本无意加税，加之此后中国政局动荡，加税问题一时难以取得进展。不过，言官裁厘加税的建议，毕竟是中国谋求废除协定关税，要求关税自主的先声。

四、借洋款以办实业

为解决巨大的资金缺口，光绪帝接受詹事府右春坊右中允黄思永的建议，发行国债，这就是中国最早的国债昭信股票。光绪二十四年正月十四日(1898 年 2 月 4 日)上谕称：

户部奏，遵议右中允黄思永奏筹借华款请造股票一折。据称：按照该中允原折所陈，详细参酌，拟由部印造部票一百万张，名曰昭信股票，颁发中外。周年以五厘行息，期以二十年，本利完讫。平时股票准其转相售买，每届还期，准抵地丁、盐课。在京自王公以下，在外自将军、督抚以下，无论大小文武现任、候补、候选官员，均领票缴银，以为商民之倡。其地方商民愿借者，即责成顺天府府尹及各直省将军、

① 奕劻等：《奏为遵旨议覆御史陈其璋请与各国开议酌加进口税事》，中国第一历史档案馆藏：录副奏折，档号：03—6402—061。

督抚，将部定章程先行出示，并派员恺切劝谕，不准稍有勒索。派办之员，能借巨款者，分别优予奖叙各等语。着依议行。当此需款孔亟，该王公及内外臣工等，均受朝廷厚恩，即各省绅商士民，亦当深明大义，共济时艰。况该部所议章程，既不责以报效，亦不强令捐输，一律按本计息，分期归还，谅不至迟回观望也。特此通喻知之。钦此。[1]

清政府将股票命名为"昭信"，取昭信于民之意，并强调在股票发行中，既不责以报效，也不强令捐输。但在实际发行过程中，昭信股票却被各地官员当成了"报效"和"捐输"的变种，或者按缺分摊，或强行逼勒，发行过程极度混乱。在官场上基本是按缺强制摊派。时任两江总督的刘坤一在给钱应溥的信中提及此事，说："昭信股票惟淮商认借之款较巨，官场则以差缺之丰吝，任事之久暂为差。现在自道府以上均已派有定数，州县及各分局正在分别派认，不久亦当有数可稽。"[2]一些偏远省份的督抚只能把藩库中的钱垫付股票款。如陕西巡抚魏光焘奏称，陕西"通省现任文职各员共集银二十万两，以为之倡，其绅商士民股款业经查照部章，于省城设立昭信分局，并委员分途劝借。第数目多寡尚难预定，且解缴亦需时日。当此需款孔急，不得不于万难之中先行设法挪凑。再四思维，拟将司库应放各项酌量递缓支放，借以腾挪，并向各处富商及各公款内通融借垫，通盘筹措，

① 《光绪宣统两朝上谕档》(二四)，第18—19页。

② 《覆钱子密》(光绪二十四年)，中国科学院历史研究所第三所主编：《刘坤一遗集》第5册，中华书局，1959年，第2223页。

计可凑成银五十万两”。[1] 陕甘总督陶模上奏，甘肃官员认缴十万两左右，但又强调了甘肃的苦衷：“屡遭兵燹，实非他省可比，若待逐渐报借始行汇缴，未免过于迟缓。”所以，他与司道再三商议，决定“先拟设法挪银二十万两，听候拨用”。[2] 这种拆东墙补西墙的做法，使得清朝量入为出的财政体制更加混乱。昭信股票在民间的劝办更是招致民怨。如五月十六日（7 月 4 日），总理各国事务衙门议覆右庶子陈秉和奏股票宜防流弊时称：“山东州县承办昭信股票，闻有勒派富民。”[3]七月初五日（8 月 21 日），户部候补主事李经野奏，“山东办理股票，实系苛派，请旨饬查……恳请除去计顷按亩之弊”。[4] 第二天，江南道御史张承缨上《奏为近闻川省昭信股票摊派扰累请饬下署督臣妥为办理事》，称署四川总督恭寿在办理昭信股票时，“按亩加派，与正供同收……流弊不可胜言”。[5]

对于这些问题，江南道御史徐道焜和兵科给事中高燮曾都曾上书，沥陈其弊端，建议分别办理，只在官员中发行，停办商民

① 魏光焘：《奏为遵旨筹办昭信股款先行凑集垫解并提前赶解京饷各款银数折》，台北故宫博物院故宫文献编辑委员会编：《宫中档光绪朝奏折》，（台北）台北故宫博物院，1974 年，第 653—654 页。

② 陶模：《奏为颁行昭信股票息借华款现拟筹办大概情形并先行挪凑银二十万两听候拨用仍于股票项下划扣造报折》，台北故宫博物院故宫文献编辑委员会编：《宫中档光绪朝奏折》，第 757—758 页。

③ 《光绪宣统两朝上谕档》（二四），第 229 页。

④ 《光绪宣统两朝上谕档》（二四），第 308 页。

⑤ 张承缨：《奏为近闻川省昭信股票摊派扰累请饬下署督臣妥为办理事》，中国第一历史档案馆藏：录副奏折，档号：03—9534—058。

股票。[①] 七月初十日(8月26日),福建道御史黄桂鋆上书吁请停办昭信股票。[②] 七月二十二日(9月7日),户部奉光绪帝谕旨核议后,覆奏称:昭信股票"自开办以来,收数约在千余万,颇为踊跃,近时收数无多,已成弩末,与其日事征求,损下不能益上,何如姑留余力,保富即以惠民。臣等公同商酌,除王公以下,京、外文武各官员中,如有情愿认领股票者照旧办理外,拟请饬下各省将军、督抚、顺天府尹,接奉此次谕旨,即将认领昭信股票一事,晓谕绅商士民人等,概行停止,无庸再行劝办,以免纷扰而杜弊端"。[③] 奉旨:"前据户部奏办昭信股票原定章程,愿借与否听民自便,不准苛派抑勒。嗣因地方官办理不善,据御史黄桂鋆等先后奏参四川、山东等省办理昭信股票苛派扰民,当谕令该部核议具奏。兹据户部奏称,股票扰民,屡经指摘,近时收数无多,除京、外各官仍准随时请领,并官民业经认定之款照案收缴外,其绅商士民人等请一概停止劝办等语。朝廷轸念民依,原期因时制宜,与民休息,岂容不肖官吏任意洒派,扰害闾阎。其民间现办之昭信股票着即停止,以示体恤而固民心。余均照部议行。"[④]至此,清政府第一次国债发行半途而废。

除提高关税和发行国债外,为筹集资金兴办实业,言官们还

---

① 徐道焜:《奏为昭信股票流弊甚多请速筹补救之方事》,中国第一历史档案馆藏:录副奏折,档号:03—9534—029;高燮曾:《奏为昭信股票宜分别办理事》,中国第一历史档案馆藏:录副奏折,档号:03—5615—30。

② 黄桂鋆:《奏为办理昭信股票如已势成弩末请即行停办事》,中国第一历史档案馆藏:录副奏片,档号:03—9534—056。

③ 敬信:《奏为遵议御史黄桂鋆等各折片请停办昭信股票事》,中国第一历史档案馆藏:录副奏折,档号:03—9534—063。

④ 《光绪宣统两朝上谕档》(二四),第361页。

提出了借外债的想法。

光绪二十四年二月十六日(1898 年 3 月 8 日),陈其璋上《统筹全局请再向美国借款以相牵制而策富强折》,指出在财政山穷水尽的情况下,铁路、矿务无法发展,军事工业和海军不能举办,这种局面势必会把中国推向无饷无兵之境地,“为今之计,除与各国联盟外,惟有更向各国多借巨款,以之自强,即以之自保”。“西人国势贫弱,恒有以借债为保国之法”,中国自可仿行。他还分析了以往向俄法、英德两次借债的利弊得失,认为虽然得到了这些国家的借款,但这些国家首先考虑的是其在华利益,不会为清廷着想,将来一旦大局有变,他们都不足以成为中国的奥援。因此,只有向美国举借巨款,因为“美富埒于法,从不肯占据他人土地,专重商务,所养之兵,为数不多,但兢兢以护商为心,各国皆交相畏之。若酌拨长江省份及法、德屯兵附近各处之厘金,作为抵押,美必允从,将来各国俱不能进步,无不受其牵制”。在借款操作的人选上,陈其璋推荐了江苏候补道容闳,认为容闳在美国读书多年,官商推重,如果派遣他向美商借二三亿两,一月之内,必可有成。折中还提出不妨再向英、德等国加借,“多其国则易于牵制,多其数则便于措施”。借得巨款,偿还日本外,便可开矿务、修铁路,境外通商,以图自富;可以练兵、购械,以图自强;兴办学校,创办工厂,同时并举。以中国人之聪俊,物产之富饶,经营得当,富强可反掌而致。所以说,“借债不徒为今日保国之要务,而即为异日兴国之始基”。①

陈折递上的第二天,宋伯鲁上《奏为国势危急请统筹全局速派容闳往美招集美商办全境铁路矿务折》,阐述了借用洋款兴办

① 孔祥吉:《康有为变法奏章辑考》,第 160—161 页。

实业，尤其是兴办军事工业的主张。

宋伯鲁认为，在列强蚕食鲸吞的危迫局面下，要想振兴国体，抵御外侮，就必须“练兵百万，购铁舰数十，沿边设武备水师学堂，全境开学校、枪炮厂，银行、铁路同时并举，百废俱兴”。为此，他提出了一个统筹全局的规划：“今莫若募开一大公司，集款数万万，准其开办各省铁路、矿务，而责令报效七事：一、购大钢板铁甲船，约三十号；二、沿海天津、烟台、上海、宁波、福建、广东，设水师学堂六所，照英之武翼、美之安那保理师规制，内地直省各设武备学堂一所，照美之威士班规制；三、各省府县皆设工艺学堂；四、各省设立铁政局、枪炮厂、火药局；五、延请洋将，练兵百万，皆令出给俸饷；六、筑沿边紧要炮台；七、直省各设银行。”举办上述各项事业，总计需要款项约五亿两。如何筹措这笔数额巨大的资金？宋伯鲁也把目光转向美国，认为在西方国家中，美国最富，又不利人土地，他提出派遣容闳赴美招集美商办理此事，必定能够成功。[①]

陈、宋二折的核心思想是一致的。在列强环伺、国难当头的近代中国，陈其璋、宋伯鲁提出用大量举借外债的办法来解决中国的发展问题，这一点值得肯定。其可行性是另外一个问题。

第三节　言官的文化、教育变法主张

“戊戌维新运动，从某种意义上来说，实质上是一场新学与

---

① 宋伯鲁：《奏为国势危急请统筹全局速派容闳往美招集美商办全境铁路矿务折》，中国第一历史档案馆藏：录副奏折，档号：03—9446—013。

旧学、学校与科举、西学与中学之间的激烈斗争。"[①]维新人士把政治运动和文化运动十分紧密地结合起来，以开民智、育人才为维新变法之本。正如梁启超所说："变法之本，在育人才；人才之兴，在开学校；学校之立，在废科举，而一切要其大成，在变官制。"[②]维新派认为，要想开民智、育人才，就必须兴学校、开学会、办报馆。为此，他们在思想文化领域里做了艰苦卓绝的努力。同时，同情与支持维新运动的言官，利用自己身在台谏的便利条件，就文化、教育领域里的变革，上递奏章，建言献策，推动了维新运动的发展。

一、改革科举制度

明清时期，科举制度的弊端逐渐表现出来，考试内容空泛，形式死板，不仅严重束缚了人们的思想，更难以选拔出真正的人才。戊戌维新期间，变革科举的呼声更加高涨，言官们的建言也在各个方面展开。

首先，主张改革科场旧制，废除八股取士。

废除八股是戊戌变法中维新派致力的目标之一，围绕着这一目标，维新派鼓动言官连续上奏，不断出击，终于使光绪帝最终下决心废除八股制度。

最早提出变革科举制度的是宋伯鲁。光绪二十二年十一月二十日（1896 年 12 月 24 日），他上折沥陈八股取士的弊病以及由此带来的危害，要求变通乡会试章程，建议以后各项考试策题

① 孔祥吉：《康有为变法奏议研究》，第 233 页。

② 梁启超：《变法通议》，《饮冰室合集》之一，中华书局，1989 年，第 10 页。

宜专问时务。折中称：

> 今日之弊，在于士大夫但知泥古而不知通今，公法、时务等书，平日未尝寓目，谈经术词章则有余，论艰难宏济则不足。朝廷之知其然也，于是凡关系洋务者，不得不暂寄之浅学龌龊之辈，而操利权怀诈谖者必叵测，缙绅耻于为伍，朝廷无从推求，此终年谈洋务而时局日棘也。欲挽救此弊，必先储材，储材之原，在于变通乡会试。夫国家设科原为求贤，今日之事，孰有急于交涉、大于富强者乎？而乡会试抡才三年一举，费百余万之帑金，所得乃非所用。及至入官，乃始尽弃其所学而学焉。前此之光阴虚掷，后此之精力渐衰，况又不能专心致志，此通才所以难也。计维变通科场旧制，俾士子交相鼓励，庶风气由此渐开。
>
> ……拟请饬下礼部，酌量变通，凡乡会试第三场，并各项考试策题，专取时务为问，上自天算、地舆、筹边、防海、铁路、轮船、矿务、邮政、农商、公法、出使、互市、和约、富国之大，下至格致、测量、光、电、汽、化、种植、火炮、工艺制造之细，一一详细考问，并破除一切忌讳，准其各抒己见，以觇平日所学。①

宋伯鲁的奏折，拉开了戊戌维新运动中变革科举旧制的序幕。

随着维新变法运动的深入开展，言官们关于变革科举的呼

---

① 宋伯鲁：《续修陕西省通志稿》第108册，卷205—206，1934年，第61—62页。

声愈加高涨。光绪二十四年四月十三日(1898年6月1日),杨深秀上《请斟酌列代旧制正定四书文体以励实学而取真才折》,痛陈八股取士的严重危害,要求以四书文体代替八股文体。略称:

> 有明中叶以后,始盛行四股、六股、八股破承起讲之格,虽名为说经之文,实则本唐代诗赋,专讲排偶声病,如宋元词曲,但求按谱填词,而芜词谰言,骈拇枝指,又加甚焉……今夫国家设科之意有二:一以鼓厉天下之人,使之向学,以成其才也;一以试学者之才不才,择而用之也。今用此种庸滥文体,既使天下相率于不学,而人才之消磨,已十之八九矣。苟有一二自拔流俗者,则其才华学识,不能发见于场屋文字之中,偶或发见,则以不合格黜之。然则使衡文者,究何所凭借,以别择其才不才哉?故用今日之文体,其弊亦有二:能使天下无人才,一也;即有人才而皇上无从知之、无从用之,二也……今夫四书文之所以足贵者,将使人读书以明理,穷经以尊圣也。今截搭枯窘、割裂破碎之题,非以通经,乃以蠹经;代古立言、优孟傀儡之体,非以尊圣,乃以侮圣。故臣谓非立法不善之为害,而文体不正之为害也。请特下明诏,斟酌宋、元、明旧制,厘正四书文体,凡各试官命题,必须一章一节一句,语气完足者,其制艺体裁,一仿宋人经义、明人大结之意,先疏证传记以释经旨,次博引子、史以征蕴蓄,次发挥时事以觇学识,不拘格式,不限字数。其有仍用八股庸滥之格、讲章陈腐之言者,摈勿录;其有仍入口气,托于代圣立言之谬说者,以僭妄诬罔、非圣无法论,轻则停廪

罚科，重则或予黜革。[①]

宋伯鲁于四月二十九日（6月17日）上《请改八股为策论以作人才而济时艰折》，指出八股取士中的文风空疏、形式僵化、摧残人才等弊端，奏请特下明诏，永远停止八股取士制度。折中称：

夫西人之于民，皆思教之而得其用，故自童幼至冠，教之以算数图史，天文地理，化光电重，内政外交之学，惟恐其民之不智；而吾之教民，自丱角以至壮岁，束缚于八股帖括之中，若惟恐其民之不愚也者，是与自缚倒戈何以异哉？故谓其发明义理，则论说之体发明更易，谓其可得有用之才，则不读后世书不知当世事，空疏迂谬之人，皇上何赖焉？……臣愚以为科举为利禄之途，于今千年，深入人心，得之则荣，失之则辱，为空疏迂谬之人所共托久矣。科举不变，则虽设有经济常科，天下士人谁肯舍素习之考卷墨卷，别求所谓经济哉？是欲南辕而北其辙也。

伏冀皇上上法圣祖，特下明诏，永远停止八股，悉如圣祖仁皇帝故事，自乡、会试以及生童科岁一切考试，均改试策论，除去一切禁忌，义理以觇其本源，时务以观其经济，其详细章程，应请饬部妥议，自庚子科为始，一律更改。[②]

① 杨深秀：《请斟酌列代旧制正定四书文体以励实学而取真才折》，中国第一历史档案馆藏：录副奏折，档号：03—9446—027。

② 《戊戌变法档案史料》，第215—216页。

此折上奏后,奉旨"暂存",并于当日呈送慈禧太后。① 当时守旧派官僚阻挠废八股,因请下部议。康有为、徐致靖等则敦促光绪帝避开部议,直接废除八股。康有为利用召对的机会,向光绪帝面陈八股之害,恳请"自下明诏,勿交部议",得到首肯。②徐致靖紧跟宋折,于五月四日(6 月 22 日)上《请特颁明诏废八股以育人才易风气而救危局折》,请求光绪帝速下决心,罢废八股,改试策论,不必经过礼部的覆议而直接下旨。③ 次日,光绪帝明发上谕:"着自下科为始,乡会试及生童岁科各试,向用四书文者,一律改试策论。"④至此,维新派废除八股的目标,在言官们的大力支持下取得重大成果。

其次,改革考试内容,巩固废八股成果。

废除八股只是科举制度改革的第一步。对于考试内容,言官们提出了举办经济特科、将经济岁举归并到正科、各省岁科考试均改试策论等一系列主张。

最早提出设立经济特科的是贵州学政严修。他在光绪二十三年九月二十六日(1897 年 10 月 21 日)上奏,请求打破常规,迅开专科,选拔有真才实学的人才,以改变社会风气。对于该专科的名目和内容,严修称:"新科宜设专名也。词科之目,稽古为荣,而目前所需,则尤以变今为切要。或周知天下郡国利病,或熟谙中外交涉事件,或算学、律学,擅绝专门,或格致制造,能创

---

① 《光绪宣统两朝上谕档》(二四),第 198 页。

② 《康南海自编年谱》,《中国近代史资料丛刊·戊戌变法》(四),第 146 页。

③ 徐致靖:《请特颁明诏废八股以育人才易风气而救危局折》,中国第一历史档案馆藏:录副奏折,档号:03—9447—07。

④ 《光绪宣统两朝上谕档》(二四),第 206 页。

新法，或堪游历之选，或工测绘之长，统立经济之专名，以别旧时之科举。”[①]光绪二十四年正月初六日（1898 年 1 月 27 日），总理衙门与礼部核议后，上《总理衙门礼部遵议开设经济特科折》，同意设立经济科目，分特科和岁举，特科由特旨举办，参试者由三品以上京官、督抚、学政保送，每十年或二十年举行一次；岁举则在每届乡试之年，分别由各省学政调取各书院、学堂的高等生监，分别在乡试的三场中，试以“专门题”、“时务题”和“四书文”，中式者成为“经济正科举人、贡士”，准许参加会试，“先举特科，次行岁举”，特科考试的内容分为内政、外交、理财、经武、格致、考工。[②] 该折上奏后，光绪帝当日明发上谕：“该衙门所议特科、岁举两途，洵足以开风气而广登进，着照所请行。其详细章程，仍着该衙门会同礼部妥议具奏。”[③]光绪二十四年三月十六日（1898 年 4 月 6 日），浙江巡抚廖寿丰再就经济特科事宜上奏，就总理衙门方案提出修正意见，指出“图治必先防弊，立法要在救时。总理衙门议奏，以内政、外交、理财、经武、格致、考工六事，先特科而后岁举，固已简明允当。惟此六事中，平日留心掌故，讨论时务，如内政、外交二者，当不乏人，若理财以下诸学，殆非设学培养数年之久，难期成就。且内政、外交及理财之农桑，格致之算学，或可命题以试，此外各学，非呈验器艺不足觇其实

① 汤志钧、陈祖恩编：《戊戌时期教育》，上海教育出版社，1993 年，第 29 页。该书引《知新报》第四十六册，光绪二十四年二月二十一日，载严修奏折时间为光绪二十三年十一月二十三日，即 1897 年 12 月 16 日。据茅海建先生考证，严修此折上于光绪二十三年九月二十六日。见茅海建：《从甲午到戊戌：康有为〈我史〉鉴注》，第 284 页。本书采用茅海建之说。

② 汤志钧、陈祖恩编：《戊戌时期教育》，第 31—33 页。

③ 《光绪宣统两朝上谕档》（二四），第 12 页。

旨。今欲凭文字为去取,作者依题敷衍,阅者糊名摸索,无论干托夤缘、滥登荐牍,纵使绝无瞻徇,所得仍词章之士耳,于经济何与。臣愚拟请饬中外荐举时,无论已仕未仕,按以上六事,遵照原奏声明,何所专长,并其人心地操守,有无嗜好,出具切实考语,奏请谕旨,各就所学分别器使。或令在总署当差,或充教习、翻译,或分发各省税关、水师、陆军、船政、制造、矿冶、纺织、铁路、电报各局差遣委用,或交出使大臣带赴外洋游历练习,务使各尽其才。试有实效,再由各该管切实保奏,量予升擢。将来人才既众,或酌量举行特科,以副皇上十年二十年一举之谕旨”。至于岁举,“似莫若按照特科六事,径由学堂选举”,“以修身、明理、绘图、知算为根本……以《圣谕广训》及《孝经》、四书、朱子《小学》为入门”,“所有中额、学额,必应核实裁减,随时酌量与经济科互相消息。其各省会及府厅州县向课制艺之书院,亦应逐渐酌改”,只有这样才能达到“风气转移,学者知所趋向”。[1]

如何办好经济特科,使其不流于形式,这是关乎科举制度改革成败的重要问题,为言官们所关注。

宋伯鲁于同年四月上《奏为具陈于学堂选拔专才以特科网罗通才事》片,提出经济特科宜分别办理:

> 再,经济特科之设,与鸿博同为旷典,实以因时审变,在得通才以备百执之任,非以求工匠之材。若制作、化、光、电、重诸科,浙江抚臣廖寿丰谓惟能在学校教授,不能在殿廷考试,言之诚是也。臣愚窃谓专门与通才,用各有宜,义本各异。专门宜于学堂之选拔,通才宜以特科为网罗,离则

① 《戊戌变法档案史料》,第212—214页。

两美，合则两伤。拟请饬下总署，此次特科，专以得古今掌故、内政、外交、公法、律例之通才为主。其他各科，请饬下各督抚，速立学堂教授，然后选用为教习，则人才各得其用矣。即在泰西各国，专门之学，亦不过奖以金牌，许其专卖而已，未尝擢以任官也。[①]

所谓通才，“本是当时康有为及其党人强调自我才识的专门名词”，[②]此片可以说是为维新党人能得到重用而摇旗呐喊。

同年六月，湖广道御史郑思赞上《特科大典请严定滥保处分折》，针对经济特科保举过程中可能出现的滥保或者保举非人的现象，提出应严加惩处：

顾朝廷求才愈殷，而后下之所以应之者愈急，往往轻为荐举，不免博采虚声，受人干求，遂致瞻徇情面。甚且有不肖之徒，借为进身捷径，贿赂夤缘，皆所不免。以朝廷破格旁求之盛典，而使有才无行之人滥竽充数，欲广登进之路，适开幸进之门。若非严定滥保处分，何以袪痼弊而儆效尤。查《吏部处分则例》，原有滥保不实之条，拟请旨饬下京、外大臣，保送经济特科人员，经考试引见录用以后，如有言行不符，以及干求贿赂劣迹，一经查出，或被人纠参，除将本员立予罚黜、严加惩处外，并将原保之大臣，照滥保匪人之例，

① 宋伯鲁：《奏为具陈于学堂选拔专才以特科网罗通才事》，中国第一历史档案馆藏：录副奏折，档号：03—9446—044。

② 茅海建：《从甲午到戊戌：康有为〈我史〉鉴注》，第406页。

交部议处，以示惩儆，庶几真才可得，而特科盛典愈昭郑重矣。①

光绪帝同意郑思赞的意见，当日内阁明发上谕：

经济特科之设，朝廷原期拔取真材，以备贤良之选，非为幸进之徒开营谋之路。中外臣工，例得保送特科者，务当屏去私心，汲引善类，于所保之人，学问才具，灼见真知，始可登诸荐牍，不得瞻徇情面，滥保私人。如有言行不符，及干求奔竞等情，一经查出，定将原保大臣从严惩处。②

废除八股后，以何种形式进行科举考试，还是一个有待解决的问题。为此，宋伯鲁于五月十二日（6月30日）上《请将经济岁举归并正科并饬各省生童岁科试迅即遵旨改试策论折》，称：

臣窃惟中国人才衰弱之由，皆缘中西两学不能会通之故。故由科举出身者，于西学辄无所闻知；由学堂出身者，于中学亦茫然不解。夫中学，体也，西学，用也；无体不立，无用不行，二者相需，缺一不可。今世之学者，非偏于此即偏于彼，徒相水火，难成通才。推原其故，殆颇由取士之法歧而二之也。臣以为未有不通经史而可以言经济者，亦未有不达时务而可谓之正学者。教之之法既无偏畸，则取之

① 李舜臣、欧阳江琳编著：《历代制举史料汇编》，武汉大学出版社，2009年，第502页。

② 《光绪宣统两朝上谕档》（二四），第269页。

之方当无异致。似宜将正科与经济岁科合并为一，皆试策论，论则试经义，附以掌故；策则试时务，兼及专门。泯中西之界限，化新旧之门户，庶体用并举，人多通才……抑臣更有请者，新政之行，当如风行草偃，惟速乃成。恭绎谕旨，改试策论，自下科为始。臣窃思乡、会两场试事才竣，自不能不待诸下届，若生童岁科试，现正随时按考，既定例下科始改，则现时自仍用旧章，彼生童若不习八股，则无以为应考之地；若仍习之，则明明为已废之制，灼然知其无益，两年之后即行弃置，又何必率天下之生童枉费此两年之力，以从事于此，是令天下无所适从也。臣以为，应试之人莫多于生童，故转移风气，必当自生童试始。既奉明诏，变弊制以砺实学，必使士子用心有所专注，庶学问不致两歧。伏乞再行明降谕旨，除乡、会试自下科为始改试策论外，其生童岁科试，即饬各省学政随按临所至，一经奉到谕旨，立即遵照新章，一律更改。经史、时务，两者并重，庶学者不必复以帖括分心，得以专心讲求实学。至下科乡、会试之时，而才已不可胜用矣。[1]

宋伯鲁的建议得到光绪帝的肯定，当日上谕：

御史宋伯鲁奏，请将经济岁举归并正科并各省生童岁科试迅即改试策论一折。前因八股时文积弊太深，特谕令改试策论，用觇实学。惟是抡才大典，究以乡、会两试为纲，乡、会试既改试策论，经济岁举亦不外此，自应并为一科考

---

① 宋伯鲁：《请将经济岁举归并正科并饬各省生童岁科试迅即遵旨改试策论折》，中国第一历史档案馆藏：录副奏折，档号：03—9447—017。

试，以免纷歧。至生童岁科试，着各省学政奉到此次谕旨，即行一律改为策论，毋庸候至下届更改。将此通谕知之。[①]

八股文在中国行之既久，一旦废除，必然会遭到守旧之徒的反对。为了坚定光绪帝的决心，宋伯鲁还随折附片，奏请"如有奏请复用八股试士者"，应予斥革、降调等处分，片称：

臣闻之：非常之原，黎民惧焉。八股取士，行之千数百年，守旧之徒，舍此无所为学。一旦改革，失所凭依，必有起而力争之者。臣窃谓以八股为不可废者，非自为衣食之谋，即为子孙之计耳。夫使其果有才也，则取士之法虽变，何难改其故步，自勉于实学，以求入彀。若并此而不能改，不能学，则其才已可概见，国家亦何赖有此人哉，终身废弃不为过矣。故废八股者，国家之大利，而守旧无用之人所大不利也。大抵法之所以不能变，弊之所以不能除，由于恃旧法为生涯、倚弊政求衣食之人充塞于天下，故有一兴革，群起而谣诼之，此新政所以难成也。

臣风闻诏书既下，而守旧之徒相顾失色，有窃窃然议阻此举者。伏愿皇上持以毅力，勿为所摇，并申下谕旨，如有奏请复用八股试士者，必系自私误国之流，重则斥革、降调，轻亦严旨申饬，庶几旧焰消沮，人心大定，而真才可以日出矣。[②]

---

① 《光绪宣统两朝上谕档》(二四)，第213页。

② 宋伯鲁：《奏为具陈如有奏请复用八股试士者应予斥革降调等处分事》，中国第一历史档案馆藏：录副奏片：档号：03—9447—018。

光绪帝没有采纳宋伯鲁的这一建议，将该奏片留中。八股制度的废除是与言官的积极建言分不开的。废除八股取士，对中国社会产生了积极和深远的影响。当时的英国公使窦纳乐在致沙士勃雷的信中说，废除八股取士，“指示了考试制度里必要科目的突然变革，在这种考试制度考取了的是进入仕途的普通方式。受了高度人为限制所组成的一种文章（按：即八股文），是这种考试中最显著的特点之一，现在是由一种较为实用的文章所代替了。这种维新的影响，可以与英国的官吏假使必须精通梵文（Sanscrit）诗而现时废除了的变革，拿来作比较的。换言之，在帝国内的大部学生们，可以节省许多年差不多是没有用处的研究。这种变革是如此地突然，对于那些在现时情形下准备考试的人们，是不公平的，并可以发生重大的不满，但是对于未来的影响，除了是良好以外，不会有别的情形的”。[①]

再次，改革武举，选拔真才。

在甲午战争中，清军将领的拙劣无能淋漓尽致地表现出来，痛定思痛，人们在总结战争失败原因的时候，也把目光转向武举制度，认为武举已经难以承担为国家选拔军事人才的重任，变革武举的要求在御侮图存呼声中孕育而生。

最早提出变革武举的言官是高燮曾。光绪二十四年正月初六日（1898年1月27日），高燮曾上《请设武备特科折》，提出设武备特科选拔武官的方式和标准。略称：

朝廷准设特科，自与寻常武科迥异，若但较量技勇，即

---

① 《窦纳乐致沙侯》（一八九八年七月九日收到），《中国近代史资料丛刊·戊戌变法》（三），第545—546页。

成就可观，不过得一兵之用而止。拟请饬下军机大臣等，详议章程，始也求之有道，宽其途，严其格，不拘已仕未仕，总以能胜将帅之任为指归。令内外三品以上大员，各举所知，悬五事以为之的：一、娴韬略，兼贯中法西法。二、熟舆地，工测绘。三、练身体，善击刺。四、习洋枪洋炮及中国擅长火器。此四者，缺一不可。五、精制造，创新械。此则于四者之外，别为一格，或专长，或兼长，皆可以保荐。其有名实相符者，详其姓名以闻。至京考校合格者，分别给予职官，俾为武备学堂教习，教有成效，准予超擢，由是而教之方可言矣。京师设武备学堂，遍及于各行省，亦教以上所陈五事。外省两年报满，拔其尤入京师武备学堂，仍令肄习一年，三年学成，请钦派王大臣一体考校，分别等第，以便任使，或充各营、教习，或充哨官、营官。其颖异者，令充出使大臣随员，以广闻见。卓著勋勤，乃升统带。似此条理略具，但使王大臣、各疆吏勤勤恳恳，实事求是，勿徇情面，勿尚酬应，日渐月摩，必有名将出乎其间。①

高折上奏之后，光绪帝发布上谕："着军机大臣会同兵部，归入荣禄奏请参酌中外法制特设武科片内一并议奏。"②二月二十六日(3月18日)，奕䜣等人将总理衙门议覆的结果上奏，称："给事中高燮曾所奏，专为求将帅之材，备教习之选，先设京师武备学堂，然后遍及各行省。所陈五事，除练身体、习枪炮二条外，余三条皆专门名家所难，倘责令武生、武举等躐等而进，必至有

① 《光绪朝东华录》(四)，总第4031页。
② 《光绪朝东华录》(四)，总第4031页。

名无实，徒滋繁费。”[1]当日内阁明发上谕：

> 国家设科，武备与文事并重，原期遴拔真才，以备折冲之用。现在风气日新，虽毋庸另设特科，亦应参酌情形，变通旧制。着照该大臣等所议，各直省武乡试自光绪二十六年庚子科为始，会试自光绪二十七年辛丑科为始，童试自下届为始，一律改试枪炮，其默写武经一场，着即行裁去。[2]

武举考试由马步、箭刀、弓石改为测试枪炮，毕竟是前进了一步，打破了传统武举制度的壁垒，标志着军事人才的选拔制度正在向近代化迈进。

上书提出变革武举建议的言官还有礼科给事中庞鸿书、河南道御史杨福臻和贵州道御史李擢英。庞鸿书折未曾检获，但据《德宗景皇帝实录》卷 424，光绪二十四年七月己巳（1898 年 9 月 3 日）条载，“给事中庞鸿书奏振兴庶务宜审利弊折内……条陈改定武科等语，着兵部妥议具奏”。[3] 七月二十七日（9 月 12 日），总理衙门议覆大臣们关于武科改制事宜时，将庞折列入“亦多可采”的部分。[4] 杨福臻七月初九日（8 月 25 日）上《武科章程宜合学堂营制科举为一事折》，兼采湖广总督张之洞、陕甘总督陶模、安徽巡抚邓华熙等人的主张，拟定了“联学堂、营制、科举为一贯”的改革武举的方案。摘录于下：

---

① 《戊戌变法档案史料》，第 209 页。

② 《光绪宣统两朝上谕档》（二四），第 59 页。

③ 《德宗景皇帝实录》（六）卷 424，光绪二十四年七月中，第 564 页。

④ 《戊戌变法档案史料》，第 235 页。

> 一、内场、外场宜迭试其技也……一、兵勇、生童宜联为一气也。……一、旧制、旧额宜酌定量为更改也……一、陆军、水军宜分途肄习也……臣以为，武科如此变通，则于学堂储其材，于营伍收其用，又有奖拔以济科举之穷。从此所得之士，谋勇兼优，水陆具备，一有征调，必各出其长以应君父之急，击远攻坚，施以枪炮，至于血肉相薄，济以弓矢刀矛，而熟谙兵法，深通海道者，又可指挥若定，懋建肤功，皆今日改科之力也。①

杨折递上以后，光绪帝当日谕令："着兵部归入变通武科事宜内，一并妥议具奏。"②七月二十七日（9月12日），奕劻等将议覆的结果具折上奏："在西国无不识字之兵，凡兵皆携带舆图，周知险要，并能讲求测算。盖诵兵法、审权谋，非粗通文理不可，枪炮比较准头，战守必识形势，非熟舆地习测量不可。拟用杨福臻等议，内场试兵法论一道，舆地、测算等学策问一道，以一论为完卷，字义通顺即可入选，策论俱佳者，外场虽逊，亦可取中。其中额任缺无滥。如此则功令所重，豪杰争趋，数科之后，必有精娴韬略者出乎其中矣。"③

八月初四日（9月19日），李擢英奏请饬令各省设立武备学堂以振兴武教：

---

① 杨福臻：《武科章程宜合学堂营制科举为一事折》，中国第一历史档案馆藏：录副奏折，档号：03—5616—027。

② 《光绪宣统两朝上谕档》（二四），第318页。

③ 《戊戌变法档案史料》，第236页。

政必图其要，治贵握其原。欲教士子，不如先教将弁。若令每省设立武备学堂，延请中西名师指授一切，而以测量绘图为入门之先务，由督抚檄令通省提镇以下实缺、候补各员弁，次第来堂学习，约一年内，可得大略。即令实缺人员各归本缺，以候补为之辅，会同府州县文官，设立公所，筹备薪水及应用器械，教训该处士子，亦即以测量绘图为要。其读书习字，则任令随意寻师，如有志西学，可自往省城学堂受业，以成全材。如此递相传授，则将弁借此陶成，足以备地方之缓急；士子有所则效，足以供疆场之驰驱。迄于三年，必有成效，未有便于此者也。①

当时清朝军队中，提镇以下各级将领中能识字、书写并兼通文意的不足30%。李擢英在各省设立武备学堂的建议，抓住了培养军事人才的要点，识见超人。

关于改革武举的各项主张，表现出言官观念的与时俱进。当然，在武举改革中，朝廷更多采纳的是军事将领和地方督抚的建议，言官以文官谈军事，有一些秀才谈兵的理想化色彩。

二、设立新式学堂

科举是广大知识分子的进身之阶，科举考试的内容如同风向标，决定着士子学习的内容及教育的方式。戊戌变法期间，科举制度的变革给中国的教育制度提出了新的课题，即如何广开民智，造就真才。对此，言官们提出了设立新式学堂的建议。

---

① 《戊戌变法档案史料》，第241页；中国第一历史档案馆藏：录副奏折，档号：03—9454—015。

首先，创办京师大学堂。

光绪二十二年（1896），刑部左侍郎李端棻上《请推广学校折》，第一次提出设立京师大学堂的建议。建议得到光绪帝的赞同，但是在顽固派的阻挠下，没有进展。最早提出开办京师大学堂的言官是江西道御史王鹏运，光绪二十四年正月二十五日（1898年2月15日）军机处随手登记档中载有“御史王鹏运折一：《时务方艰请力行修省实政由》；片一：《需才孔亟请饬速设京师大学堂由》。”[①]王鹏运原折没有检获，但查军机处上谕档，在当日条下载有上谕一条：“御史王鹏运奏请开办京师大学堂等语。京师大学堂叠经臣工奏请，准其建立，现在亟须开办，其详细章程，着军机大臣会同总理各国事务衙门王大臣妥筹具奏。”[②]在戊戌变法前夕，王鹏运将设立京师大学堂一事再次提出，无疑对光绪帝是一个推动。四月二十三日（6月11日），光绪帝颁布《明定国是诏》，其中便有关于京师大学堂的内容：

> 京师大学堂为各行省之倡，尤应首先举办。着军机大臣、总理各国事务王大臣会同妥速议奏。所有翰林院编检、各部院司员、大门侍卫、候补候选道府州县以下官、大员子弟、八旗世职、各省武职后裔，其愿入学堂者，均准入学肄业，以期人材辈出，共济时限，不得敷衍因循，徇私援引，致负朝廷谆谆告戒之至意。[③]

---

① 中国第一历史档案馆藏：军机处随手登记档，光绪二十四年正月二十五日，档号：03—0296—1—1224—024。

② 《光绪宣统两朝上谕档》（二四），第24页。

③ 《德宗景皇帝实录》（六）卷418，光绪二十四年四月，第482页。

在《明定国是诏》中，举办京师大学堂被较为详细地列出，并要求军机大臣和总理各国事务王大臣妥速议奏。如何创办京师大学堂成为一时热议的内容。五月十二日（6月30日），李盛铎上《略拟京师大学堂办法大纲折》，强调订立学堂办法的重要性：

> 皇上今日所与共治天下者，大率科举中之人才也。自今以往，不及十年，其必取之学堂中矣，而学堂人才之成不成，在乎创始办法之善不善。然则中国安危强弱之紧要关键，殆无有大且急于此者也。①

折中提出了五条办法：

> 一、详定章程……今中学、小学尚未设立，则大学堂章程，不能不统中学、小学而融会贯通，斟酌损益。拟请定一现办章程。数年之后，中小学既立，则大学堂章程仍当参照各国学校办理……
>
> 一、择立基址……有一种学术，必当立一专学之所……大约非城外旷地，断不能容；非新建房屋，断难合式。即使各种学堂不能同时并举，其暂从缓办者，亦宜预留基址，以待异日扩充也。
>
> 一、酌定功课……大约已仕者宜多习法科，未仕者可分习艺学，或立溥通学，俾习之可通达时务。其年齿在三十左右者，宜令专阅已译之西书；其年仅二十左右者，精力有余，

① 《戊戌变法档案史料》，第255页；中国第一历史档案馆藏：录副奏折，档号：03—9447—016。

可兼习各国语言文字，而华文亦不可竟废……

一、宽筹的款……今朝廷既视此为新政第一大举动，则他费可省，此费独不可省。闻昭信股票，各省集有成数，或酌提百万两，为大学堂创办之费，并每省酌拨数万两，为设立中学堂之费。

一、专派大臣……吁请特派位尊望重之大臣，素为士论所归者，专心经理，并准其调取通达时务人员，以资臂助，庶易集事。上年设立官书局，谕派协办大学士孙家鼐管理，识虑深远，条理秩然。初议并建学堂，以费绌而止。现在可否即令管理学堂之处，出自圣裁，非臣下所敢擅拟。出使大臣许景澄，现将回华，拟请饬令经过各国，亲往学堂，详细考察，并觅取现行章程携归翻译，以备采择，较之凭臆虚拟，必有径庭也。[①]

当日奉旨："御史李盛铎奏谨拟京师大学堂办法一折，着总理各国事务王大臣归入大学堂未尽事宜，一并议奏。"[②]军机处和总理衙门覆奏后，五月十五日(7月3日)，光绪帝发布上谕：

京师大学堂为各行省之倡，必须规模闳远，始足以隆观听而育人材。现据该王大臣详拟章程，参用泰西学规，纲举目张，尚属周备，即着照所议办理。派孙家鼐管理大学堂事务，办事各员由该大臣慎选奏派。至总教习综司功课，尤须

① 《戊戌变法档案史料》，第255—257页；中国第一历史档案馆藏：录副奏折，档号：03—9447—016。

② 《德宗景皇帝实录》(六)卷419，光绪二十四年五月上，第494页。

选择学赅中外之士，奏请简派。其分教习各员，亦一体精选，中西并用。所需兴办经费及常年用款，着户部分别筹拨。所有原设官书局及新设之译书局，均着并入大学堂，由管学大臣督率办理。此次设立大学堂，为广育人才、讲求时务起见，该大臣务当督饬教习等按照奏定课程，认真训迪，日起有功，用副朝廷振兴实学至意。①

六月二十二日（1898年8月9日）京师大学堂正式成立，李盛铎的建议显然起了作用。

京师大学堂成立以后，礼科给事中庞鸿书上《振兴庶务宜审利弊折》，就大学堂的课程设置、学生的选拔等问题提出建言，光绪帝谕令孙家鼐酌核具奏。② 庞鸿书原折不曾得见，只能从光绪二十四年七月二十七日（1898年9月12日）孙家鼐所上《遵议给事中庞鸿书条陈大学堂章程等酌核具陈折》中观其梗概，摘录于下：

经学一种，诸生往往皓首而不能穷，现在学堂所拟功课，四书用集注本，五经遵用钦定义疏本，切要详明，易于卒业，不必以皓首难穷为虑……凡诸生已熟读四书五经者，方准收入学堂，庶几略有限制，经学只须温习，不必另立一门……兵学一门，裁归武备学堂。农学、矿学，皆当验诸实事，不容托之空言。农学各省异宜，当于省会设立学堂。矿学、五金异用，已议于矿厂设学堂。卫生学、医学不必兼溥

① 《德宗景皇帝实录》（六）卷419，光绪二十四年五月上，第497页。
② 《德宗景皇帝实录》（六）卷424，光绪二十四年七月中，第564页。

通学，且无关政治。算学中之天文亦然。①

最终，孙家鼐建议光绪帝"请毋庸置议"，②庞鸿书的建议未得采纳。

其次，创办其他新式学堂。

言官们还提出创办其他各类新式学堂。光绪二十四年三月十九日（1898年4月9日）军机处随手登记档李盛铎条载："御史李盛铎折一：《请举行大阅由》；片一：《请饬各省刻日兴办大学堂由》。"③在奏片中，李盛铎提出创办省会大学堂和武备学堂的建议。他说：

人才之兴由于学校，三代已然，不独泰西可鉴也。近年条陈时务者，多以为言。现议经济岁科，专就学堂录送，而各省学堂，除直隶、湖南、安徽等省外，尚未推行。至武备学堂，南北洋虽早经创立，章程亦未尽完备……应请饬下各督抚会同地方绅士，筹备经费，将省会大学堂及武备学堂克日兴办，限六个月内一律告成。④

总理衙门核议后，于闰三月初五日（4月25日）上奏，同意

---

① 孙家鼐：《遵议给事中庞鸿书条陈大学堂章程等酌核具陈折》，中国第一历史档案馆藏：录副奏折，档号：03—9449—059。

② 《德宗景皇帝实录》（六）卷424，光绪二十四年七月中，第564页。

③ 中国第一历史档案馆藏：军机处随手登记档，光绪二十四年三月十九日，档号：03—0296—1—1224—076。

④ 《戊戌变法档案史料》，第244页；中国第一历史档案馆藏：录副奏片，档号：03—9446—014。

李振铎的建议：

> 臣等查立国之要，首重人才；人才之兴，端资学校。……现在经济特科，既议专就学堂录送，自应如该御史所请。请旨饬下各直省将军、督抚，会同地方绅士，各于省会建立学堂，克日兴办，于六个月限内告成。其武备学堂，亦各就地方情形，次第筹办，均先妥议章程，咨明臣衙门查核。[①]

百日维新开始后，言官的目光转向创办中等、初等学堂。

五月二十九日(7月17日)，宋伯鲁上奏片，建议将八旗各官学一律改为小学堂，各项考试亦改为策论：

> 八旗官学经大学士徐桐极力整顿后，颇著成效。惟向来专习中学及八股试帖，现在风气大开，大学堂业经开办，此外各项考试一并改试策论，则八旗官学自当一律变通……八旗子弟可造就者甚多，若仅限以世职，不免自隘其途，似不如径将现有之八旗各官学一律改为小学堂，即就现有经费办起，既无添造之费，兼得推广之益。其学生额数由管大学堂大臣酌定，即派师范生照章教授提撕，一切归大学堂统理，一转移间，八旗子弟尽为通品，而才不可胜用矣。若大员子弟为数无多，而各京官子弟中愿学者甚众，未便令其向隅，可否即将原议设之小学堂，改为大员子弟及各京官

① 《戊戌变法档案史料》，第245页。

子弟受学之处，以期两有裨益。[①]

六月初六日(7月24日)，江南道御史张承缨上奏，"请于五城添立小学堂、中学堂"。[②] 当日奉上谕："着孙家鼐酌核办理。"[③]张承缨原折未曾检获，根据孙家鼐议覆张承缨折的具奏，可以得知张承缨原奏大意：

师大学堂额数五百名，附小学堂额数八十名，大学堂皆已经入仕之员，小学堂皆大员子弟，八旗世职武职后裔，此外就近愿学者，均未议及。欲于五城添立小学堂、中学堂，俾土著之人与外省在京之举贡生监及京官子弟一体入学，此培养人才、讲求实学之至意也。[④]

孙家鼐同意张承缨的建议："今该御史请于五城各立学堂，自应遵照办理。"并提出由五城御史自行筹划学堂经费、制定学堂规制、斟酌学堂场地等建议。[⑤] 当日光绪帝颁布上谕：

京师现已设立大学堂，其外学堂亦应及时创立，俾京外举贡监生一体入学，广为造就，以备升入大学堂之选。着五城御史设法劝办，务期与大学堂相辅而行，用副培养人才之

① 宋伯鲁：《奏为八旗各官学一律改为小学堂事》，中国第一历史档案馆藏：录副奏折，档号：03—9447—057。

② 《德宗景皇帝实录》(六)卷421，光绪二十四年六月上，第516页。

③ 《光绪宣统两朝上谕档》(二四)，第256页。

④ 《光绪朝东华录》(四)，总第4151—4152页。

⑤ 《光绪朝东华录》(四)，总第4152页。

至意。[1]

在设立新式学堂的主张中，除以上所列外，如前文所述，曾宗彦还提出设立专门学堂、培养专项人才的建议。

创办新式学堂需要大量的资金，这对于捉襟见肘的财政来说是一个巨大的挑战。如何解决经费问题？

李盛铎建议把发商生息的官款拿出若干来修建校舍、延聘教习："倘集款需时，应准其于地方现行善举发商生息款内，酌提数万金，为起造房屋、聘请教习之用。俟款项充足，陆续拨还，以期早一日集事，即早收一日之效。"[2]宋伯鲁提出将盛宣怀承办铁路所领官款之岁息拨充学堂经费："方当国用乏匮，新政应举者甚多，不止铁路为然。若京师学堂等事，皆以经费支绌，未能兴办。盛宣怀即尚能筹款成此铁路，而所领部款数年之息，应令核算缴出，以为办学堂等费。"[3]掌浙江道御史徐士佳则提出了一个长远的办法，即通过加征新税来解决学堂经费问题。光绪二十四年四月三十日（1898年6月18日），徐上《请另加带征学堂经费片》，称：

现在钦奉上谕，行令各直省，自省城以至府厅州县，设立西学大小学堂，以育人才，诚为今日切要之图。但明知切要而犹若迟回者，则以费无所出，实为各省之通病也。臣愚

① 《光绪朝东华录》（四），总第4152页。

② 《戊戌变法档案史料》，第244页；中国第一历史档案馆藏：录副奏片，档号：03—9446—014。

③ 《戊戌变法档案史料》，第254页。

以为莫如即取诸地丁之折征，以目前纹银市价，每两一千二百文，若照当年酌增四百文计之，则每丁银一两，折征制钱一千六百文，在官已不至赔累。拟请饬下户部，行令折征各省，每两丁银，只准折收制钱一千六百文，另加带征百文，名曰学堂经费，另行存储，专备开办西学之用。计每丁银一两，共出制钱一千七百文，视以前尚少三百，而子弟可由此增习西学，民情固自乐从，在官亦并不赔累，而西学大小学堂，可以借手开办，此一举两得之道也。①

言官们设立新式学堂的建议多数得到采纳，京师大学堂、各省新式学堂、各地中小学堂纷纷建立起来。变法失败后，京师大学堂得以保留，对此后培养新式人才、推动新式教育的发展起到了积极作用。

三、言官的其他文化、教育主张

戊戌维新期间，言官在文化、教育方面还有其他的改革建议。

首先，游学游历，学习西方。

甲午战争中，日本打败了“天朝大国”，使得国人不仅对这个邻邦刮目相看，更希望探求其迅速富强的奥秘。越来越多的士大夫认为，日本的强大是因为普及教育、采纳西学的结果，日本的成功经验最适合中国采用，开始提倡向日本学习，形成了以日本为中介学习西学的思想。他们认为，到日本留学路近、省钱、文字困难少，是一条捷径。在这种氛围中，清政府在1896年3

① 《戊戌变法档案史料》，第254页；中国第一历史档案馆藏：录副奏折，档号：03—9559—022。

月派遣了第一批赴日留学生。

光绪二十四年四月十三日(1898 年 6 月 1 日),杨深秀上《请议游学日本章程片》,请速派留学生去日本学习。他说:

我今欲变法而章程未具,诸学无人,虽欲举事,无由措理,非派才俊出洋游学,不足以供变政之用……臣以为日本变法立学,确有成效,中华欲游学易成,必自日本始。政俗、文字同则学之易,舟车、饮食贱则费无多。顷闻日人患俄人铁路之逼,重念唇齿辅车之依,颇悔割台相煎之急,大开东方协助之会,愿智吾人士,助吾自立,招我游学,供我经费……伏乞饬下总署,速议游学日本章程,准受其供给经费,其游学之士,请选举贡生监之聪敏有才、年未三十、已通中学者,在京师听人报名,由译署给照,在外听学政给照,庶于成人才以济时艰,纳邻好而泯猜嫌,必非小补。①

经过总理衙门的议奏,其意见得以施行。六月十五日(8 月 2 日),光绪帝发布上谕:

现在讲求新学,风气大开,惟百闻不如一见,自以派人出洋游学为要。至游学之国,西洋不如东洋,诚以路近费省,文字相近,易于通晓。且一切西书,均经日本择要翻译,刊有定本,何患不事半功倍……着即拟定章程,妥速具奏。一面咨催各该省迅即选定学生,开具衔名,陆续咨送,并咨询各部院,如有讲求时务,愿往游学人员,出具切实考语,一

① 《戊戌变法档案史料》,第 248 页。

并咨送，均毋延缓。[①]

同时上奏的还有《请派近支王公游历片》，提议派近支王公出国游历：

> 臣愚谓采万国之良法，当自游学始；练天下之人才，当自王公始。伏乞断自圣衷，变通旧例，特派近支王公之妙年明敏有才志者，游历泰西各国；其有美志良才，自愿游学习政习兵者，尤有裨益，乞准其所请。若蒙俞允，其于培宗干而练人才，似非小补。[②]

理由如下：

> 顷割地纷纭，由我闭关守旧，王公大臣未尝游历，故为强敌所胁也。昔春秋时诸国并立，多以王子公孙出聘，见之《左传》，其数至繁。近者，泰西各国聘问游历，多其亲王近属为之。我中国向来一统，环四垂者，皆小蛮夷，可鞭笞而臣妾之，自无列国聘问游历之礼。今地球大通，万国并立，不止亲王出游，亦多两君相见，德、俄、英、法之君，无岁不会，故情好欣洽，嫌隙易弭。我今仅为万国之一，必不能用一统之法，而我近支王公未尝特膺聘问，非所以联外交而崇亲好也。国朝定例，宗室不得出四十里外，又不与外廷臣工

① 《德宗景皇帝实录》(六)卷421，光绪二十四年六月上，第525—526页。

② 《戊戌变法档案史料》，第249页。

往还，故未能扩其见闻，练其才器。在当时鉴于前明宗室强横，虑其虐民乱政，故有亲王不得入军机之例。今事势相反，裘葛异时，并用亲贤，以资夹辅，宜崇强干之义，应讲教练之方。考三代之制，自王之世子、庶子，皆入太学，泰西犹用我经义，上自王子，旁及近亲，皆先入学堂，与群士齿。又学于兵舰，亲为水手；学于练军，躬列卒伍；然后次第升擢，乃为船主、将校。稍长之后，必遍历外国，周知风俗，通其政事，或又因其性之所长，入其各学，专习一业，期数年而成功。日本变法维新，派炽仁亲王、有栖川亲王、小宫丸亲王，出游泰西，分习诸学，故能归而变政，克有成效。暹罗变法，亦使其亲王游历泰西，去年暹王且躬自游历，故近来政治丕变，西人畏之，不敢逼胁。此诸国并立之通例，尤变法之良模也。

顷德王之弟来游，皇上接见以殊礼，盖当列国竞长之时，已不用一统闭关之旧，而我执政及百司大臣，皆足迹未尝至海外，近支王公仍闭处都城，见闻愚陋，才局不练，一旦授之以政，或使于四方，遂望其能兴内政而御外侮，何可得哉。①

对此，光绪帝于四月二十五日(6月13日)发布谕旨：

选派宗室王公游历各国，亦系开通风气、因时制宜之举，着宗人府察看该王公贝勒等，如有留心时事、志趣向上

① 《戊戌变法档案史料》，第249页。

者，切实保荐，听候简派。[1]

杨深秀等人的主张有益于开通风气、提倡西学，但他们对日本吸纳中国留学生的动机没有清楚的认识。当时的日本驻华公使矢野文雄在给外务大臣西德二郎的信中称：

> 如本日呈送之机密第四十号信中关于福建省内铁路事项中所陈，设若向彼提出要求，为表示超于口头友谊之实际友谊，提出我接受留学生教育之要求，据观察所得，势必为清政府所欢迎。此举不仅有助于此次要求之成功，而受我感化之人才播布于其古老帝国之中，实为将来在东亚大陆树立我之势力之良策……将来清政府必陆续不断自派学生来我国，如是则我国之势将悄然骎骎于东亚大陆。故而无论从何方考虑，望我政府适应时机，接受清之留学生。同时思及此事可有助于促成铁路事件之要求。[2]

当然，日本的卑劣用心是中国人经历过多次苦难后才看清的，不必以此苛责戊戌时代的士大夫们。

其次，翻译西书，引进西学。

对于如何更新教育内容以培养新式人才，杨深秀和李盛铎提出翻译西方书籍以引进西学的主张。

杨深秀上《请筹款译书片》，指出进入近代以来，西方各国所

---

① 《德宗景皇帝实录》(六)卷418，光绪二十四年四月，第483页。

② 矢野文雄：《清国留学生招聘策》，《近代史资料》总74号，中国社会科学出版社，1989年，第95—96页。

以强大的原因，不在力而在智。反观中国变法之路，主要举措无非是筑炮台、购兵舰、买枪炮、练洋操等，而未知变法之本源。西方富强的原因在于其先进的教育，新式学堂必须与西方书籍结合起来，否则无从收变法之效。那么，如何译书？杨深秀提出：

> 臣愚窃考日本变法，已尽译泰西精要之书。且其文字与我同，但文法稍有颠倒，学之数月而可大通，人人可为译书之用矣。若少提数万金，多养通才，则一岁月间，可得数十种。若筹款愈多，养士愈众，则数年间，将泰西、日本各学精要之书，可尽译之。而天下人士及任官者，咸大通其故，以之措政，皆有条不紊，而人才不可胜用矣。①

光绪二十四年四月十八日（1898年6月6日），李盛铎上《时务需才请开馆译书以宏造就折》，就翻译西书提出更为具体的建议：

> 臣愚以为既尚新学，不如多译西书，使就华文习之，尚可不忘其本，且免蹈从前出洋学生之弊，通西语而不通华文也……拟请特旨，开馆专办译书事务，遴调精通西文之翻译数员，广购西书，分别门类，甄择精要，译出印行，以宏智学。至日本明治以来，所译西书极多，由东译华，较译自西文尤为便捷。应请饬下出使大臣，访查日本所译西书，全数购寄，以便译印。并咨访中外人员中之通达时务、学问优赡者，酌调数员，专司润色，务期文义敷畅，俾得开卷了然……

① 《戊戌变法档案史料》，第446页。

若民间有一人专译书籍，准将全书呈送馆中察看，实系有用之书，所译文理亦无陋劣草率之弊，酌仿外国专利章程，发给奖牌、执照，准其刊印行售，专利十年，庶人思自奋，亦足广译书之路。①

杨、李的折片，均被下发总理衙门议覆。五月初十日（6月28日），总理衙门上《议覆杨深秀李盛铎请开馆译书折》，在肯定筹款开馆、翻译洋书乃当今之急务，应该及时举办的基础上，就译书馆的人选、经营方式、所译之书的内容以及译书经费等提出了详细的意见：

至原奏所称译书馆事务，应否特派大臣管理，抑或由管理书局大臣兼办一节，系为郑重起见。惟是译书一事，与设立学堂，互相表里，全在经理得人，不系官职之大小。……兹查有广东举人梁启超，究心西学，在上海集资设立译书局，先译东文，规模已具，而经费未充……臣等公同酌议，每月拟拨给该局译书经费银二千两，即将该局改为译书官局，官督商办。倘经费仍有不敷，准由该局招集股份，以竟其成。所译之书，应先尽各国政治、法律、史传诸门，观其治乱兴衰之故，沿革得失之迹，俾可参观互证，以决从违；徐及兵制、医学、农矿、工商、天文、地质、声光化电等项……如蒙俞允，即由臣衙门知照南洋大臣，暨札行江海关道，就近在出使经费项下，按月拨给该局译书经费银

① 李盛铎：《时务需才请开馆译书以宏造就折》，中国第一历史档案馆藏：录副奏折，档号：03—5615—044。

二千两，并札饬该局员将开办日期妥拟详细章程，送臣衙门核定立案。①

该折上奏后，奉朱批："依议，钦此。"②

总之，在戊戌维新期间，言官把出国游学、翻译西书与新式学堂结合起来，有利于西学的传播、新学的成长。

第四节　言官的反对变法主张

戊戌维新运动从一开始就充满了新与旧的交织与对抗。言官群体以其对变法的态度而分为不同阵营，一部分言官同情并支持维新，成了维新派的同盟军，杨深秀、宋伯鲁是其中的代表。也有部分言官站在守旧的立场上阻挠和破坏变法，非议和攻击维新派人物及其主张。

一、攻击维新团体

戊戌变法期间，为了传播维新思想，推动变法事业的发展，康有为、梁启超、谭嗣同等人积极集结社会力量，组织维新团体。强学会成立以后，维新力量创办报刊、开办学堂，大造变法舆论，宣传维新思想。学会的兴起与发展遭到守旧势力的攻击，部分言官成了攻击学会的主力。

江西道御史杨崇伊于光绪二十一年十二月初七日（1896 年 1 月 21 日）上《奏为特参京官创设强学会植党营私大干法禁请

① 《戊戌变法档案史料》，第 449 页。

② 《戊戌变法档案史料》，第 450 页。

旨严查事》,折中称:

窃自东洋事起,热中者流急于自见,遇事生风,往往连章执奏,惑乱听闻,时局艰难,遂致日甚一日。夫多事之际,诸臣谋猷入告,必期有益军国,若于目前局势未能了了,仅凭报馆横议逞其笔锋,亦复于事何补?况报馆之毁誉,定于贿赂之有无,任意抑扬,凭空结撰,岂可信以为真?乃近来台馆诸臣,自命留心时事,竟敢呼朋引类,于后孙公园赁屋,创立强学书院,专门贩卖西学书籍,并钞录各馆新闻报,刊印《中外纪闻》,按户销售。计此二宗,每月千金以外。犹复借口公费,函索各省文武大员,以毁誉为要挟。故开办未久,集款已及二万。口谈忠义,心薰利欲,莫此为甚。且目前以毁誉要公费,他日将以公费分毁誉,流弊所极,必以书院私议,干朝廷黜陟之权,树党援而分门户,其端皆基于此。相应请旨严禁,并查明创立之人,分别示惩,以为沽名罔利之戒。①

奉旨:

御史杨崇伊奏,京官创设强学书院,植党营私,请旨严禁一折。据称近来台馆诸臣,于后孙公园赁屋,创立强学书院,专门贩卖西学书籍,并钞录各馆新闻报,刊印《中外纪闻》,按户销售,犹复借口公费,函索外省大员,以毁誉为要

① 杨崇伊:《奏为特参京官创设强学会植党营私大干法禁请旨严查事》,中国第一历史档案馆藏:录副奏折,档号:03—5333—035。

挟，请饬严禁等语。着都察院查明封禁。原折着钞给阅看。将此谕令知之。[①]

北京强学会的解散当然有种种原因，但杨崇伊的弹章无疑加速了这个过程。

保国会的命运也是如此。保国会成立以后不久，就遭到掌京畿道御史潘庆澜和江南道御史李盛铎的纠弹。光绪二十四年闰三月十二日（1898年5月2日），潘庆澜上《奏请饬下顺天府五城一体查禁保国会片》：

> 臣闻近日京城内外有所谓保国会者，刊刻章程，邀集徒众，入会者先出银二两，数日一聚，名曰茶会。升座宣讲，訾议时事，为日未久，尚无定处。闻系工部主事康有为为首，殊堪诧异。夫康有为以通籍出仕之员，意欲有所陈奏，即可由该部堂官代陈，但无违悖字样，亦决不至壅蔽，何必为此矫同立异之举。况结会敛钱，久干例禁。康有为身已在官，岂未之知，而必显违例禁，悍然不顾乎？方今中外多事，讹言易兴，又何可使辇毂之下，多此妄言异说，淆民听而惑士心？拟请饬下顺天府、五城一体查禁，以免滋事。[②]

第二天，李盛铎上折纠参保国会。李折未曾检获。查光绪

① 《德宗景皇帝实录》（五）卷381，光绪二十一年十二月上，第986—987页。

② 潘庆澜：《奏请饬下顺天府五城一体查禁保国会片》，中国第一历史档案馆藏：朱批奏折，档号：04—01—02—0108—004。

二十四年闰三月十三日（1898 年 5 月 3 日）军机处随手登记档载："御史李盛铎折一：《党会日盛宜防流弊由》；片一：《国闻报馆现归日人水师学堂不能代为译报由》。"[①]同日的《翁同龢日记》："李盛铎封奏，立会流弊，未指名，存；片，《国闻报》卖与日本，寄。"[②]军机处随手登记档和翁同龢的日记，都提到李盛铎上奏中有"党会"、"立会"等流弊，没有指明党会的名称；但在《康南海自编年谱》中载有"李盛铎参保国会以求自免"，[③]可见李盛铎曾经上折纠弹保国会，其奏折被光绪帝留中。此后保国会在守旧势力的攻击之下陷入停顿状态，这与守旧言官不无关系。

继强学会、保国会之后，维新团体在全国范围内建立，言官则弹章不断。闰三月二十七日（5 月 17 日），福建道御史黄桂鋆上《请禁莠言以肃纲纪并饬总署不得代达折》，称：

> 近日取巧之徒，以总署为捷径，如保浙会、保滇会、保川会，皆由保国会党，包藏祸心，乘机煽惑，纠合下第举子，逞其簧鼓之言，巧立名目，以图耸听，冀博一准办之谕旨，便可以此为揽权生事之计。既经递呈总署，自谓必代具奏，纷纷得意，胥动浮言，大为可忧……
>
> 近日人心浮动，民主民权之说日益猖獗，若准各省纷纷立会，恐会匪闻风而起，其患不可胜言。且该举人等无权无势，无财无位，赤手空拳，从何保起？抵制外人则不足，盗窃

① 中国第一历史档案馆藏：军机处随手登记档，光绪二十四年闰三月十三日，档号：03—0296—1—1224—099。

② 陈义杰整理：《翁同龢日记》（六），第 3119 页。

③ 转引自茅海建：《从甲午到戊戌：康有为〈我史〉鉴注》，第 367 页。

内政则有余。况即如所说，浙人保浙，滇人保滇，川人保川，推而广之，天下皆为人所保，天下不从此分裂乎？名则保其桑梓，实则毁其家邦，此风万不可长……相应请旨，严饬总署遵守向章，专办交涉之事，不得见好举人，代达蒭言，所有条陈概行发还，并出示严禁，以后京员如有条陈，由本署堂官代奏，此外概由都察院代奏，以符定制。①

同时上呈的还有《浙商私借洋款纠合保浙会片》，言称：

保川、保滇等会起于保浙，而保浙会亦实有所缘起。去年秋，浙有高、孙二商欲以华股华商建造宁绍铁路，具呈浙抚，浙抚许之。该商即以浙抚批语私向上海公司代借洋款四百万两。浙抚知而止之。乃投盛宣怀，宣怀驳之；又复投王文韶，文韶亦驳之。盖皆知其害之大巨也。而该商之技穷，于是至京师鼓惑狂悖不经之举人陈虬，纠合下第举子出名，以为保浙会，条上三款，而铁路亦影射其中。浙之公车多不谓然。而少年喜事者有之；欲同染指者有之；或初列名而欲掣去、或既列名而本人不知者又有之。自递呈于总署，复以为总署必代递，而借总署之衔奏，必邀皇上之俯允也。于是群相夸耀，遂至滇举效之、川举效之，而其实不过浙之奸商为之作俑，欲得谕旨以压浙抚，盖犹当日挟抚批以借洋债之故智也。相应请旨饬下浙抚不准该商经理，并不准私

① 转引自黄彰健：《戊戌变法史研究》(上)，上海书店出版社，2007年，第141页。

借洋款，皆贻国家无穷之害。[1]

据茅海建考证，浙江举人陈虬起草《急宜变法自强拟就浙省先行试办呈》，呈文中有设民兵、开学校、开矿产三项建议，并提出浙江举人将成立保浙公会，“筹集巨款，以保卫梓桑之计为屏藩王室之谋”，请求总理衙门代奏，“黄桂鋆认为总理衙门将会代奏浙江举人设立保浙公会上书，故出奏严参”。[2]

二、参劾支持维新变法的官员

维新变法时期，陈宝箴任湖南巡抚，黄遵宪任湖南盐法道兼署按察使，徐仁铸接替江标任湖南学政。在他们的倡导下，湖南的新政轰轰烈烈地开展起来。光绪二十四年四月二十五日（1898 年 6 月 13 日），掌陕西道御史黄均隆上折参劾湖南举办新政有名无实，折中称：

> 窃湖南巡抚陈宝箴莅任之初，颇孚众望，以该抚前在湖南候补年久，号为清廉。此次抚临是邦，咸以为练兵筹饷，察吏安民，在在必求核实，不徒为粉饰铺张之举。不意近年以来，学行西学，徒务虚名，毫无实际，其资人口实，有不能为该抚讳者。查该抚设立时务学堂……乃聘请广东举人梁启超为总教习……延聘来湘，恣其横议。湘中人士，尤而效之，至有倡为改正朔、易服色之言，刊报传播，骇人听闻。
>
> 又改建南学会，以为议院之权舆……凡此皆无裨于实

① 转引自茅海建：《从甲午到戊戌：康有为〈我史〉鉴注》，第 375 页。

② 茅海建：《从甲午到戊戌：康有为〈我史〉鉴注》，第 375 页。

用,资人以口实者也。又听用盐法道黄遵宪之言,于城内设保卫局,雇用巡丁巡查街道,刊刻章程四十余条……既不足御外侮,又不能清内奸,岁糜巨款,于国何益。

伏思沿海各行省,俱与外洋交涉,或设制造、商务等局以收利权,或延教习招生徒以资讲肄,未闻不求实际,徒事虚声如湖南之甚者。相应请旨饬下湖南巡抚,另择实事求是之人主持时务学堂,勿腾口说而乱是非,勿袭皮毛而忌实用,务求有用之学,以作富强之基。散南学会以息横议,撤保卫局以省虚糜,庶士习民风不至嚣张决裂,则杜渐防微,所系良非浅鲜矣。[①]

三、攻讦康有为

对康有为发起直接进攻的是湖广道御史文悌。在维新变法初期,文悌与康有为关系一度十分密切,曾为康有为代递变法奏折,康有为也曾为其代拟奏折。随着变法的深入,二人的思想分歧逐渐显现出来。光绪二十四年五月二十日(1898 年 7 月 8 日),文悌上《言官党庇诬罔荧听请旨饬查》,即《严劾康有为折》,在折中文悌叙述了自己与康有为的交往以及思想分歧,并列举数端,进行攻击。

第一,康有为成立保国会,保中国不保大清。

康有为不知省改,且更私聚数百人,在辇毂之下,立为保国一会。日执途人而号之曰:“中国必亡,中国必亡!”其

---

① 《戊戌变法档案史料》,第 253 页。

会规，设议员，立总办，收捐款，竟与会匪无异，以致士夫惶骇，庶民摇惑，私居偶语，亦均曰："国亡国亡，可奈何?"设使四民解体，大盗生心，借此以聚集匪徒，招诱党羽，因而犯上作乱，未知康有为又何以善其后？是则康有为立会倡始，名为保国，势必乱国而后已焉。奴才于其立保国会后，曾又与面言，恐其实生乱阶，令其将忠君爱国合为一事，幸勿徒欲保中国四万万人，而置我大清国于度外，而康有为亦似悔之……迨后许应骙等，阻其在会馆聚众，又有人奏参康有为。忽到处辞行，奴才处亦两次来辞，云将回里养母，奴才当即作诗送之，讽以归隐，并有劝其切勿走胡走越之言。不意其伪为归养以息讥弹，而暗营保荐以邀登进，乃于辞行之日，忽有召见之事。奴才至是始觉其诈伪多端，断乎非忠诚之士。[①]

折中的"暗营保荐以邀登进，乃于辞行之日，忽有召见之事"，指光绪二十四年四月二十五日（1898年6月13日）内阁侍读学士徐致靖上书保举康有为、张元济、黄遵宪、谭嗣同等参与新政，当日内阁明发上谕："翰林院侍读学士徐致靖奏保通达时务人材一折。工部主事康有为、刑部主事张元济，均着于本月二十八日豫备召见。湖南盐法长宝道黄遵宪、江苏候补知府谭嗣同，着该督抚送部引见。广东举人梁启超，着总理各国事务衙门

① 苏舆：《苏舆集》，《翼教丛编》卷二，湖南人民出版社，2008年，第38—39页。

察看具奏。”[①]文悌认为，徐致靖保举康有为乃是康有为一手策划，所以称其诈伪多端，非忠诚之士。

第二，康有为及其党人遍结言官，把持国是。

> 忆其曾于闰三月间，拟有折底二件，属奴才具奏，一件欲参广东督抚，一件请厘正文体更变制科。当时即经奴才晓以科道为朝廷耳目之官，遇事原不能不向人访问，然必进言者，自有欲言之事，参询详细于人，若受人指使，而条奏弹劾，是乃大干列祖列宗严禁，断不敢为。且其欲参广东巡抚奏中，特为清查沙田一事而发，奴才拒之尤力，至今其拟来奏底，仍存奴才处。而其厘正文体一事，已有杨深秀言之矣。至康广仁所言罢制艺不必待下科，小试尤宜速改策论，而宋伯鲁又适有此奏。是许应骙谓其联络台谏，诚不为诬。
>
> ……且康有为又曾在奴才处手书御史名单一纸，欲奴才倡首鼓动众人，伏阙痛哭，力请变法。其单内所开多台谏中知名之人，而宋伯鲁、杨深秀即在其内。后康有为立会保国，在单之人，皆不与闻，惟宋伯鲁、杨深秀两次到会，列名传布。奴才于其开单之时，即告以言官结党，为国朝大禁，此事万不可为。乃杨深秀旋即便服至奴才处，仍申康有为之议。且奴才与杨深秀初次一晤，杨深秀竟告奴才以万不敢出口之言，是则杨深秀为康有为浮词所动，概可知也。至宋伯鲁，奴才未曾与之晤言，而闻其曾上设立公司之奏，亦

① 《德宗景皇帝实录》(六)卷418，光绪二十四年四月，第483—484页。

系康有为持此议，先寻御史黄桂鋆陈奏，黄桂鋆不为所使，竟由宋伯鲁奏之。以康有为一人在京城任意妄为，遍结言官，把持国是，已足骇人听闻，而宋伯鲁、杨深秀身为台谏，公然联名庇党，诬参朝廷大臣。①

第三，指责康有为私结外洋。

而康有为见奴才于其赐对后，绝无闻问，又于四月（此处应为五月）初七日使其弟康广仁至奴才处求见，奴才未与相见，为奴才留一信，云康有为在寓患病，现奉旨令其进书。是时宋伯鲁、杨深秀等已参劾许应骙，许应骙已明白回奏，惟原折邸钞未见，奴才未知宋伯鲁等所奏云何；又闻康有为奉旨进书，欲知其进书之意何在，且仍欲劝其安静，勿再生事端，遂于初八日至康有为寓所，其家人因奴才问病，引奴才至其卧室，案有洋字股信多件，不暇收拾，康有为形色张皇，忽坐忽立，欲延奴才出坐别室。奴才随仆，又闻其弟怨其家人，不应将奴才引至其内室。奴才乃匆匆起立，惟告以《中庸》有云，万物并育而不相害，道并行而不相悖，万不可分门别户，致成党祸，置国事于不问。而康有为兄弟同言，即今在朝诸人，又何尝以国事为问乎？奴才仍勉以既蒙恩命为总署章京，当谨慎趋公，以图报效。康有为言实不能为此奔走之差，现奉旨进书，书进仍然回籍。②

① 苏舆：《苏舆集》，《翼教丛编》卷二，第 40—41 页。
② 苏舆：《苏舆集》，《翼教丛编》卷二，第 39 页。

第四，指责康有为以张荫桓为后台。

康有为两三月中，凡至奴才处十余次，路隔重城，或且上灯后亦至，往往见其车中，携有衾枕，奴才家丁问其随仆，皆言其行踪诡秘，恒于深夜至锡拉胡同张大人处住宿。盖户部侍郎张荫桓，与康有为同县同乡，交深情密，是则许应骙言其夤缘要津，亦属有因。[①]

文悌奏折递上以后，当日光绪帝发布上谕："御史文悌奏言官党庇，诬罔荧听，请旨饬查一折。据称御史宋伯鲁、杨深秀前参许应骙，显有党庇荧听情事，恐启台谏攻击之风等语。该御史所奏难保非受人唆使，向来台谏结党攻讦，各立门户，最为恶习。该御史既为整肃台规起见，何以躬自蹈此。文悌不胜御史之任，着回原衙门行走。"[②]表明了光绪帝在励精图治、破格用人之际，对维新党人的维护。

四、请求重惩维新党人

戊戌政变后，守旧言官落井下石，请求重惩维新党人。

首先，请求从快缉捕并惩处维新党人。

戊戌政变后，徐致靖、杨深秀、杨锐、林旭、谭嗣同、刘光第、康广仁以及主张维新变法的张荫桓均被捕，收押在刑部监狱。光绪二十四年八月九日（1898年9月24日），天津《国闻报》发布消息说："又传闻圣躬不安，又传闻皇上暂居静室，不接臣僚。

① 苏舆：《苏舆集》，《翼教丛编》卷二，第40—41页。

② 《德宗景皇帝实录》（六）卷420，光绪二十四年五月下，第502页。

该西人又云：若果如此，外人定将干预，绝不听之。又有西人言，此事从中实有某大国公使主持调度。西人言此者，奋髯抵几，意甚不平。于是群言淆乱，莫衷一是矣。”[①]消息引起了守旧势力的恐慌。八月十一日(9月26日)，兵科掌印给事中高燮曾等七位言官联衔上《除恶宜速缓恐生变折》，略称：

……昨阅天津《国闻报》，有西人定将干预之语，臣等且骇且惧。查康有为至今尚未拿获，其死党梁启超亦改洋装潜遁。若辈党与众多，难保不混造谣言，诬谤宫廷，致西人借口平难，震惊辇毂。从前朝鲜被倭人戕妃逼王，其明证也。

拟请皇太后、皇上当机立断，将张荫桓、徐致靖、康广仁、谭嗣同、林旭五人速行惩办。其余俟讯供后，分别办理。若稽延时日，万一张荫桓勾串西人，变生意外，悔将无及。并请电旨，饬将康有为、梁启超务获解京，或即就地正法，以免蔓滋难图，大局幸甚。[②]

第二天，黄桂鋆上《奏为奸党叵测请早定大计以杜祸变折》，建议将已获之犯速行处治，以绝其望。折中称：

外间传说纷纷，皆谓康有为弟兄所犯案情重大，其党之

---

① 《中国近代史资料丛刊·戊戌变法》(三)，第414页。

② 《戊戌变法档案史料》，第466页。《戊戌变法档案史料》发表该折时，略去了六人，这六位言官是：工科掌印给事中庆绵、工科给事中张仲炘、京畿道监察御史胡孚宸、掌江南道监察御史徐道焜、掌广东道监察御史冯锡仁、掌广西道监察御史穆腾额。另见中国第一历史档案馆藏：录副奏折，档号：03—9457—026。

同谋者，在内则以张荫桓、徐致靖、谭嗣同、林旭为渠魁，而杨深秀、宋伯鲁等扶助之。在外则以黄遵宪、熊希龄为心腹，而陈宝箴、徐仁铸等附和之。此外尚有梁启超、麦孟华等数十百人，蔓延固结，党羽遍布。甚至有徐勤等赴日本，与叛贼孙文设立大同会。自去年以来，人言啧啧，皆谓此辈谋为不轨，将效开化党乱高丽之故智。而康有为来京，果借变法为名，包藏祸心，诡计百出，阳托为忠愤之举，阴售其奸诈之谋，此摇惑人心，混淆国是，真有出人思议之外者。

……且天津《国闻报》妄造谣言，谓外人意颇不平，此必其党欲为挟制之计，而该报复张其说也。臣之愚见，以为此事宜早决断，将已获之犯，速行处治，以绝其望。

至案内牵连人员，应拿者拿，应黜者黜，应宥者宥，一经办理定夺，即请明降谕旨，宣示中外，使为首者不能漏网，为从者不致生心。即外人欲来干预，而事已大定，无所施其术矣。臣素知康有为、张荫桓居心诡谲，故望朝廷先发制人，庶免奸党煽乱。①

黄折还有两个附片，其一是要求从重处罚康党张荫桓。片称：

再，臣正缮折间，适接邸钞，知康有为一案，已奉谕旨将徐致靖等分别审讯看管，此外概不深究……臣更有请者，刑部以案情重大，奏请派大臣会同审讯，窃恐宕延时日，致误

① 《戊戌变法档案史料》，第467—468页；中国第一历史档案馆藏：录副奏折，档号：03—9457—033。

事机。拟请饬下该大臣等，妥速讯明定案。至张荫桓平日声名甚劣，虽非康有为之党，亦应按照屡次被参款迹，从重惩处，以儆奸邪。[1]

片中提及的邸钞，是指同一天刑部尚书崇礼等所上《案情重大请旨钦派大臣会同审讯以昭慎重折》，对此折，光绪帝上谕曰：

刑部奏，案情重大，请钦派大臣会同审讯一折。所有官犯徐致靖、杨深秀、杨锐、林旭、谭嗣同、刘光第并康有为之弟康广仁，着派军机大臣会同刑部、都察院严行审讯。其张荫桓屡经被人参奏，声名甚劣，惟尚非康有为之党，着刑部暂行看管，听候谕旨。至康有为结党营私，情罪重大，业将附和该犯之徐致靖等交部严讯。此外官绅中难保无被其诱惑之人，朝廷政存宽大，概不深究株连，以示明慎用刑至意。[2]

谕旨已经指出张荫桓不属于康党，令由刑部暂行看管，听候谕旨。但是，黄在片中不仅请求朝廷先发制人，将康有为一党消灭净尽，而且对于已经宣布不属于康党的张荫桓也要从重惩处，可见其对维新人士痛恨之深。另一附片称：

惟元恶已逃，其党在外省者，难免不滋生事端。拟请电

① 《戊戌变法档案史料》，第468—469页。

② 《德宗景皇帝实录》(六)卷427，光绪二十四年八月中，第603—604页。

旨，饬下两江、两湖、两广各督抚，将黄遵宪、熊希龄、梁启超、徐勤、麦孟华等，一律拿问，照例治罪……至陈宝箴、徐仁铸，身居高位，皆有风化之责，乃不能维持名教，反为奸人蛊惑，应请严旨立予罢斥，另简贤员往代其任。①

黄桂鋆的意图非常明显，他试图借机将其他参与新政的官员也清洗出局。

在守旧势力的强大攻势下，清廷最终宣布康有为大逆不道，罪不容诛，并于八月十三日（9 月 28 日）将维新变法六君子处斩。张荫桓被发配新疆，徐致靖被关押在刑部监狱。次日，内阁明发上谕，宣布维新党人罪状：

近因时事多艰，朝廷孜孜图治，力求变法自强，凡所施行，无非为宗社生民之计。朕忧勤宵旰，每切兢兢，乃不意主事康有为首倡邪说，惑世诬民，而宵小之徒，群相附和，乘变法之际，隐行其乱法之谋，包藏祸心，潜图不轨。前日竟有纠约乱党，谋围颐和园，劫制皇太后，陷害朕躬之事，幸经觉察，立破奸谋。又闻该乱党私立保国会，言保中国不保大清，其悖逆情形，实堪发指。朕恭奉慈闱，力崇孝治，此中外臣民之所共知。康有为学术乖僻，其平日著作，无非离经畔道、非圣无法之言。前因其素讲时务，令在总理各国事务衙门章京上行走，旋令赴上海办官报局，乃竟逗遛辇下，构煽阴谋。若非仰赖祖宗默佑，洞烛几先，其事何堪设想！康有为实为叛逆之首，现已在逃，着各直省督抚一体严密查拿，

① 《戊戌变法档案史料》，第 468 页。

极刑惩治。举人梁启超，与康有为狼狈为奸，所著文字，语多狂谬，着一并严拿惩办。康有为之弟康广仁及御史杨深秀、军机章京谭嗣同、林旭、杨锐、刘光第等，实系与康有为结党，隐图煽惑。杨锐等每于召见时，欺蒙狂悖，密保匪人，实属同恶相济，罪大恶极。前经将各该犯革职，拿交刑部讯究。旋有人奏，稽延日久，恐有中变。朕熟思审处，该犯等情节较重，难逃法网，倘语多牵涉，恐致株连，是以未俟覆奏，于昨日谕令将该犯等即行正法。此事为非常之变，附和奸党，均已明正典刑。康有为首创逆谋，恶贯满盈，谅亦难逃显戮。现在罪案已定，允宜宣示天下，俾众咸知。我朝以礼教立国，如康有为之大逆不道，人神所共愤，即为覆载所不容。鹰鹯之逐，人有同心。至被其诱惑甘心附从者，党类尚繁，朝廷亦皆查悉，朕心存宽大，业经明降谕旨，概不深究株连。嗣后大小臣工，务当以康有为为炯戒，力扶名教，共济时艰。所有一切自强新政，胥关国计民生，不特已行者即应实力奉行，即尚未兴办者，亦当次第推广，于以挽回积习，渐臻上理，朕实有厚望焉。①

其次，继续追击康有为余党，消除后患。

光绪二十四年八月十六日（1898 年 10 月 1 日），工科给事中张仲炘上《首恶在逃请旨缘坐家属并酌惩乱党销毁著书以伸法纪而杜后患折》，提出："……惟康有为、梁启超均在逃未获，其家属亦未拿办，诸乱党中之情节最著者，亦复逍遥法外……相应请旨，饬将康、梁家属，迅拿治罪，其有同预逆谋之匪党，以及条

① 《光绪宣统两朝上谕档》（二四），第 430—431 页。

奏中之悖谬最甚者，并宜予以惩处……至康有为所著各书，非圣无法，并请旨饬令各省销毁，有私藏私售者，照例治罪。”[①]在该折的附片中，张仲炘又以出使大臣黄遵宪、湖南庶吉士熊希龄与康有为、孙文同为日本兴亚会总董，“不可不防”；总署章京李岳瑞、候补京堂王照、刑部主事洪汝冲及革员宋伯鲁均已逃匿，请求予以惩办。[②] 八月二十日（10 月 5 日），京畿道御史胡孚宸上《逆犯在逃请旨饬下总署将罪状布告各国指名索取以伸国法而快人心折》，要求“饬下总理各国事务衙门，速将康有为、梁启超逆状知照各国驻京使臣，并电谕出使各国大臣，转告外部，烦为查拿，交还中国，以便惩治，庶使各国知康有为等大逆不道，法所必诛，或不至受其欺蒙，甘心保护也。”[③]

此前的八月十一日（9 月 26 日），黄均隆上《叛逆既诛奸党未殄后患宜防请旨惩办折》，折中称：

> 查黄遵宪与张荫桓结为师生……陈宝箴开时务学堂，黄遵宪援引梁启超等为教习，著为《学约》、《界说》诸篇，大抵皆非圣无法之言……创为民主、民权之说，尊康有为曰南海先生，风俗人心，因之大坏。熊希龄亲由上海招邀梁启超到湘，陈宝箴以熊希龄为时务学堂总理，为康、梁扬波助焰。又开南学会、湘报馆，与已正法之谭嗣同，及拔贡樊锥、毕永

---

① 《戊戌变法档案史料》，第 470 页；中国第一历史档案馆藏：录副奏折，档号：03—9457—042。

② 《戊戌变法档案史料》，第 471 页；中国第一历史档案馆藏：录副奏片，档号：03—9457—043。

③ 《戊戌变法档案史料》，第 471 页；中国第一历史档案馆藏：录副奏片，档号：03—9457—058。

年、唐才常，生员易鼐、何来保，训导蔡钟濬等，著为合种合教之论，渎伦伤化。此皆由陈宝箴听信其子吏部主事陈三立，招引奸邪，及学政江标、徐仁铸，庇护康、梁所致，而实黄遵宪、熊希龄为之助其恶而恣其毒也……拟请旨饬拿黄遵宪、熊希龄，从严惩办，以杜后患而绝乱萌。

至康有为各书，已经奉旨销毁，其徒党梁启超、麦孟华等所有文字，如湖南时务学堂答问、札记、课艺及种种悖谬之书，流传各省者，并请旨一律毁禁净尽，以绝邪说根株。[1]

该折还有一个附片，在附片中，黄均隆请取消湖南在新政中所创办的团体：

陈宝箴信任梁启超、黄遵宪、熊希龄等，在湖南创立时务学堂、南学会、保卫局，伤风败俗，流毒地方，屡保康有为、杨锐、刘光第等，其称康有为，至有千人诺诺，不如一士谔谔等语。旋闻前数日内，又电保谭嗣同等。今逆党已明正典刑，陈宝箴应如何惩治之处，出自圣裁。其时务学堂、南学会、保卫局，应请旨一并裁撤，以端风化而厚人心。[2]

当日，慈禧太后连下三道谕旨，将湖南巡抚陈宝箴、吏部主

---

① 《戊戌变法档案史料》，第472—473页；中国第一历史档案馆藏：录副奏折，档号：03—9457—067。

② 《戊戌变法档案史料》，第473页；中国第一历史档案馆藏：录副奏片，档号：03—9457—068。

事陈三立、候补四品京堂江标、庶吉士熊希龄四人一并革职，永不叙用；出使大臣黄遵宪开去差使；裁撤湖南省新设的南学会、保卫局，学会中的书籍一律销毁，以绝后患。

再次，对康党按情罪轻重分等办理。

对死难或逃亡之外的其他维新人士，黄桂鋆提出了按情罪轻重分等办理的原则。光绪二十四年八月二十二日（1898 年 10 月 7 日），黄桂鋆上《惩治奸党宜按情罪轻重区为数等一律办理以伸国法而正人心折》，指出虽然康有为、梁启超都已经逃到国外，但其党羽在内地还很多，为避免死灰复燃，他提议将康有为党羽分为四等，分别惩治。其中“同恶相济，皆为死党”的为第一等，黄遵宪、熊希龄、徐勤、黄遵楷、韩文举等皆属此等，他们“率皆大倡邪说，与康有为、梁启超等朋比为奸……似应一律拿问治罪”。“奏荐匪人，妄希大用”为第二等，如陈宝箴保荐谭嗣同、杨锐，王锡蕃保荐林旭，“适以增长逆焰，助成奸谋。此当与发往新疆之李端棻一例重惩，仅予革职，不足蔽辜。况王锡蕃尚未革职，尤为两歧，应请圣裁，予以应得之咎”。“咨保匪人，以应特科”为第三等，如张百熙保荐康有为、梁启超，张之洞保荐杨锐、梁启超，唐景崇保荐林旭，对这些人，“拟请谕旨交部从重议处”。“趋附奸党，受其指使”为第四等，如王照请皇太后、皇上游历日本，洪汝冲、郑孝胥等人请用日本人伊藤博文，李岳瑞请求改服制，林辂存请求废除中国文字，这些人“皆以变法为名，阴用汉奸之计，非寻常莠言可比。应请饬查各衙门代递条陈中，如有此种谬说者，概行革职，永不叙用”。此外，“如有列名保国会，及外省入党之人，即无实在劣迹，亦应存记一册，以后凡中外要职，关系政权、兵权、利权者，概不用此项人员，以免贻误”。①

黄折正合慈禧太后心意。第二天，清廷连发上谕，将詹事府少詹事王锡蕃、刑部主事李岳瑞、工部主事张元济革职永不叙用，张百熙交部严加议处。

总之，在戊戌变法期间，言官中有维新变法的坚定支持者，如杨深秀、宋伯鲁等；也有由支持转而反对者，如高燮曾、王鹏运、张仲炘、李盛铎等；黄均隆、黄桂鋆、杨崇伊、文悌则始终站在顽固派的立场上，对维新人士进行攻击；也不乏持中者，如王培佑。维新变法最终失败，其中保守言官推波助澜，起了很坏的作用，正如光绪二十四年九月初四日（1898 年 10 月 18 日）《国闻报》刊登的一则消息所云：

> 北京访事人来信云：中国政府自杀四卿之后，本无钩稽株连穷治新党之意，亦并无将皇上数月以来开创百度之事全行反复之意，而都察院各道御史，以为趁此机会，不分青黄皂白，凡有关涉皇上所创行之新政，皆指为康有为之邪说，太后无不力予平反；凡有曾经皇上赏识之小臣，皆指为康有为之徒党，太后无不严加惩治，我辈从此升官，从此放缺，即可从此发财，利莫大焉。于是今日单衔递一折，明日联名上一章，凡半月以来或革职，或放废，或永不叙用，皆言官之功也。复六衙门、复八股、禁学会、禁报馆、撤农工商

① 《戊戌变法档案史料》，第 475—476 页；中国第一历史档案馆藏：录副奏折，档号：03—9457—069。

局,亦皆言官之功也。[1]

言官的分化,反映了历史的巨变。鸦片战争以来特别是甲午战争后民族危机严重,清统治十分虚弱;同时,随着西学的传入,师夷长技、变法革新的思想也日益发酵,这一切都对感觉锐敏、忧惧意识较强、以天下为己任的言官产生了影响。在危机面前,一部分工具理性较强的言官试图通过师夷长技来挽救王朝统治,而传统意识强烈的言官则更愿意通过固守道统、排斥异端来维持摇摇欲坠的专制大厦。长期以来的派系与权力之争,官场沉浮的经验教训甚至是言官各自的性格,也在不同程度上影响着言官的政治走向,这一现象,在清末新政中更为清晰地表现出来。

① 戴逸主编:《中国近代史通鉴(1840—1949)·戊戌维新与义和团运动》,红旗出版社,1997年,第567页。

第四章 言官与清末新政

清末新政是清政府在其统治的最后十年间(1901—1911)所推行的旨在维护自身统治的一系列改革的总称。包括1901—1905年所推行的政治、经济、军事、文化等方面的改革和1905年以后的预备立宪两个历史阶段。前者是在体制内部所进行的变革,后者是对政治体制自身的变革。清末新政具有统治阶级自救的色彩,但在本质上是戊戌变法的深入和发展,因而愈加引发士大夫集团的分裂与蜕变。

第一节 言官与清末新政的施行

义和团运动和八国联军的入侵给清王朝带来了内忧和外患的双重压力,严重的国内政治危机和民族危机,使清廷陷入空前险境。如何挽救危机,实现救亡图存,是一个严峻的问题。统治阶级中的开明之士,再次提出变法的主张。他们认为:“欲救中国残局,惟有变西法一策。”[①]处于危机中的慈禧太后,也不得不打出“变法”的旗帜。正如时人所说:“及乎拳祸猝起,两宫蒙尘,

---

① 张之洞:《致西安鹿尚书》,见苑书义等编:《张之洞全集》第10册,河北人民出版社,1998年,第8527页。

既内恐舆情之反侧，又外惧强邻之责言，乃举戊、己两年初举之而复废之政，陆续施行，以表明国家实有维新之意。”[①]

一、言官与清末新政的发动

光绪二十六年十二月初十日（1901 年 1 月 29 日），尚在流亡途中的慈禧太后，以光绪帝的名义发布新政改革上谕，宣布了新政的开始。摘要如下：

> 世有万古不易之常经，无一成不变之治法。穷变通久，见于《大易》，损益可知，著于《论语》，盖不易者三纲五常，昭然如日星之照世，而可变者令甲令乙，不妨如琴瑟之改弦……自播迁以来，皇太后宵旰焦劳，朕尤痛自刻责，深念近数十年积习相仍，因循粉饰，以致成此大衅。现正议和，一切政事，尤须切实整顿，以期渐图富强。懿训以为，取外国之长，乃可补中国之短，惩前事之失，乃可作后事之师……我中国之弱，在于习气太深，文法太密，庸俗之吏多，豪杰之士少。文法者，庸人借为藏身之固，而胥吏倚为牟利之符。公事以文牍相往来，而毫无实际。人才以资格相限制，而日见消磨。误国家者在一私字，困天下者在一例字。至近之学西法者，语言、文字、制造、机械而已，此西艺之皮毛，而非西政之本源也……舍其本源而不学，学其皮毛而又不精，天下安得富强耶！总之，法令不更，锢习不破，欲求振作，当议更张。着军机大臣、大学士、六部、九卿、出使各国大臣、各省督抚，各就现在情形，参酌中西政要，举凡朝章国

① 《论中国必革政始能维新》，《东方杂志》第 1 年第 1 期，1904 年。

> 故、吏治民生、学校科举、军政财政，当因当革，当省当并，或取诸人，或求诸己，如何而国势始兴，如何而人才始出，如何而度支始裕，如何而武备始修，各举所知，各抒所见，通限两个月，详悉条议以闻，再由朕上禀慈谟，斟酌尽善，切实施行。①

这道上谕是清末新政的纲领性文件。

上谕颁布后，各方反应并不热烈，在两个月内几乎没有督抚大员就此问题上奏。为宣示变法的决心与诚意，光绪二十七年三月初三日（1901 年 4 月 21 日），清廷下令成立督办政务处，作为办理新政的最高规划、指导机构。并特颁谕旨，催促“迅速条议具奏，勿再延逾观望”。② 三月初七日（4 月 25 日），山东巡抚袁世凯率先上奏，随后闽浙总督许应骙、浙江巡抚余联沅、两广总督陶模、署理云贵总督丁振铎、安徽巡抚王之春、江西巡抚李兴锐、湖南巡抚俞廉三等就变法问题各抒己见。其中，最著名的就是两江总督刘坤一和湖广总督张之洞联衔上奏的三折一片，即“江楚会奏变法三折”。

江楚会奏变法三折是系统的变法方案。第一折是教育改革方案，提出“设文武学堂”、“酌改文科”、“停罢武科”和“奖劝游学”四项措施；③第二折是政治改革方案，提出“崇节俭”、“破常格”、“停捐纳”、“课官重禄”、“去书吏”、“去差役”、“恤刑狱”、“改

---

① 《德宗景皇帝实录》（七）卷 476，光绪二十六年十二月上，第 273—274 页。

② 《光绪宣统两朝上谕档》（二七），第 50 页。

③ 《光绪朝东华录》（四），总第 4728—4737 页。

选法”、“筹八旗生计”、“裁屯卫”、“裁绿营”、“简文法”十二条；[①]第三折是关于军事与经济改革，提出“广派游历”、“练外国操”、“广军实”、“修农政”、“劝工艺”、“定矿律、路律、商律、交涉、刑律”、“用银元”、“行印花税”、“推行邮政”、“官收洋药”以及“多译东西各国书”等。[②] 八月十二日（9 月 24 日）慈禧太后颁布懿旨：“刘坤一、张之洞会奏整顿中法、仿行西法各条，事多可行。即当按照所陈，随时设法择要举办，各省疆吏亦应一律通筹，切实举行。”[③]从此，清末新政正式进入具体实施阶段。

从上谕的颁布到新政开始实施，没有听到言官的声音。在整个清末新政时期，言官回应新政的奏折只有一份，即光绪三十年十二月初七日（1905 年 1 月 12 日）山西道御史张瑞荫的《奏为时势孔亟新政浩繁敬陈三事冀维大局事》一折。其原因不外有以下几个方面：

第一，言官们对变法的态度更加谨慎。

新政上谕颁布，正值义和团运动刚刚被剿杀，八国联军肆虐北京之时，朝廷流亡在外，社会动荡不安，人人自危；且两年前六君子喋血的阴影依然笼罩在人们的心头，此时颁布新政谕旨，就使得人们不得不费尽心思去揣摩朝廷的真实意图，在未能确定变法革新的诚意之前，大家只能谨慎行事。

第二，清末新政时期已无尖锐派系斗争。

在戊戌维新期间，维新派与顽固派之间的斗争一直很激烈，维新派为了其政治主张能被采纳，多方动员与其有相同政见或

---

① 《光绪朝东华录》（四），总第 4737—4753 页。

② 《光绪朝东华录》（四），总第 4753—4770 页。

③ 《光绪宣统两朝上谕档》（二七），第 188 页。

者同情变法的言官，鼓动他们上奏，甚至替他们代拟奏折，希望通过言官之手将变法思想“上达天听”。反对变法的言官则针锋相对，上奏折，递条陈，或阐述本方主张，或弹劾对方，形成了一个热闹的局面。清末新政则不同，它由慈禧太后发动，此时光绪帝已经被囚禁，没有了两派激烈的斗争，且内忧外患的形势已经使得变法革新成为时人的共识。至于如何变，言官也只能静观其变，因而形成了相对沉寂的局面。

第三，言官对清末新政的态度趋于保守。

从1901年到1905年，清政府推行的新政措施有三十余项，主要集中在编练新军、奖励和振兴农工商实业、改革教育制度、变革官制、修订刑律等方面，变革次第展开。光绪三十年十二月初七日（1905年1月12日），张瑞荫上奏，提出循序渐进办新政的主张。张瑞荫指出，在办理新政过程中，“老成之士，不欲大事更张，不足有为；新进之流，一意维新，尽弃旧常，不知泰西之法有断难行之中国者”，都不足取。在目前办理新政有“三难”，即“人才之难”、“财力之难”和“俱举之难”。庚子事变后，“以元气大伤之时，百物消耗之会，而欲兴亘古以来未有之政，无大无小，鼓舞奋兴，冀收效于旦夕”，会出现“练达者虚应故事，难睹成功；鲁莽者似乎有为，不思后患”的结局。因此，办理新政只有“审缓急、别本末之一法”，分清轻重缓急，次第办理。大致是“劝导为先，设施为后；理财为先，他政为后；练兵为先，民兵为后；吏治为先，警察为后；专学为先，普通为后；育才为先，游学为后；会议为先，议院为后；殷富之地为先，穷僻之乡为后；下僚加薪为先，长官加俸为后。果如是也，有循序渐进之程，无操切激变之虑。貌似持久，实有成功，与其期于速成，不如循序而自成也”。在对待中国传统制度与泰西之制的问题上，张瑞荫反对鄙弃中法而采纳西学，提出："今日变法是化今为古，非变中为西，顾三代之典，有利无弊，泰西之政，有利有弊。分别取法，自不容已，与其一意维新，不如复古而自新也。"①

综上，慈禧太后在变乱之后，为保住绝对的统治权力，一意维新，她需要的是臣下建言献策，身体力行，而不容许有不同的声音。言官们大多对新政持保守态度。因此，在新政时期，他们缄口不言也就不足为怪了。尽管如此，新政开始以后，言官们也因应形势，提出了一些有益的建议和主张。

二、言官与教育改革

清末新政中，教育制度改革是围绕着改革科举和兴立学堂而进行的。新政改革上谕颁布以后，地方大员纷纷应诏陈言。有关科举问题，以山东巡抚袁世凯、两江总督刘坤一与湖广总督张之洞的主张最受重视。光绪二十七年(1901)三月袁世凯上折，建议逐渐核减岁、科、乡试的取中名额，另增开实学一科，"即将旧科所减之额，作为实科取中之数"，"旧科中额每次递减一成，实科中额每次递增一成，以五成为度"，经过数试之后，"学堂中多成材之士，考官中亦多实学之人，即将旧科中五成中额，一并按照实科取士章程办理"。② 刘坤一和张之洞联衔上《变通政治人才为先遵旨筹议折》，其"酌改文科"一条，提议学堂与科举

① 张瑞荫：《奏为时势孔亟新政浩繁敬陈三事冀维大局事》，中国第一历史档案馆藏：录副奏折，档号：03—5743—017。

② 《东抚袁世凯奏条陈变法折》，《皇朝经世文新编续集》，(台北)文海出版社，1972年，第140页。

并行，逐步递减科举中式名额，直至停止科举。折中称：

> 窃惟今日育才要指，自宜多设学堂，分门讲求实学，考取有据，体用兼赅，方为有裨世用。惟数年之内，各省学堂不能多设，而人才不能一日不用；即使学堂大兴，而旧日生员年岁已长，资性较钝，不能入学堂者，亦必须为之筹一出路，是故渐改科举之章程，以待学堂之成就……兹拟将科举略改旧章，令与学堂并行不悖，以期两无偏废；俟学堂人才渐多，即按科递减科举取士之额为学堂取士之额。[①]

在办学实践中，张之洞等人深切地体会到科举与学堂之间的矛盾难以调和。所以，光绪二十九年(1903)二月，张、袁二人又上折，奏请递减科举："科举一日不废，即学校一日不能大兴，将士子永远无实在之学问，国家永远无救时之人才，中国永远不能进于富强，即永远不能争衡于各国。"科举制度不能骤然废除，但"亦当酌量变通，为分科递减之一法"。[②] 同年十一月，张百熙、荣庆、张之洞上《奏请递减科举注重学堂片》，请朝廷"从下届丙午科起，每科递减中额三分之一"，至十年后完全减尽。[③] 奉旨："自丙午科为始，将乡会试中额及各省学额，按照所陈逐科递减，俟各省学堂一律办齐，确著成效，再将科举学额分别停止，以

① 《光绪朝东华录》(四)，总第4734—4735页。

② 袁世凯、张之洞：《奏请递减科举折》，《光绪政要》卷29，(台北)文海出版社，1985年，第7页。

③ 张百熙等：《奏请递减科举注重学堂片》，舒新城：《近代中国教育史料》第4册，上海科学技术文献出版社，2015年，第121—124页。

后均归学堂考取，届时候旨遵行。”[①]这样，在袁世凯、张之洞等人的呼吁下，清廷决定递减科举中额。

日俄战争中日本的胜利，在国人看来是立宪政体对专制政体的胜利，在全国一片立宪呼声中，要求改革教育制度的呼声也越来越高。光绪三十一年八月初四日（1905年9月2日），张之洞、袁世凯联衔上《奏请立停科举推广学校折》。奉旨：

> 方今时局多艰，储材为急。朝廷以近日科举，每习空文，屡降明诏，饬令各省督抚广设学堂，将俾全国之人，咸趋实学，以备任使，用意至为深厚。前因管学大臣等议奏，已准将乡会试中额分三科递减。兹据该督等奏称，科举不停，民间相率观望，欲推广学堂，必先停科举等语。所陈不为无见。着即自丙午科为始，所有乡会试一律停止，各省岁科考试，亦即停止。其以前举贡生员，分别量予出路。其余各条，均着照所请办理。[②]

至此，科举制度遂告结束。

递减科举中额以至废除科举制度，在社会上产生了广泛影响。在这一过程中，作为科举正途出身的言官，却发出了不同的声音。光绪二十九年十二月初五日（1904年1月21日），工科给事中潘庆澜上《奏为疆臣空负虚名贻误大局请旨罢斥以作士气而固民心折》，认为张之洞递减科举的主张是“巧于欺蒙之计”，指出张之洞、袁世凯请废科举是“不顾违列圣之成法，失天

① 《光绪宣统两朝上谕档》（二九），第352页。
② 《光绪宣统两朝上谕档》（三一），第114—115页。

下志士之心”,请求将张之洞罢斥。潘庆澜分析了废止科举制度的弊端,他说:“明谕一颁,天下士子闻之,未能仰测高深,但知科举为将来必废之事,进取之心一时解体。及至学堂无效,科举已停,欲挽回已去之人心,殊非易易。况近年以筹款加税,官吏只知利己,烦征苛敛,民心渐离,加以再失去士心,世变日非,何堪设想?”对于多设学堂,将来以学堂出身代替科举一事,潘庆澜认为,中国自三代以来普遍设立私学,而在此时再别立学堂,不仅多增靡费,而且“入其中者,又创为保中国不保国家及自由民权诸谬说,使子弟薄其父兄,后进鄙其先辈,是以自爱者相戒不入。而张之洞必欲绝士子进身之路,驱迫行之,天下之逼而为者,岂能有成”?[①]

吏科掌印给事中熙麟则对递减科举中额表示了深深的担忧。同年十二月十三日(1 月 29 日),他上《奏为科举递减宜防后患敬陈管见事》一折,对科举递减隐患进行了深入分析:

窃惟天下之祸,不患猝发而患积渐而后猝发,则张之洞之请停科举,而变为递减之说是也。夫停则停耳,递减何为?是亦明知读书求仕冀望科举之人,合二十余行省计之,不下数十百万,一旦悉使绝念功名,彼负才自命者即无复之,祸将不测。故为此递减之说,使朝廷或以为可行,而天下犹有所冀望。虽然,朝廷既以为可行,天下固已绝无冀望矣。以彼负才自命之士,何事不可为?何事不敢为?岂能俯首降心,而仍循循然束身名教,待应此递减将废之科举

① 潘庆澜:《奏为疆臣空负虚名贻误大局请旨罢斥以作士气而固民心折》,中国第一历史档案馆藏:录副奏折,档号:03—7205—134。

哉？……而凡此数十万绝念功名之人，负其矫矫不群之才，郁其勃勃欲试之气，或散而分投诸报馆，或竟而创诸逆说，或内而暗为各省伏莽之谋主，或外而明为各国借用之人才，其端一开，其势遂不可遏止。虽曰递减，奈天下已决为必废何？虽曰递减自丙午科始，奈凡此数十百万人不能不预为计何？况康、梁逆党散布华洋，所恃者独科举尚行，君臣父子之伦理尚在，犹足大系士心耳，今一旦科举未废而将废，使凡此数十百万人，冀望功名之念不绝而已绝，其有不铤而走险，竟预以康、梁为逋逃主、萃渊薮者，盖几希矣。是学堂人才未出，科举人才尽失，不惟尽失，且将举与国家为难，异日之祸，尚忍言乎！尚忍言乎！夫废科举兴学堂，将以求人才御外患也，然庚子之变，八国联军据我都城，外患亟矣，而友邦之好犹可重联，若兹则数十百万绝念功名之人，遍于京外各行省，途穷思变，不遑他顾，势将尽附康、梁，夫岂庚子之变所可同日而语？……学堂、科举本可相辅而行，两不相悖，而必废此兴彼，专重学堂，斥绝科举，是自仇其士，自斗其人也，使激而变或生于此，祸尤甚于民教，此亦不可不思患预防者也。①

反对递减科举中额的言官还有掌浙江道御史瑞璐。十二月十八日（2 月 3 日），瑞璐上《奏为科举不宜递减敬陈管见事》，阐述了科举不宜遽减的理由，折中称：

---

① 熙麟：《奏为科举递减宜防后患敬陈管见事》，中国第一历史档案馆藏：录副奏折，档号：03—7205—137。

> 科举行之已久，英才间亦有人；学堂今始创行，人才尚未一见。设九年后科举全废，而人才未得，士心已失……可否请旨饬下大学士、六部、九卿、翰林、科道会议具奏，抑或出自乾断，明降谕旨，一俟学堂果有人才杰出，实能为国家裕国安民，折冲御侮，著有实效，再行逐渐停止科举。①

废科举后可能出现的问题，为时人所特别关注，不止言官。在科举制度废除的前两年，户部主事陈黻宸在论及废科举时就曾说："学校兴办不善，科举岂可骤废。科举废，天下更少读书人矣！今之学校，非强有力者、广通声气善钻营者，往往不能入，此种学校何益天下？使并科举废之，而天下寒贱之士望绝，将皆废书不观矣。"②废除科举之后，更有人忧心于新式学堂带来的社会问题。光绪三十三年（1907），举人李蔚然指出，科举制度诚然有诸多弊端，但是其中也有"至善之处"，那就是"公平"，而"今学堂学生，近城镇者入之，僻远不与；有势力者入之，寒微不与"。③对废科举的非议在当时也见诸报端，光绪三十一年（1905）的《中外日报》刊登评论：此举"关系于社会者至深。社会行科举之法千有余年，其他之事，无不与科举相连。今一日举而废之，则社会必有大不便之缘"。④

---

① 瑞璐：《奏为科举不宜递减敬陈管见事》，中国第一历史档案馆藏：录副奏折，档号：03—7205—141。

② 孙宝瑄：《忘山庐日记》，上海古籍出版社，1983年，第700—701页。

③ 《举人李蔚然请变通整顿学务呈》，《清末筹备立宪档案史料》（下），第985页。

④ 《论废科举后补救之法》，《中外日报》乙巳八月十二日，见《东方杂志》第2年第11期，1905年。

科举制度的改革与兴办学堂相关联。新政开始后，清政府颁布诏书，鼓励各地兴办学堂。光绪二十七年八月初二日（1901年9月14日）上谕称："除京师已设大学堂，应行切实整顿外，着将各省所有书院，于省城均改设大学堂。各府、厅、直隶州均设中学堂，各州、县均设小学堂，并多设蒙养学堂。"①此后，各类大中小学堂在全国各地普遍建立起来。在兴办学堂的过程中也出现了一些问题，如各地学堂或自立章程，或转抄酌改别校章程；且各地学堂的程度、课程和年限也都参差不齐，这些问题引起了言官的注意。言官对兴办学堂提出了很多建议，对清代学制建设起了积极的作用。

首先，制定各级各类学堂的统一学制。

江南道御史蒋式瑆建议拟定大学堂章程。光绪二十七年十二月初十日（1902年1月19日）军机处随手登记档载有："御史蒋式瑆折一：《条陈大学堂事宜由》。"同日军机处上谕档中记有："本日御史蒋式瑆奏，酌拟学堂章程，开单呈览一折。军机大臣面奉谕旨：着张百熙覆议具奏。钦此。相应抄录原折、单、片，交贵尚书钦遵办理可也。"②蒋式瑆的原折没有检获，但从张百熙的覆奏中可以看出，蒋式瑆的部分建议得到采纳："该御史原奏二十条，有现在即可采用者，有一时碍难举行者。如编辑教科书，设立高等学堂，及准绅民自行筹办中、小、蒙养学堂诸条，此次拟进章程均已采入；至收取学生饭资、束脩一条，外国本有此办法，中国甫立学堂，似应优加体恤，拟俟数年之后再行征收，目

---

① 《光绪宣统两朝上谕档》（二七），第176页。

② 《光绪宣统两朝上谕档》（二七），第261页。

前暂毋庸议。”[1]

潘庆澜则对学堂如何延师、立课、卒业等问题提出了一系列建议。光绪二十九年七月十六日(1903年9月7日),潘庆澜上《奏请定各学堂卒业出身章程》片:

> 再,学堂之设,原恐民间囿于一隅之见,未能贯彻,方言物理以周世用,故不惜经费,延聘中外教习,以资造就而毓人材。乃开办年余,成效未彰,弊端叠见。臣愚以为,为学之道,自为学者,心必专则业易精,强之学者,志本浮则习易动。即如科举一途,朝廷但示以格式、定以出身、予以入仕之径,天下自翕然向风,其平日如何从师,如何力学,国家不必过问。学堂虽属创设,然自各国交涉以来,其由总署及随使臣出洋者不乏人,请咨游历者不乏人,辗转授受,即未出洋而能通各学者亦未尝无人。拟请饬下管学大臣,延访各教习,将小学、中学、普通学,每学应读何书,应通何学方为卒业,逐层审定,胪列奏明,由钦定何学卒业,予何出身,将来归何途应用,明降谕旨,颁示天下。学堂则京都建其一,各省建其一,聘请高明教习数人,以待呈报卒业者之考验,存储各种仪器物质,以待学者之征据而已,提调各官,皆可不设,只须司事数人照料,长夫数人服役耳。至学生之延师、立课、购买书籍,有志于学、欲图出身者,自视其力所能为,不烦朝廷代为谋也,节用费而端趋向,与学务不无裨益。[2]

---

① 《德宗景皇帝实录》(七)卷491,光绪二十七年十二月上,第494页。

② 潘庆澜:《奏请定各学堂卒业出身章程》,中国第一历史档案馆藏:录副奏片,档号:03—6000—008。

潘庆澜通过制定全国统一的学制来规范教学，消除各地办学分歧的思想，有一定的先见之明。

言官还就教育中的具体问题建言献策。光绪二十九年六月初八日（1903 年 7 月 31 日），掌贵州道御史张元奇上《各省学堂宜严师范折》，上奏后奉谕旨："着张之洞会同管学大臣妥议具奏。"[①]张元奇原折不曾检获，但从十一月二十五日（1904 年 1 月 12 日）张百熙等人的覆奏中可以看到张元奇原奏梗概。张百熙折中称：

> 查原奏请严选师范，振兴实业，洵为知本之论……原奏又称，蒙学但课中文，俟考入中学堂后，再习西国语言文字等语。该御史所谓蒙学，意即指初等小学而言，臣等现拟小学堂章程，即严申此禁。凡初等小学堂，概不令兼习洋文，高等小学堂亦须斟酌地方情形办理，可兼习者亦不准占读经时刻，与该御史所见正同。[②]

在这一过程中，清廷采纳各方的意见和建议，于光绪二十八年（1902）七月颁布《钦定学堂章程》，即"壬寅学制"，后来该学制经过不断完善，形成了《奏定学堂章程》，即"癸卯学制"。壬寅学制是中国近代第一个正式颁布并且在全国普遍实施的现代学制，它使新政时期各级各类学校在学制上有了统一的范本。其

---

① 《光绪宣统两朝上谕档》（二九），第 190 页。

② 张百熙等：《奏为遵议御史张元奇奏各省学堂宜严师范暨本科进士入堂肄业可否酌为变通事》，中国第一历史档案馆藏：录副奏片，档号：03—7205—128。

中包含有言官的意见和建议。

其次，关于防止学堂流弊。

对于晚清时期的中国来说，兴办新式学堂是新生事物，面临诸多困难，正如河南道御史崇禄所说："惟事属创举，既乏师资，又鲜经费，虽规模略具，而训迪良难，至才华之士，亦未就范。"①由于各地情况不同，在办学过程中出现了片面追求数量、官吏强逼、借机敛财、豪绅勒索等问题。对此，言官也有所关注。

光绪二十九年十月二十六日（1903 年 12 月 14 日），熙麟上奏片，就此前商部奏请"北洋拟设之农务半日学堂，讲肄应择农隙之时，各州县乡村应多设学堂，俾编民皆得以时往学"，指出这样的要求极易产生种种弊端："以此奏札饬州县，州县以此奏晓谕四乡，官吏希旨，胥役生风，劣绅土豪借端勒索，谓是固奉旨行之事也。凡此穷檐，孰非编民？虽曰以时，恐无时不为官迫矣。况当此财尽民穷，但另创一学堂，于各州县城所需经费，已不知若何罗掘，若乡村遍设，势不至户户敛钱、人人出费不止。其纷烦拖累，尚可问乎？"所以他认为办好已经设立的农学堂即可，不必再于乡村遍设类似的学校。②

潘庆澜在光绪三十年十一月初八日（1904 年 12 月 14 日）上《奏为强迫遍设学堂流弊日甚敬陈管见事》，提出："各省大吏，妄用窥测，迫所属以多设学堂为能。闻直隶总督袁世凯，即有通饬各州县一月将学堂立齐之举，下吏望风承意，饬役赴城乡，传

---

① 崇禄：《奏为学生洗染日非学堂亟宜整饬敬陈管见事》，中国第一历史档案馆藏：录副奏折，档号：03—7213—009。

② 熙麟：《奏为请旨饬令各省已设学堂内农学一门应切实讲求事》，中国第一历史档案馆藏：录副奏片，档号：03—7213—038。

集生徒立学，乡民不解何事，不敢入城，先将学馆解散，生徒逃避，蠹役、奸民从而生心，遂至捉人勒赎。外省闻湖北最甚，必因张之洞素重学堂之故。由外省而近畿，日前并传播都城内外，民间学馆纷纷解散，颇形惶惑，莫识谣言之所自来……拟请特降谕旨，颁发各省，以安民心，俾薄海咸知设立学堂悉听民之愿赴，绝无强迫之理。"①

也有言官从整体上对兴办学堂可能出现的问题进行思考。光绪二十九年十二月十一日（1904 年 1 月 27 日），掌京畿道御史左绍佐上《奏为详细筹度学堂措置以防流弊敬陈管见事》，指出大规模兴办学堂，兴教劝学，用意甚好。但是这种做法也会给安于科举的黎民百姓带来恐惧，并因此给兴办学堂带来困难，因为"天下之士，其于科举也，安于所习；其于学堂也，敝于所不知。夫欲夺其所习而强之以所不知，其势甚难"。在兴办学堂的过程中，有三可虑、六可商之事：

> 所谓三可虑者，一则虑其经费之无着也。天下直隶州、州、县、厅凡一千六百余所，以学堂创办始事之年言之，计一州县设一学堂，一学堂容学生一百五十人……通计创办之年，合用银三千二百万两。而京师大学堂，省会、道府学堂所需经费尚不在此数。事经官办，公家得一钱，民间所出必且数倍。现今赔款所需，追呼未绝，此等巨款，诚恐民力不支，迫而取之，则恐激成事端，转生枝节。各省派凑赔款，捐目烦多，商民挂洋旗，百姓入教堂，往往而有，实不堪再行骚

① 潘庆澜：《奏为强迫遍设学堂流弊日甚敬陈管见事》，中国第一历史档案馆藏：录副奏片，档号：03—7213—087。

动。留一分元气,则公私两受其益,有水旱、盗贼意外之虞,可以徐为之备,此可虑者也。二则虑其额数之太少也。各州县四至八到,皆在百里以上……大县过千人,小县亦六七百人,学堂虽规制壮阔,不过百五十人而止。此外皆向隅之人,则皆失业之人,是使读书之人反少,实不副朝廷作养天下之意。即劝其自行民立学堂,而教员、提调皆在官立学堂中,分数无从考验,进取之途既隔,人情何从鼓舞?夫读书人少,则乡间争讼、忤逆、械斗之案必多,闾里风俗驯至败坏,而此失业之人,其庸怯者,不过困顿可怜,桀骜者,则恐流入匪类,有辍耕陇上以待时者矣。黄巢、张元、吴昊之事可为殷鉴。现今沿江、沿海付莽尚多,方将鼓其狂惑,招诱无赖人,情非万不得已,谁不顾惜身家?一经失业,百念顿灰,饥寒所迫,何所不为?此又可虑者也。三则虑其奏报之不实也。自开办学堂以来,各省奏报莫不可观,求其事实,殊难尽信……幸而罗掘敷衍,各州县皆办有此容百余人之学堂,而失业、向隅,比户而有,怨声载路,物议沸腾。而此百余学生,或以教员认识,或以提调知交,又未必皆真才,盖教员、提调非必尽不肖,然伯夷、孔子世间固不常有,情面、贿赂谁能保其必无?行之既久,科举将废,而学堂实无起色。言念及此,岂不为之寒心哉?自京师同文馆、上海广方言馆、福建船政局学堂设立已数十年,所出人才能指数其一二否?今且肆然有流血革命排满之说,远近流传,骇人闻听,未知约束能否有效,此又可虑者也。

六可商之事:

学堂既用分数为课程，自不能取决于一日之短长，而又有主考考试，将考分数，则教员已经评定，将不考分数，则学堂依此给凭，分数既不可凭，学生从何致力？此一可商。西人学堂有以之谋生者，有以之入仕者，其私立学堂除蒙学外，皆因工艺、实业而立学，无所谓政治学也。今议者止有入仕一途，将来生员、贡举、进士、翰林太多，不足贵重，朝廷且失所以鼓励天下之权，此二可商。所学非所用，科举所以滋口实也。西人学矿者为矿师，学律者为律师，但经得有文凭，即可展试所学。中国用人但有知县、部属、翰林三途，学生术业既成，予以三途出身，仍是所学非所用，将变从外人官制，则更茫昧而莫得其源，其为窒碍更甚，此三可商。岁、科两试，三年大比，学政、主考，专司其事，职在王人，天下惟知感激朝廷而已。今学堂给凭，升级乃由督抚，是则进退取舍之权督抚司之，恐有得鱼忘筌者矣。《书》言惟辟作福，臣无有作福，圣人杜渐防微，具有深意，即如科举门生，座主不过人情之常，而列祖圣训兢兢致戒，以禁止党援，惟名与器不可以假人，诚重之也。士者民之表，士心归则民归之。今以作福之具与臣下，不幸或有奸雄出乎其间，恣为要结，与之相市则藩镇之祸，此其履霜，此四可商。西人办学堂，由于能行警察，既有调查户口之政，又有矜助贫民之政，故自六岁及十三岁不入学有罚。现虽欲行警察，但以守街兵效其巡捕一节，犹未能周备。户口未悉，不入学者无从周知，贫民太多，罚之亦不胜罚，此五可商。古之学者耕且读，三年而通一经，三代时已然。高凤守麦，匡衡牧豕，皆耕读两营。学堂功限既密，则贫人势难兼顾，殊不便于寒畯，年限一定，二十七岁以外不卒业者，未有以处之也。设有太公望、鬻熊、百里奚其人，亦且湮沉废弃，有不便于晚成，此六可商。①

左绍佐的看法有一定的合理性。如强令适龄儿童入学，就地广人稀、交通不便的边远地区而言，的确是个困难。

再次，关于如何办学堂问题。

对于如何办好学堂，阐述最为详细的是张瑞荫。他在《奏为时势孔亟新政浩繁敬陈三事冀维大局事》中，专列“典学”一项，并把“典学”作为急需解决的“近政”之一。张瑞荫指出，科举制度相沿已久，弊端日见，所以才有人效法泰西，倡立学堂。但是，兴办学堂三年以来，“嚣然不靖之风已不古”，因此，必须加以整顿。具体办法包括正名称、明宗旨、隆师道、主中学、设专门、任专职、考外课、复学制、定宗仰、重学臣、减课程、考游学，最后是除各弊：

兴学大端，前已反复直陈矣，而其细务之不可忽者，则诸弊也……以管辖学生之柄授之外人，昏昧迷谬莫此为甚，此越职之弊也……夫文艺之美，尚不足以成大器，况逾闲荡检，又未可于文艺之美者相提并论也，此纵容之弊也……今人但知变通因时，而不知有不可变者，此摹拟之弊也……今学堂造士，颇以收罗异等之才为宗旨，技艺务求其全，时刻务取其迫，记诵务责其难，以为如此，则真才始出。不知此

① 左绍佐：《奏为详细筹度学堂措置以防流弊敬陈管见事》，中国第一历史档案馆藏：录副奏折，档号：03—7213—051。

可以得小慧之流，不足收笃实之器。臣之所以请设专门、减课程者，实为此也，此好难之弊也。今之言兴学者，实不乏人，或取法东瀛，或步武西国，或重金以聘西士，或醵款以兴大工，以为立学造士之道不过如是而已。臣愚以为欲造真才，当断自除诸弊始。[①]

张瑞荫"典学"的核心思想是用中学统西学，使教育改革从形式到内容都尽量回归传统。这在言官中是一种普遍认识。光绪三十一年（1905），浙江道御史王步瀛提出"中学不可偏废"，恳请朝廷"集议提倡振兴之法，毋使周孔之道渐归消灭"。[②] 反映了言官对传统儒学的依依不舍。

此外，还有言官就学堂经费问题提出解决办法，如掌四川道御史杜彤提出"请清查各省庙产以裕经费"；[③]掌江西道御史杨士燮提出效仿泰西，征收酒税。[④] 这些都反映了言官在清末教育改革中的积极探索。

不过，言官们终究是科甲正途出身、饱受封建儒学熏陶的士大夫，这种特质决定了他们就整体而言，不赞同近代新式教育，虽然勉强接受，也止步于洋务学堂的水平。潘庆澜就把平权自

① 张瑞荫：《奏为时势孔亟新政浩繁敬陈三事冀维大局事》，中国第一历史档案馆藏：录副奏折，档号：03—5743—017。

② 王步瀛：《奏为维持中学不可偏废请旨饬下政务处学务大臣集议提倡振兴事》，中国第一历史档案馆藏：录副奏折，档号：03—7215—113。

③ 杜彤：《奏请饬下各省督抚清查庙产以裕学堂经费事》，中国第一历史档案馆藏：录副奏折，档号：03—6521—093。

④ 杨士燮：《奏为各省举办学堂经费无着请拟定章程就地酌筹事》，中国第一历史档案馆藏：录副奏折，档号：03—7211—047。

由思想归因于学堂流弊日甚。他说："学堂之设，成效未闻，流弊日甚，入其中者，大半平权自由诸说横亘于胸，子弟悖其父兄，后进薄其先进，群情疑阻，多由于此。"①熙麟奏请在学堂教育中，不能放弃伦理纲常教育。

三、言官与内政改革

进入近代以来，清王朝政治腐败，积弊重重。戊戌变法期间，支持变法的言官很少就内政问题与顽固派正面交锋，而是有意采取迂回战术，以确保变法目标的实现。庚子之变后，改革内政是最高统治阶层必须要面对和解决的问题。新政上谕中指出："法积则敝，法敝则更，要归于强国利民而已。"②在江楚会奏变法三折中，刘坤一、张之洞指出："立国之道，大要有三：一曰治，一曰富，一曰强。国既治，则贫弱者可以力求富强；国不治，则富强者亦必转为贫弱。整顿中法者，所以为治之具也；采用西法者，所以为富强之谋也。"③为此，他们提出整顿办法十二条，作为整饬内政的总体方案。该方案跳出传统意义上对吏治民生的整顿，力求使内政改革适应近代教育和经济发展的需要，把改革的着眼点落在调整统治思路、革除弊政、改良司法和调整满汉关系上。其改革思路，已经开始触及制度层面。

梳理这一时期的言官奏折，可以发现言官就内政改革提出了很多建议，主要集中在用人、行政和整顿吏治等方面。

---

① 潘庆澜：《奏为强迫遍设学堂流弊日甚敬陈管见事》，中国第一历史档案馆藏：录副奏片，档号：03—7213—087。

② 《德宗景皇帝实录》（七）卷476，光绪二十六年十二月上，第273页。

③ 《光绪朝东华录》（四），总第4737页。

首先，关于用人、行政问题。

清末新政“和历史上的所有传统君主制下的改革一样，以传统政治权威合法性为基础，运用传统的官僚行政组织手段，自上而下地进行政策创新，在保持既存秩序的历史连续性的基础上，渐进地推进社会变迁和政治结构的自我更新”。[①] 维护封建统治仍然是新政的主要任务，在这一点上言官与最高统治者的目标一致。关于如何维护统治，言官的主张可谓见仁见智。

掌山东道御史关榕祚于光绪二十八年正月十八日（1902 年 2 月 25 日）上奏片，主张加强君权，以确保新政的成功：

> 数十年来，大小臣工以推诿为谙事，以敷衍为识时，遂酿成积弱不振之势。今幸我皇太后、皇上烛微察机，毅然变法以图自强，此天下臣民之大幸也。臣愚以为非从根本入手，则事终无把握，如治病然，先究其受病之原，始能命方也。窃观中国之弱，在乎委靡无振作，浮伪无实际，谋国只顾目前而漫无规划，当官但求省事而各惜身家，大臣揽权徇情，不肯任劳受怨，小臣逢迎奔竞，不免罔上行私，人心风俗败坏至此，总之无国君二字在心耳。臣愚以为，欲救时弊，宜先示以君臣大义，欲大义之昭，则在公赏罚以明是非，盖赏罚公则君权尊，是非明则人心正，然后天下事可次第而举。昔史臣班固，以综核名实、信赏必罚为孝宣中兴之本，伏愿我皇太后、皇上取则古昔，综揽权威。[②]

① 萧功秦：《危机中的变革》，上海三联书店，1999 年，第 119 页。

② 关榕祚：《奏为自强图治欲救时弊宜先示以君臣大义事》，中国第一历史档案馆藏：录副奏折，档号：03—7435—004。

光绪二十九年十月十五日（1903年12月3日），掌陕西道御史王乃徵上《奏为时局日危请广咨询以除壅蔽事》，认为庚子之变后，中国内忧外患的局面是由于"大臣泄沓于上，而万事有壅敝之虞，小臣奔竞于下，而任人无真才之鉴"。如何解决？王乃徵提出三条办法：

> 患壅蔽之难除，则莫如广咨询……现设有政务处，何不循名责实，令得从容拟议，使庶政各当其施，纶音不至有误。与其举万事而委决于数人，何如遇一事而博采于众人？臣所谓广咨询以除壅蔽者此也。
>
> 患人才之难核，则莫如责实效……每任一人，但授一事，如今之身兼四五任，随人俯仰，终日奔走而不遑者，非所以用才也。每授一事，必考成功，如今之侈言能办事，漫无考察，或屡经弹劾而不问者，非所以用才也。如此，则人才无欺蒙之习，朝廷有造就之权，臣所谓责实效以核人才者也。
>
> 广咨询、责实效，斯政要无不举矣，而皆自圣躬勤劳始，则烦文宜先省也。一为章奏之烦……一为召对之烦……一为引见之烦……省此三者，而后每行一政，可以周咨博访而有余，每任一人，可以反复考求而得暇。[①]

言官自身在新政中，将肩负什么样的使命和责任？光绪二十七年四月二十五日（1901年6月11日），潘庆澜上《奏为新政

① 王乃徵：《奏为时局日危请广咨询以除壅蔽事》，中国第一历史档案馆藏：录副奏折，档号：03—6191—009。

初行敬陈管见以备采择折》，建议效仿唐太宗时期官员入阁议事、谏官相随故事，在朝廷议政之时以言官相随，而收广开言路、集思广益之效。折中称：

拟请饬下翰林院掌院学士，于侍讲学士、侍读学士、侍读、侍讲内遴选十员，都察院左都御史、左副都御史于六科给事中、各道御史内遴选十员，务择其品学兼长、通达事务者列保，开单呈览。每日翰林院、都察院各二员轮流值班，于军机大臣进见时，侍立御案前，如有顾问，即时陈奏，事理繁多者，退而具折，仍按言官规例，有劾无举，以杜侵越之弊。不称职者，即时斥退，原保者议处。如无妥员，纵缺无滥，事关机务，不得不慎益加慎也。并请饬下掌院学士、左都御史等，随时详慎选择陈奏，以备前十员遇有升转，以次递补，均由军机处咨取。以此增入新政，庶事机无虞隔阂，顾问倍益周详，而言官章奏亦可收随时献替之效矣。[①]

潘折反映了言官的自我认同和对自己使命的高度自觉。

用人方面，张瑞荫在《奏为时势孔亟新政浩繁敬陈三事冀维大局事》中提出“自古求治，端在用人”。如何用人？张提出四种方法：

养之有道。自海内多事以来，咸知官之不廉由于禄养之薄，中外臣工之条论者，盖不能数，此中情伪，谅久在圣明

① 潘庆澜：《奏为新政初行敬陈管见以备采择折》，中国第一历史档案馆藏：录副奏折，档号：03—5618—003。

洞见之中……欲真变法以理各政，则必有加俸始也。若以为款太巨，可先即三品以下之实缺人员而实奉职者加之。如六部之实缺而不掌印主稿者可以不必加，未补实缺而有掌印主稿差使者则可以加，如此则加俸之人正不为多，又何忧无的款乎？

择之有方。知人则哲，惟帝其难，此为治在乎知人也。尝见史册中，贤而不用者有之，用非其人者有之，此所以知人善任，自古为难也。今天下立学造才，他日多士奋兴，自可逆睹。然才难之叹，自古则然。使人人尽为人才则已，苟未能焉，则择之方有不容缓者。其目有四，兹略言之：一、勤召见……一、辨贤能……一、辨能否……一、防习气……此四焉者，择之之道尽矣。以勤召见始，以防习气终，勤召见不过一时，防习气则无时可已。

用之有法……请言其法：一、久职任……一、减摄事……一、任老成……天下之安危治乱，咸在于兹，乃用人者亟宜加意者也。

励之有节。昔项羽刓印不封，劳臣怨叛，识者以此卜楚汉之废兴。孔子以出纳之吝，为四恶之一，此赏不蔽功，用人、行政之大戒也……今天下坐此弊者多矣，宜力革之。一、慎名器以严保举……一、重劳绩以奖循吏……苟行兹二者，不敢谓内治可从此澄清，以视今日之虚伪紊乱固不同矣，此皆励之有道也。

此四端者，于用人之道大略粗备。养之有道则无贪墨之风，择之有方自免品流之难，用之有法则天下无弃才，励之有节则士大夫无侥幸，此亦可以稍资治理矣。[①]

对此，光绪三十年十二月十四日（1905年1月19日）清廷发布上谕："政务处知道。钦此。"[②]

其次，关于整顿吏治问题。

对于吏治腐败，在江楚会奏变法三折中刘坤一、张之洞提出停捐纳、课官重禄、去书吏、去差役等主张。言官对整顿吏治的关注，则集中在政务积弊上。光绪二十七年正月初四日（1901年2月22日），巡视中城御史陈璧上《奏为革除六曹积弊以立纲纪敬陈管见事》，指出：

国家定制，以六曹总理庶务，若网在纲，天下大政咸受成于是，法非不尽善。然行之既久而百弊丛生者，何也？官不亲其事，而吏乃攘臂纵横而出于其间也……使费足既赢，则援案以准之，求货不遂，则援案以驳之，人人惴恐而不能指其非，天下之乱，恒必由之。

接着，陈璧分析了官不任事、书吏弄权的原因，并提出解决办法：

官非不欲亲其事，而例案太繁，不肖者与吏分肥，任其弄法舞文，无所不至。其稍能自立者，能不假手吏胥而检查

① 张瑞荫：《奏为时势孔亟新政浩繁敬陈三事冀维大局事》，中国第一历史档案馆藏：录副奏折，档号：03—5743—017。

② 《光绪宣统两朝上谕档》（三〇），第250页。

旧档，推究成案，吏亦得以隐持之。然则欲吏杀其权，非官亲其事不可，欲官亲其事，非省例案不可……臣请朝廷发一明诏，特简通知古今、公忠识大体之重臣，将京中大小各衙门所有重复抵牾、奥窔不可猝瞭之例，一时权宜，可左可右，无所折衷之案，一切罢去，留其足为典要者，遇事比附，其无可比附者，均恭候钦定遵行，亦以尊朝廷而重制置也。向例司员初到衙门，无所事事，一司办事者不过数人，其余则旅进旅退而已。夫司员既不办事，则每衙门多者数百人，少亦百数十人，安用此林林总总者，虚縻太仓之粟为哉？臣请朝廷发一明诏，自今以始，案卷尽提藏司堂，司员亲手分类记载，续收续记，逐日清理，无令遗漏。初到署之司员，分司后，一面阅看则例，一面学习检案，检案能矣，即令学习拟稿，无一案不出司员之手检，无一稿不出司员之手裁，堂官以是定其贤否而加之黜陟。①

针对"官不亲其事，而吏乃攘臂纵横而出于其间"的现状，陈璧提出趁庚子事变之后，各衙门卷册散失、胥吏四散之机删减例案，同时对各部院司员进行行政能力培训的方案，切中时弊，得到认可。二月初一日（3月20日），清廷发布上谕：

御史陈璧奏内治之要，宜祛除积弊，以立纪纲一折。所陈洞中窾要，有裨治理，殊堪嘉许，亟宜切实施行。著京师、行在、六部各衙门堂官，按照所陈办法，均责成各司员亲自

---

① 陈璧：《奏为革除六曹积弊以立纲纪敬陈管见事》，中国第一历史档案馆藏：录副奏折，档号：03—5399—084。

经理例案，不准再行假手书吏。当此兵燹案件佚失之际，着即妥定章程，遴派司员将现行各例删繁就简，弃案就例，悉心筹度，详晰核定，奏明办理，以杜积弊。该堂司各官，如再不振刷精神，力除积习，以期实事求是，共济时艰，定即重加惩处不贷。①

四月十一日(5月28日)上谕：

京师为天下之根本，六部为天下政事之根本。六部则例，本极详明，行之既久，书吏窟穴其中，渔财舞文，往往舍例引案，上下其手。今当变通政治之初，亟应首先整顿部务，为正本清源之道，非尽去蠹吏，扫除案卷，专用司员办公不可。兹值京师兵燹之后，各部、署案卷，不过十存四五，着即一并销毁，以示廓清弊窦、锐意自强之志。自此次销毁以后，各部堂官务当督饬司员，躬亲部务。②

四天之后，再发上谕：

六部各衙门事务，积久弊生，蠹吏因缘为奸，屡经降旨整顿。昨因京师兵燹之后，各部案卷散失不全，复谕扫除销毁，原以歧出之案牍甚多，介在两可之间，书吏得以上下其手，亟应力除此弊。若有关考察及旧例所无，随时新增成案，应由各部堂官派委司员，逐一查明，分别开单，咨送政务

① 《光绪宣统两朝上谕档》(二七)，第32页。
② 《光绪宣统两朝上谕档》(二七)，第77页。

> 处覆核。其应留者，一并纂入则例，以归划一而杜两歧；其应去者，即一律消除，务使廓清弊窦，损益得中。[1]

从上谕中不难发现，陈璧的建议被采纳，而且成为以后行政改革的依据。

山东道御史徐德沅提出整顿地方吏治。光绪二十八年二月初九日（1902年3月18日），徐德沅上《奏为时局艰危请整饬吏治事》，提出"民生者，国家之元气，而吏治者，国家所以培元气也"。在国家元气已亏、隐患已伏的情况下，如果不能察吏安民，必定会使国家元气日削，隐患愈积。而地方的实际情况是，"亲民之官惟牧令，率属之长在督抚，今之督抚，大半以趋承为能，吏以武健为干员，今之牧令亦遂以事上为见长，以催科为尽职，只求自利，罔恤民艰"。为此，徐德沅提出将"养民"、"教民"作为考核地方官吏的基本标准，以爱民良吏来苏民命而固人心。折中称：

> 相应请旨，严饬各直省督抚，责成所属各牧令，深念时艰，勤求民瘼，凡所以养民者，农桑必劝，荒芜必垦，水利必修，仓谷必积，孤贫必赈，流亡必集，商旅必恤，道途必治也；凡所以教民者，学校必立，礼教必明，保甲必严，讼狱必平，衙蠹必除，势豪必抑，异端必禁，工艺必劝也。而今当务之急，尤以保富振贫、积谷备荒、立学育才、除暴安良为要，必令先劳无倦，威爱兼施，无一事不适其宜，无一民不得其所，而不愧为知州，不愧为知县。

① 《光绪宣统两朝上谕档》（二七），第79—80页。

标准确立以后，对地方官进行考核，成效卓异者为称职，特保升迁，略有成绩者为尽分，酌予奖励，一事不办者为溺职，从严参劾，以儆贪邪。以此整纲饬纪，“吏治可期诸日上，人康物阜，民生渐底于时雍，而灾祲未有不消，盗贼未有不息者矣”。[1]

晚清官场风气腐败，效率极低，言官们早有指斥，推行新政后，他们借机旧话重提，希图为颓唐不振的官场注入活力。但遗憾的是，传统的重负拘囿了他们的视野，他们只能对封建体制内的东西做一些修补，在他们慷慨激昂的建议与批评的背后，依然是唱了多年的陈词，拿不出特别有效的解决方案。

四、言官与经济改革

中国以农立国，发展农业一直是经济政策的重心所在，政府理财“崇本而抑末，务节流而不急开源，戒进取，敦止足，要在使民无冻饿而有以剂丰歉，供租税而已”，[2]“重农抑商”是历代王朝奉行不疑的基本国策。进入近代以来，在外来冲击下，清王朝几乎无法措其手足，中华民族陷入落后挨打的境地。在这种情况下，一部分先进的中国人，通过对西方工商富国的事实进行考察和思考，提出必须改变“重农抑商”的传统，重视工商经济的发展。甲午战争后，国人更加深刻地认识到工商富国的紧迫性，光绪帝就曾经指出，对于工商业“非力为劝导，不足以鼓舞振

---

① 徐德沅：《奏为时局艰危请整饬吏治事》，中国第一历史档案馆藏：录副奏折，档号：03—5413—056。

② 严复：《上今上皇帝万言书》，《侯官严氏丛刊》卷5，光绪二十七年（1901）南昌印本，第9页。转引自王奎：《清末商部研究》，人民出版社，2008年，第14页。

作”。[1] 康有为多次上书，强调发展工商业的重要性，言官对工商业的发展也多有建言。庚子之变后，空前的政治和财政危机把清廷推上了改革之路，下诏求言，决心刷新政事。官员纷纷上奏，强调发展工商业的重要性。在江楚会奏变法三折中，刘坤一、张之洞提出“修农政”、“劝工艺”，制定矿律、路律、商律以讲求农工商业。山西巡抚岑春煊奏请“振兴农工商业以保利权”。[2] 在此基础上，清政府改变了传统的重农抑商政策，确立了振兴工商大计，促进了中国传统经济的近代转型。

言官关于经济改革的建言，梳理如下。

首先，关于振兴农工商务。

查军机处随手登记档，在光绪二十八年四月二十四日（1902年5月31日）御史徐德沅条下，载有《讲求农工商务振兴商务由》，[3]六月十七日（7月21日）御史俨忠（浙江道御史）条下，载有《农工商务宜推广振兴由》。[4] 徐德沅、俨忠的奏折未曾检获，其具体建议无从得知，但从奏折摘由的内容看，都是主张讲求农工商务的，这两道奏折均被下发到政务处核议。[5]

从笔者所搜集到的资料看，建议最为具体、全面的，是光绪三十年十二月初七日（1905年1月12日）张瑞荫提出的效法西方发展农工商业的几个紧密相连的步骤：

---

① 《光绪朝东华录》（四），总第4160页。

② 《德宗景皇帝实录》（七），光绪二十七年十二月上，第496页。

③ 中国第一历史档案馆藏：军机处随手登记档，光绪二十八年四月二十四日，档号：03—0312—2—1228—109。

④ 中国第一历史档案馆藏：军机处随手登记档，光绪二十八年六月十七日日，档号：03—0312—2—1228—160。

⑤ 《光绪宣统两朝上谕档》（二八），第117、156页。

一、广蚕桑。泰西生财之政綦繁，或宜于彼不宜于此，或宜于异日不宜于目前，皆不足论。论其可以通行，利溥而不难者，其惟蚕桑乎……臣于此得一法焉，其道易行，亦无流弊。查各省虽不能遍利蚕桑，而每省亦必有一二已著成效之处，于此一二处交界之州县先行开办，风气易开，教习易请，其势之易，较他处相去天渊。其法令州县官略筹薄款，于境内官地咸树之桑，设丝厂，请蚕师，认真兴办，如有成效，优加升擢。愚民见其利之厚也，不待驱迫，罔弗则效，此自然之劝导，胜勉强多矣。一州有效，各州仿之，此县获利，彼县应之。以渐而推，十年之外，蚕桑之利当遍大陆矣。惟在贤牧令毋虚应故事耳。

一、兴土货。中国地大物博，土货繁滋，惟地方官不甚加意，浸以耗灭，甚可惜也……开创之始，不宜务大，即以此项作为的款，如或不敷，再以官田、庙产助之，自可游刃有余矣。再，作事伊始，最忌好大喜功，如商贾辐辏之区，财力有余，易于筹款，振兴百货，固自不难。若狭隘之乡，又乏商业，止可务兴一利，徐及其他，断不可务广大之名，巧为聚敛，贻地方一大患害也。

一、倡工艺。土货既兴，自宜讲求工艺，以养穷民。创办之始，自宜附于土货局内，迨土货发达，工艺自然畅旺。盖有土货，则不能无制造，有制造，则工艺兴焉，此一贯之举也……可仿僧道募化之法为之，不可迫以势力，强民劝输也，此与土货并行而不背者也。

一、开各矿。中国各矿，甲于五洲，据地脉朴厚，欧美各国已不能及，况自开辟以来，万千年之宝藏未尝一开，至广且大，诚为中外万国未有之厚利。泰西人云，山西之煤，约一万四千方里，以天下之人，以现时之用计之，足用二千年不尽，况以廿余省之各矿计之，其利可胜言哉……合无敕下外务部，遇有禀请开矿，除勾结洋商外，一律允准，可以保财源而惠工商矣。①

张瑞荫把广蚕桑、兴土货、倡工艺和开各矿作为国家养民、理财之道，突破了“务节流而不急开源”的传统，不仅有利于缓解民穷财匮的危机，对开新经济风气也有积极作用。

王步瀛注意到兴办农工商业与铁路的关系，他提出在中国人以往的观念中，总有铁路所至中国必穷的想法，这都是因为“洋货借铁路畅销，而我无土货出口可以相抵，深受其害”。所以，在今后各省修铁路的过程中，“应令各省督抚，先留心农工商矿诸政，极力振兴，责以成效，将来出产日多，制造日精，懋迁化居，自能抵制洋货，灌输各国，不特养路有资，而国家亦可永获利益”。②

光绪三十一年二月三十日（1905年4月4日），掌浙江道御史王金镕提出兴办学堂，招徕贫民子弟入学堂学习技艺。“于高等实业学堂外，另设艺徒及初等、中等各学堂，招募贫民子弟年力之合格者，酌量录取，责令学习工业。卒业之后，其优等者，留充高等实业学堂之用，其拙钝者，令其出谋衣食，亦尚可以糊口。”数年

① 张瑞荫：《奏为时势孔亟新政浩繁敬陈三事冀维大局事》，中国第一历史档案馆藏：录副奏折，档号：03—5743—017。

② 王步瀛：《奏为统筹天下大计敬陈管见事》，中国第一历史档案馆藏：录副奏折，档号：03—9537—067。

之后,“工业日精,学习工业之人亦愈众,将见野无游民。民有生业,而我国家富庶之景象基于此矣”。[①] 七月十六日(8月16日),王金镕折经学务处会同商部、户部覆议会奏,请朝廷“酌提税项办理”。当日奉旨:“着由崇文门溢征税项拨给三成。”[②]七月二十六日(8月26日),商部上《遵旨筹议添设艺徒及中等工业学堂并酌拟办法折》,对兴办艺徒学堂及中等学堂提出具体办法:

> 艺徒学堂拟即作为初等工业学堂,附属高等实业学堂内办理,即于该学堂左近建筑工场,考取艺徒二百名,聘订技师,分科教授。并于其中遴选聪颖艺徒二十名,资遣北洋等处工厂学习,俟学成调回,备充班长之选,于教授艺徒尤有裨益。其中等工业学堂,拟先行访觅合式地基,筹筑校舍,一面遵照奏定中等实业学堂章程内由各处高等小学堂咨取考验合格学生,俟考取足额,校舍修建完备,即行开学。其各学堂章程,尚须详细拟订。[③]

此后,商部又奏定《艺徒学堂简明章程》,对艺徒学堂的命名、宗旨、办法、教授科目以及职员等事项一一作了具体规定,王金镕的建议得以落实。

十一月初七日(12月3日),王步瀛上《奏为中国以农立国

---

① 王金镕:《奏为振兴工业保卫民生拟请添设艺徒及初等中等学堂事》,中国第一历史档案馆藏:录副奏折,档号:03—7214—028。

② 《光绪宣统两朝上谕档》(三一),第104页。

③ 《商部奏遵旨筹议添设艺徒及中等工业学堂并酌拟办法折》,璩鑫圭等编:《中国近代教育史资料汇编:实业教育 师范教育》,上海教育出版社,2007年,第124页。

现在民穷财匮请急设农部专课农桑以富民而足国用事》，指出西方各国因地狭人众，不得不以商立国，“故商战之术精”，而中国土地广大，久以农业立国，多数人口从事农业，“故农战尤宜急讲”。但是中国靠天吃饭的种植方式，使得“丰年仅足自给，一遇灾荒，辄需赈抚，坐拥沃壤，如守石田”。要改变这种局面，只有设立专门机构，派员劝导，才能收到实际效果。折中称：

> 拟请旨特设农部，以户部堂司各官之来自田间、通晓农业者，分其半为之，南北并用，择其最优者，赴各本省督劝，毋庸回避原籍。现在教官无事，科举已停，其州县劝农官即以举贡、教官充其职。各省专设农务局，广兴农学，立农会，颁农书、设农报、制农器，审天时，因地利，启新机，悟新理，中西参用，各适土宜。更择素习农业之学生出洋游学，性近者，并令其精习化学，为化分肥料、土性之资，毕业回国，授以农职，劝课有效者，以次递升，由州县分劝官内升本部司官，由司官外升督劝官，复由督劝官内升本部丞参及侍郎、尚书。不职者，立予罢黜。如此不出三年，必有明效大验，行之十年而民不殷、国不富者，未之有也。①

其次，关于经济改革的其他建议。这些建议集中在整理财政和钱法改革中。

关于整理财政问题，张瑞荫提出“严核各财政虚实盈亏”。

---

① 王步瀛：《奏为中国以农立国现在民穷财匮请急设农部专课农桑以富民而足国用事》，中国第一历史档案馆藏：录副奏折，档号：03—5449—040。

他总结说，自洋务新政以来，所兴办的各项事业，诸如招商局以及电线、邮政、铁路、制造各厂等，耗时十几年至几十年不等，但不闻朝廷收一毫之利，以此来求国用富饶，必不可能。解决办法是由朝廷"简派公正大臣，明于计算，素非亲故者，四出清查，有利则提之于内，无利则责以设法整顿，期以年限，设豫算表以记之，至限若仍无效，治以欺罔之罪，另易他手"。[①] 张瑞荫想通过整顿地方财政使"言利之臣，不得中饱，中饱之臣，稍知敛迹"，以实现国家对财政的监督和控制。

王步瀛在《奏为统筹天下大计敬陈管见事》中，对银币和铜币的铸造、银币的成色、钱价的限断问题都有所提及，还指出应禁止各省私铸铜圆，酌量增加各省制钱的数量。[②]

关于钱法改革比较引人注目的一道奏折，是光绪三十一年二月十八日（1905 年 3 月 23 日）礼科给事中彭述所上《奏为请发行钞票裕国便民事》。折中提出，在时势艰危、财用匮乏之际，理财之道"惟行钞票为最宜"。他就钞票发行、流通等问题提出了具体的建议：

> 现应由户部制备钞票，定期行用，酌给银行若干，嗣后部库暨内务府各衙门一切出纳，除未积成两之奇零用银无几外，均用钞票。领票者可以随时向银行换银，交款者必先时向银行易票，周转流通，商民自然乐用。在银行以商家办

---

① 张瑞荫：《奏为时势孔亟新政浩繁敬陈三事冀维大局事》，中国第一历史档案馆藏：录副奏折，档号：03—5743—017。

② 王步瀛：《奏为统筹天下大计敬陈管见事》，中国第一历史档案馆藏：录副奏折，档号：03—9537—067。

> 事，平色稍有不公，人皆可以争论，不至受官吏之欺压；在部库则收放皆票，事归简易，堂司可亲自点验，吏胥无从上下其手……至欲经久无弊，则在出票必有限制。西人言计学者，以储银得票之二成为足敷兑换，惟中国当民信未孚之日，未可遽涉虚浮，必须开办之初，估计库款实储若干，制票即如其数，以期核实而昭大信。俟票已畅行无碍，再酌量渐增，至多于现储之银一倍二倍而止，仍随时考察市面银根之盈绌而裒益之。其民间之私票，不必遽禁，以免骚扰；一俟官票通行，即无私票亦足以资周转，自应量加限制，可仿印花税之法，凡商民出私票者，必粘印花，课以值百抽几之税……惟制票应由户部慎选工匠，严密监造，闻各省在外洋制票及印花，颇有伪造，不可不防。

彭述是想通过钞票的发行，使“财用大权操之自上，无虞旁落，行之部库而效，推之各省藩运等库亦无不效”。[①]

由国家发行钞票，对于缓解清政府的财政压力、抵制列强的经济侵略必然会起到积极作用，所以彭折经户部议奏后被采纳，光绪三十年（1904）年底清政府成立户部银行，次年便发行了纸币——大清户部银行兑换券。

第二节　预备立宪的缘起与言官的态度

萧功秦在《危机中的变革》一书中，将影响清末新政的基本

---

① 彭述：《奏为请发行钞票裕国便民事》，中国第一历史档案馆藏：录副奏折，档号：03—9537—010。

因素归结为三点，即“制度决定论”、清末权威危机的形成和在改革过程中所出现的“改革综合症”。制度决定论是“在新政过程中，在作为清末现代化精英的中国士绅知识分子中，存在着一种对他们的政治选择与政治行动具有巨大影响力的特殊意识——心理现象……即人们无视一种源于西方的政治制度（立宪制度）所得以发挥其效能的各种前提条件的情况下，把引入这种制度作为解决中国问题的工具和方法”。清末权威危机是由八国联军侵华、庚子赔款和民族危机加深等因素引起的，这种危机一方面“强化了当权者的变革意识”，另一方面也“影响了改革政策的顺利推行，并进而又使清王朝的统治根基受到了前所未有的挑战”。改革综合症，是在清末新政推进过程中所出现的各种相互交织现象，包括地方主义离心力量的形成、新旧规则的失范、政治腐败、利益集团的冲突、财政危机、社会整合危机与政治冲突等等。这些因素的相互激荡，使原有的权威危机加剧，又使民众与知识分子精英中的制度决定论更为激进。① 预备立宪便是这些因素催生的产物，它使清末的新政一步步走向“深水区”，即由体制内的改革发展到改革政治体制本身。这是清末新政本身发展的内在需要，也是由清廷所处的国内外政治形势所决定的，正如时人所评论的那样：“吾国立宪之主因，发生于外界者，为日俄战争；其发生于内部者，则革命论之流行，亦其有力者也。二主因以外，则疆吏之陈请，人民之请愿，皆立宪发动之助因。”②

---

① 参见萧功秦：《危机中的变革》，第123—125页。

② 伧父：《立宪运动之进行》，《中国近代史资料丛刊·辛亥革命》（四），上海人民出版社，1959年，第4页。

一、日俄战争的结局催生了立宪思潮

明治维新以后，日本的大陆扩张政策与俄国对中国东北的侵略野心发生激烈冲突。1904年2月，日本对驻扎在旅顺口的俄国舰队发动攻击，日俄战争爆发。经过一年多的厮杀，1905年9月，俄国与日本签订了《朴茨茅斯条约》，向日本"让出"在中国东三省南部取得的侵略利益，战争以日胜俄败而结束。在当时的国人眼中，日俄战争不仅直接关系到中国的安危存亡，也决定着"亚洲之荣落，黄白种之兴亡，专制、立宪之强弱"，[①]因此受到格外关注。日本的胜利，一扫长久压抑在中国人心头的黄种人不如白种人的阴霾，刺激了国人的民族精神。同时，战争的结局使人们认识到专制统治难以久恃，相信立宪必将代替专制，成为中国救亡图存的制胜法宝。"鉴于日本之胜，而知黄种之可兴，数十年已死之心庶几复活。鉴于俄国之败，而知专制之不可恃，数千年相沿之习，庶几可捐。此二者之观念入人至深，感人至捷，数年之间必有大波轩然而起，虽政府竭力沮之，吾知其不能也。"[②]在分析日俄战争胜负原因时，社会上普遍认为"此非日俄之战，而是立宪、专制二政体之战也，自海路交绥，而日无不胜，俄无不败"，[③]日本"以小克大，以亚胜欧，赫然违历史之公例，非以立宪不立宪之义解释之，殆为无因之果"。[④]

---

① 《论中日分合之关系》，《东方杂志》第1年第1期，1904年。

② 《论中国前途有可望之机》，《东方杂志》第1年第3期，1904年。

③ 《立宪纪闻》，《中国近代史资料丛刊·辛亥革命》(四)，第12页。

④ 别士:《刊印宪政初纲缘起》，《中国近代史资料丛刊·辛亥革命》(四)，第10页。

有些报刊甚至大声疾呼:“世界进化之运,及于二十世纪,举全地球中万无可以复容专制政体存在之余地,立宪自由主义所向无敌,遇者死,当者坏,苟顽然不知变计者,唯有归于劣败淘汰之数而已。”[①]人们断定,在将来的中国,立宪必将以势不可挡之势,形成冲决封建专制壁垒的潮流。国内的立宪思潮高涨起来。

首先,立宪派积极活动,加强舆论宣传,并策动权要赞成立宪。一方面,利用报刊,积极宣传立宪主张。日俄战争以后,《新民丛报》、《时报》、《大公报》、《中外日报》、《外交报》、《警钟日报》、《东方杂志》等一批持不同政见的报纸杂志相互唱和,成为鼓吹立宪的舆论阵地。在国外,言论界的骄子梁启超极力鼓吹,他将日俄战争比作“专制国与自由国优劣之试验场”,断言“立宪则强盛,专制则败亡”。[②] 国内舆论界也是众口一词,高呼“立宪者,中国众注之的而欲奔赴者也”。[③] “二十世纪之时代,不立宪诚无以为国,不自由诚无以为民矣。”[④]《大公报》甚至刊载文章称:“振兴中国,变专制为立宪,实为当务之急焉。”[⑤]一时间,立宪思潮遍及全国。还有人对立宪的步骤进行探讨,认为中国立宪“宜仿照日本成法,先颁令于国中,以六年为期实行立宪,庶全

① 《论俄罗斯致败之由》,《时报》1904年6月17—19日。

② 《俄罗斯革命之影响》,《新民丛报》第62号,1905年。

③ 《论各省督抚议请立宪事》,《警钟日报》1904年5月20日。转引自侯宜杰:《二十世纪初中国政治改革风潮:清末立宪运动史》,中国人民大学出版社,2011年,第35页。

④ 《论自由必先具裁制之力》,《时敏报》1904年9月22日。

⑤ 《振兴中国何者为当务之急》,《大公报》1905年4月21日。

国人民皆得有所预备，而不致手足无措，此完全之策也”。[①] 另一方面，积极奔走，策动中央和地方权要赞成立宪，主张朝廷派遣大臣出洋考察政治。日俄战争后，立宪派互通声气，积极运动，上至军机大臣奕劻、瞿鸿禨，下至地方督抚袁世凯、张之洞、端方、岑春煊、周馥等都成了他们运动的对象。我们从张孝若为其父张謇所撰写的传记中可以看到张謇当年多方鼓动立宪的身影和影响："自从光绪二十九年（1903）我父东游回来，觉得立宪固然要政府先有感悟，主持实施，然而人民也得要一齐发动起来，先用一般团结研究的工夫。所以这一年内，见到官员友人，遇到谈论、通讯，没有不劝解磋磨各种立宪问题。到光绪三十年四月，就代张公之洞、魏公光焘做了一篇《拟请立宪奏稿》。这篇文章，曾经聚集了四五个朋友，斟酌了六七次，方才定稿。其时别省的督抚，也渐有人同样的奏请。到了六月，就和赵公凤昌刻了《日本宪法》送到内廷；听说太后看了，很为动心。"[②]在立宪派的奔走鼓动下，立宪思潮风生水起，遍及全国，正如时论所言："今者立宪之声，洋洋遍全国矣。上自勋戚大臣，下逮校舍学子，靡不曰立宪立宪，一倡百和，异口同声。"[③]

其次，部分开明官僚倡言立宪，促成清廷预备立宪的出台。立宪思想滥觞于洋务运动时期，但作为一种改革建议正式提出，则是在新政上谕发出之后。光绪二十七年（1901 年）六月，出

① 觉民：《论立宪与教育之关系》，张枬、王忍之编：《辛亥革命前十年间时论选集》上册，第 2 卷，三联书店，1963 年，第 362 页。

② 张孝若：《南通张季直先生传记》，《中国近代史资料丛刊·辛亥革命》（四），第 158—159 页。

③ 《中国未立宪以前当以法律遍教国民论》，《东方杂志》第 2 年第 11 期，1905 年。

使日本大臣李盛铎在《条陈变法折》中指出："变法之道，首在得其纲领。纲领不得，枝枝节节，不独图新诸政窒碍难行，且恐依违迁就，未睹变法之利，先受变法之害。""横览世界，殆无无宪之国可以建立不拔之基业，而幸致富强者矣。"在中国改革的关键时刻，"愿我圣明近鉴日本之勃兴，远惩俄国之扰乱，毅然决然，首先颁布立宪之意，明定国是"。[①] 此后，一些有远见、识外情的驻外使臣和封疆大吏也陆续向慈禧太后进言，请预备立宪。

光绪三十年二月七日（1904 年 3 月 23 日），出使法、俄、英、比利时等国大臣孙宝琦、胡惟德、张德彝、杨兆鋆等联衔上奏，请求朝廷宣布立宪，以激励人心，植立国本。[②] 继而，驻法使节孙宝琦又上书政务处，对中国变法未见成效的原因进行了深入分析，指出："溯自庚子以来，维新谕旨不为不多，督励臣工不为不切。而百事之玩世依然，天下之精神不振者，则以未立纲中之纲，而壅蔽之弊未除，无由上下一心，公扶危局也……欲求所以除壅蔽，则各国之立宪政体，洵可效法。"中国变法应"仿英、德、日本之制，定为立宪政体之国。先行宣布中外，于以固结民心，保全邦本。饬儒臣采访各国宪法，折衷编订；饬修律大臣按着立宪政体，参酌改订，以期实力奉行"。[③] 随后，他致函端方，汇报了他在法国考察的心得，指出法国"所以上下一心，日兴月盛者，皆在宪法之立。中国变法，首宜于此提纲挈领，而后有庖丁解牛

① 《追录李木斋星使日本条陈变法折》，《时报》1905 年 11 月 28 日。

② 《十年以来中国大事记》，《东方杂志》第 9 年第 7 期，1912 年。

③ 《出使法国大臣孙上政务处书》，《东方杂志》第 1 年第 7 期，1904 年。

之效”。并鼓动端方与张之洞“将立宪之意合疏上陈”。[①]

政务处没有转奏孙宝琦的上书，但《东方杂志》转载了全文，一时间舆论界欢欣鼓舞，立宪呼声再掀高潮。与此同时，各部大员和地方督抚也纷纷上奏，请求变法。湖南巡抚端方在上朝入对时，向慈禧太后反复强调立宪对国家、对皇室的好处，使得慈禧太后颇为有感。光绪三十一年（1905）五月，袁世凯、张之洞、周馥三位总督联衔奏请“自今一十二年以后实行立宪政体”。[②]此后，袁世凯又奏请派大臣出洋，“考求各国宪法，变通施行”。[③]在朝野上下一片立宪呼声中，清廷于六月十四日（7月16日）发布上谕，简派载泽、戴鸿慈、徐世昌、端方“随带人员，分赴东西洋各国考求一切政治，以期择善而从”。[④] 为坚定清廷实行立宪的决心，九月，出使各国大臣梁成、汪大燮、张德彝、孙宝琦、荫昌、刘式训、杨晟再次联衔上奏，强调保邦致治、自强富国非立宪莫属，并请事先实行三件事，以树基础：“一曰宣示宗旨，将朝廷立宪大纲列为条款，誊黄刊贴，使全国臣民奉公治事，一以宪法意义为宗，不得违背；二曰布地方自治之事；三曰定集会、言论、出版之律。”并提出五年后“改行立宪政体”。[⑤]

随着立宪呼声的高涨，主张放弃君主专制、拥护立宪的人越来越多，进而影响到了清政府，最终促成其实行预备立宪。正如

① 《孙宝琦致端方函》，中国第一历史档案馆馆藏：端方档，704号，函28。

② 《袁张周三督奏请十二年后实行立宪政体》，《时报》1905年7月2日。

③ 《时报》1905年7月22日。

④ 《光绪宣统两朝上谕档》（三一），第90页。

⑤ 《东方杂志》第3年第7期，1906年。

时论所云:“自日本以区区岛国,崛起东海,驱世界无敌之俄军,使之复返其故都,而后世之论者,咸以专制与立宪分两国之胜负。于是我政府有鉴于此,如梦初觉,知二十世纪之中,无复专制政体容足之余地,乃简亲贵出洋游历,考察政治,将取列邦富强之精髓,以药我国垂危之痼疾。盛哉斯举,其我国自立之权欤,吾人莫大之幸福欤!”①

清政府决定实行立宪,是由多方面的因素促成的,日俄战争是导火索和催化剂。

二、考政大臣对预备立宪的推动

五大臣出洋考察成行,将立宪向前推动了一步,但慈禧太后对究竟是否实行宪政还是犹豫不定。立宪事关国体,必当慎之又慎。对于从未有过民主风气的帝国而言,绝不会仅仅因为舆论的呼声便舍专制而行立宪。但舆论的呼声毕竟是民心的体现,清政府也不能视而不见。派遣五大臣出洋考察的上谕中,体现出了清政府犹豫的态度和纠结的心情。上谕曰:

> 方今时局艰难,百端待理,朝廷屡下明诏,力图变法,锐意振兴。数年以来,规模虽具,而实效未彰,总由承办人员向无讲求,未能洞达原委,似此因循敷衍,何由起衰弱而救颠危。兹特简载泽、戴鸿慈、徐世昌、端方等,随带人员,分赴东西洋各国,考求一切政治,以期择善而从。嗣后再行选

---

① 党民:《论立宪与教育之关系》,张枬、王忍之编:《辛亥革命前十年间时论选集》上册,第2卷,第360页。

> 派，分班前往，其各随事诹询，悉心体察，用备甄采，毋负委任。①

上谕中不见"立宪"或者"宪政"的字样，只说"考求一切政治"；对于考察结果，也只是"用备甄采"，这就给将来的决策留下了充分的进退余地。

派大员出洋考察政治，这在中国历史上是一个前所未有的创举。慈禧太后本人对立宪没有太深的成见，作为封建帝国的实际统治者，她最为关心的只有四件事："一曰君权不可侵损，二曰服制不可更改，三曰发辫不准剃，四曰典礼不可废。"②

光绪三十二年（1906）初夏，考察各国政治大臣先后归国，在入对时，考政大臣"皆痛陈中国不立宪之害及立宪后之利"，③强调应该尽早规划立宪大政。随后，他们连续上折，对宪政问题进行详细论述。其中，《请定国是以安大计折》和《奏请宣布立宪密折》集中体现了他们的主张。

七月初八日（8月27日），戴鸿慈、端方等上《请定国是以安大计折》。折中指出数十年来"求强而反以益弱，求富而反以益贫"，原因在于学习西方过程中，"但能效其末，而不能效其本"。东西洋各国之所以富强，"不当于其外交之敏捷求之，而当于其内政之整理观之。夫世固未有政治不修，而其国能富，其兵能强者；亦未有内政不修，而外交能制胜利者"。世界各国政体有两

---

① 《光绪宣统两朝上谕档》（三一），第90页。

② 《余肇康致止公相国函》，光绪三十二年八月五日，转引自侯宜杰：《二十世纪初中国政治改革风潮：清末立宪运动史》，第55页。

③ 《立宪纪闻》，《中国近代史资料丛刊·辛亥革命》（四），第14页。

种：一是专制，一是立宪。“专制之国，任人而不任法，故其国易危；立宪之国，任法而不任人，故其国易安。”“中国今日正处于世界各国竞争之中心点，土地之大，人民之众，天然财产之富，尤各国之所垂涎，视之为商战、兵战之场。苟内政不修，专制政体不改，立宪政体不成，则富强之效将永无所望……中国而欲国富兵强，除采用立宪政体之外，盖无他述矣。”

根据中国的国势民情，要求朝廷宣布定国是诏令，包括六事：（一）举国臣民立于同等法制之下，以破除一切畛域。（二）国事采决公论，国家先设临时议政机关，地方酌行议会。（三）集中外之所长，以谋国家与人民之安全发达。（四）明宫府之体制，宫廷与政府体制分开，其经费与国用分开。（五）定中央与地方之权限。（六）公布国用及诸政务，逐步实行财政的预决算制度。

在奏折的最后，戴鸿慈、端方恳请将“以上所举六事明降谕旨，宣示天下，以定国是。约于十五年至二十年，颁布宪法，召议员，开国会，实行一切立宪制度”。[①]

同日，载泽上《奏请宣布立宪密折》，列举行宪后君主所拥有的十七项统治大权后，强调“凡国内之内政外交，军备财政，赏罚黜陟，生杀予夺，以及操纵议会，君主皆有权以统治之。论其君权之完全严密，而无有丝毫下移，盖有过于中国者矣”。提出立宪有三大利：

一曰皇位永固。立宪之国，君主神圣不可侵犯，故于行政不负责任，由大臣代负之。既偶有行政失宜，或议会与之

---

① 《端敏忠公奏稿》卷六，转引自夏新华等整理：《近代中国宪政历程：史料荟萃》，中国政法大学出版社，2004年，第42—51页。

> 反对，或经议院弹劾，不过政府各大臣辞职，别立一新政府而已。故相位旦夕可迁，君位万世不改，大利一。一曰外患渐轻。今日外人之侮我，虽由我国势之弱，亦由我政体之殊，故谓为专制，谓为半开化，而不以同等之国相待。一旦改行宪政，则鄙我者转而敬我，将变其侵略之政策为平和之邦交，大利二。一曰内乱可弭。海滨洋界，会党纵横，甚者倡为革命之说，顾其所以煽惑人心者，则曰政体专务压制，官皆民贼，吏尽贪人，民为鱼肉，无以聊生，故从之者众。今改行宪政，则世界所称公平之正理，文明之极轨，彼虽欲造言而无词可借，欲倡乱而人不肯从，无事缉捕搜拿，自然冰消瓦解，大利三。①

考察大臣们把实行立宪当成救世良方，对实行立宪的具体实施步骤也有周密考虑，提出了效仿日本，先行预备，逐步推进的构想。

七月初六日(8月25日)谕旨："考察政治大臣回京条奏各折件，着派醇亲王载沣、军机大臣、政务大臣、大学士暨北洋大臣袁世凯公同阅看，请旨办理。"②随后，醇亲王载沣，军机大臣奕劻、瞿鸿禨、荣庆、鹿传霖、铁良、徐世昌，政务大臣张百熙，大学士孙家鼐、王文韶、世续、那桐，以及北洋大臣袁世凯等人进行讨论。奕劻、袁世凯、徐世昌、张百熙等主张从速实行宪政；孙家鼐、铁良、荣庆则强调不能操之过急，应该稳步推进。两派争论

---

① 《奏请宣布立宪密折》，《清末筹备立宪档案史料》(上)，第174—175页。

② 《光绪宣统两朝上谕档》(三二)，第123页。

的重心在于立宪实施步骤的轻重缓急。最终，众人都赞成预备立宪，将讨论结果“面奏两宫，请行宪政”。[①] 七月十三日（9月1日），清廷发布上谕：

> 时处今日，惟有及时详晰甄核，仿行宪政，大权统于朝廷，庶政公诸舆论，以立国家万年有道之基。但目前规制未备，民智未开，若操切从事，涂饰空文，何以对国民而昭大信。故廓清积弊，明定责成，必从官制入手。亟应先将官制分别议定，次第更张，并将各项法律详慎厘定，而又广兴教育，清理财政，整饬武备，普设巡警，使绅民明悉国政，以豫备立宪基础。着内外臣工切实振兴，力求成效，俟数年后规模粗具，查看情形，参用各国成法，妥议立宪实行期限，再行宣布天下，视进步之迟速，定期限之远近。[②]

三、言官对立宪的态度

预备立宪上谕的颁布，拉开了清末政治体制改革的序幕。表面上，上谕似乎给是否实行立宪的争论画上了句号，实际上，统治集团内部在立宪问题上的分歧并没消除。“自立宪诏下，朝野之士，无不惊瞵愕视，走而相告，其号称开明者，以为得此改革，则民气发舒，域内可指日而治；而老成持重者，或又咨嗟太息，以为主权所在，不可不保守而阻挠之。”[③]从整体上看，言官

① 《立宪纪闻》，《中国近代史资料丛刊·辛亥革命》（四），第17页。

② 《光绪宣统两朝上谕档》（三二），第128—129页。

③ 《立宪释疑》，《立宪初纲·社说》，《东方杂志》临时增刊，1906年。

反对的声音居多。

早在五大臣出洋考察途中，江西道御史刘汝骥便于光绪三十一年十二月二十日（1906年1月14日）上《奏请张君权折》，公开反对立宪："四维不张，十日并出，此不独紫色郑声之淆人视听，廪廪有毁冠裂冕之惧。"

理由有三：第一，中国不存在君主专制，国力削弱的原因在于君权不振。治理国家如同医生看病，必须对症下药。"欧洲百年前，其君暴戾恣睢，残民以逞，其病盖中于专制，以立宪医之，当也。而我则官骄吏窳，兵疲民困，百孔千疮，其病总由于君权之不振，何有于专？更何有于制？"第二，立宪政治行诸中国，有害无利。立宪政治在东西洋各国施行，"犹利害相兼者也，施之我国，则有百害而无一利"。究其原因，"曰政治之不同也，宗教俗尚之各异也，民智未开，议员未设，人民程度优劣之悬殊也，此犹其显然者也"。第三，宪法在中国古已有之，没有必要舍己学人。"夫我国固立宪之祖国也，臣虽梼昧，亦尝搜讨而抽绎之矣。二典三谟之记载，《夏书》、《商誓》、《周礼》六官之典要，世阅数十纪，文成数万言，其授受心法大旨，不外乎民为邦本、君为司牧二语。孔子虽不得位，而《春秋》一书，扶周室抑僭窃，尤为宪法精义。"

因此，刘汝骥主张效仿日本，加强君权。他认为日本在明治维新后走向富强的原因，是德川幕府还政于明治天皇，并使其权威重建的结果。"政权既复，则王室尊，王室尊，则治内治外之法权自厘然而有条不紊。"明治维新刚刚开始时，大小政令皆出自天子，至于设议院、开国会等，那已经是十年二十年以后的事情。所以，明治天皇可以称得上是专制君主，而世人不察，妒之为天骄，誉之为立宪，这纯属颠倒是非。“未有君权朒而民权独赢者也。”国家是否强大，“恒以君权之消长为断，入其国而法度修明，百废俱举，必其君之骏发严肃，神圣而不可侵犯者也”。

最后，刘汝骥断言：“学宗诸先圣，则士夫之气平。国统于一尊，则巨室之觊觎靖。是非正则学术明，学术明则民志定，民志定则君权不至旁落。”一言以蔽之，“在朝廷之断行而已矣”。①

光绪三十二年六月十九日（1906年8月8日），王步瀛上《奏为考察政治极力维新仍应预防流弊事》，折中称：“政治应行考察，无过改官制、开议院、投票举员、地方自治数大端，然利益所在，弊害即隐伏其中。”关于改官制，王步瀛引明代故事论证“此以知今日斟酌中外，详定官制之不易”，强调改革官制的难度。关于开议院，折中指出：“凡事必经议院而后定，恐转滋纷扰也。”否定举员投票的可靠性，他认为：“用人乃驭下大权，太阿岂宜旁落。且命出于上，即所用未能尽当，而失不过一二人，其患小；若事出于下，无论推让未必皆公，纵所举果尽得人，而党援幸进之风将自此而启，其患大。命官立政可不审于公私轻重之间，此又可见投票举员之未足尽恃也。”关于地方自治，王步瀛认为，“地方自治必用乡官，难免窒碍”。结论是：“今兹政治多主立宪，事体何等重大，似宜益加详慎，规划久远。”②

九月十七日（11月3日），王步瀛再上《奏为政治改变不善

① 《御史刘汝骥奏请张君权折》，《清末筹备立宪档案史料》（上），第107—110页；中国第一历史档案馆藏：朱批奏折，档号：04—01—14—0100—116。

② 王步瀛：《奏为考察政治极力维新仍应预防流弊事》，中国第一历史档案馆藏：录副奏折，档号：03—9281—029。

三纲破坏亟宜预防事》折，表达了对立宪“不免有破坏三纲之害”的担忧。

首先，仿行各国立宪，破坏君纲。“今若令民立法而君守法，是犹弟子群设规则以制其师，虽甚愚亦知其不可。或者谓立宪之国，任法而不任人，夫一人元良，万邦以贞，岂有徒法能自行之理？或又谓立宪之国君主甚尊，虽政府与其党时有更易，而于君主依然无恙。然譬之乘舟，篙工、舵师各怀意见，忽东忽西，舟中人岂能自安……臣民万众竞以财力、智力相倾，藐孤一人，仅亦守府，自唐虞三代以来未闻有此治法，而欲行之中国二十二行省，势必乍合而卒至于分。”

其次，引用留学生参议政治，破坏父纲。“今留学生率讲平等、自由，则父子之伦何在矣……今留学生视其家人汎汎然如萍水相值，忍于谓他人父，谓他人昆，则人心之存者几何矣。此等苟求富贵罕知大体，而编订官制诸臣，率以本朝开国至今第一重要事件畀之十数留学生，令其日抱东瀛一册，夕考欧米数家，谓足远继《周官》，近垂宪典，其谁信之？”

再次，考政大臣盛赞美国女学之盛，破坏夫纲。“今《北洋官报》载浙江绍兴一府，男子祝立宪者若干人，女子祝立宪者又若干人，皆树龙旗，致嘏词，此岂徒挟卷而出，逐队而行，日久人众，其变幻几于不可思议。至男女年逾二十，各自择配，父母并不能为主，此说尤为不经。昔先王严冠昏以存人道，今诸臣几欲同人道于牛马，阴日盛而阳日衰，斯岂中土之福？”①

福建道御史赵炳麟于八月二十一日（10月8日）上《论立宪

① 王步瀛：《奏为政治改变不善三纲破坏亟宜预防事》，中国第一历史档案馆藏：录副奏折，档号：03—5618—055。

预防流弊第一疏》，折中首先阐述了自己对君主立宪制的理解："凡君主立宪国，其君有统一之大权，一切关于政治之事，不经君主裁正不能施行。而君主之所以巩固其权力者，在有下议院以监督其行政诸臣，故政府权虽重，而军政、财政议院不承认，政府无从逞其强权，虽有枭雄，不敢上陵君而下虐民者，群策群力有以制之。"然而，在中国的宪政改革中，却出现了中央"一切大权皆授诸二三大臣之手"，地方"欲重郡县权"两种现象，这两种现象流弊至深，前者的危害在于"凌君"，后者的危害在于"虐民"。他进而分析道："夫立宪本欲尊君，而其弊乃至凌君。立宪本欲保民，而其弊乃至虐民。此所谓大臣专制政体也。民不堪其虐，揭竿起事，海外会党利而用之，必有以更宪法、伸民权为名，阴行其革命之术者。兴言及此，臣为中国危，臣为生民恸矣。"所以，中国欲实行立宪，必须从地方自治开始，建立完密的地方议会组织，进而组织下议院，并且就内外官制因名核实，各定办事之权限。必须做好以下六件事，以为立宪之基础：一是"正纲纪"，"可养成臣民之公德"；二是"重法令"，"可养成守法之心"；三是"养廉耻"，"可养成臣民高尚特立之志"；四是"抑幸进"，"可洗濯臣庶患得患失之心"；五是"惩贪墨"，"可袪除臣下自私自利之心"；六是"设乡职"，"可立民选议院之本基"。以上六端，皆立宪之精神，必当认真讲求，然后宪法才可行。①

八月二十五日（10月12日），赵炳麟又上《论立宪预防流弊第二疏》，指责"新编官制流弊太多"，②于国体人情未审，徒为权臣专政之地。

---

① 赵炳麟：《赵柏岩集》（上），广西人民出版社，2001年，第405—409页。

② 赵炳麟：《赵柏岩集》（上），第409页。

十月十七日(12 月 2 日),给事中陈应禧上《奏为举行新政当逐渐改良不宜操之过急事》,称:"今厘定官制为立宪基础,固大慰臣民望治之心,然使张皇急遽,有形式而无精神,则徒袭外观,仍无济于实用。"他总结了新政以来所出现的问题:设立学堂,各省会仅仅粗具规模,乡曲则仍多腐败。留学生中有不通中文之人,他们在外所学也只是皮毛,这是"逐末而忘本也";军事上,各路征兵多有侵蚀百姓、临时逋逃现象存在,纵然军容足壮观瞻,"亦仅足以靖内匪,未足以御外侮";添设巡警,只能保证都邑安堵,而四乡之地劫夺攘窃仍复时闻;"下议院之举议员,乡邑地方之议自治,非不法良意美,然吾民尚未臻此程度",只有等到教育普及,人民进化之后,才能举行。最后道明新政改良不宜操之过急:"泰西各国其治法虽不悬殊,其规制亦非一致,盖因地制宜,因时立法,固有不可强同者,正不必事事效法也,但使得人以治,择善而从,由不善以改为善,由善而益求其至善,自强不息,异族必无敢窥伺矣。"①

言官中除刘汝骥、王步瀛等坚守君主专制政体,坚持中国传统的制度优于西方,将立宪看成是洪水猛兽的反对派,和赵炳麟、陈应禧等主张以渐进的方式推行宪政的稳健派之外,也有坚定的仿行宪政支持者。户科给事中刘彭年曾经跟随考察团到日本考察宪政,回国后,于光绪三十二年九月初二日(1906 年 10 月 19 日)上《奏立宪宜教育财政法律三者并举折》,积极鼓吹预备立宪。他说:"一二老成,谓新法之宜行,究不若旧法之尽善,甚且谓君上不负责任为大权旁落,总理大臣事权太重,恐启觊觎

① 陈应禧:《奏为举行新政当逐渐改良不宜操之过急事》,中国第一历史档案馆藏:录副奏折,档号:03—9285—004。

非分之渐，此皆未深明各国宪法。”预备立宪期间必须做好三件事，即教育、财政和法律。教育不可速成，只有长期推行教育才能使“国民无弃才”，所以教育亟宜预备；财政上应“颁布预算、决算程式，岁入岁出，咸令闻之”，这样才能取之于民而民无怨言，所以财政亟宜预备；“中国无完全现行之法律，专心法学者亦乏其人”，虽然曾经开法律馆，编纂了民事诉讼法、刑事诉讼法，但是未见施行，究其原因，是中国不讲民法而讲民事诉讼，不讲刑法而讲刑事诉讼，是先用而后体，次序紊乱。因此，应该“博采各国法典，先宪法、刑法、民法、商法，而后刑事诉讼法、民事诉讼法，并类及裁判所构成法、监狱管理法，条分目晰，次第成编，俾海内外人士咸知遵守”。所以，法律亟宜预备。最后，刘彭年建议：

> 若是三者，就臣愚见所及，不能道其万一。其尤关重要者，期内外之相维，定中央集权之制，开府县之议会，立地方自治之基，以启民智，则邮政宜全国交通，以捍强邻，则海军宜及时兴复，凡此宪政之大纲，亟应同时并举，实行预备，不得谓厘定官制遂毕乃事也。时不可失，机有可乘，兆民所具瞻在此，列国所注视亦在此。否则或言之而不见实行，或行之而徒应故事，驯至民穷财竭，忧患迭生。论者或归咎于立宪之贻祸，岂知立宪何祸，立宪而尤怀观望，则祸不旋踵矣。大计所关，不为群言所惑，转弱为强，有利无害，深望乾纲独断耳。[1]

---

① 《奏立宪宜教育财政法律三者并举折》，《清末筹备立宪档案史料》（上），第162—164页。

在历史潮流的冲击下，已经有言官在立场上发生了重大的转变。

第三节　言官与官制改革

晚清社会的真正变革始于19世纪与20世纪之交。这是一个“具有特殊历史意义的时期，在西方挑战的持续冲击之下，在民族危机的强大压力下，中国人开始自觉地通过体制的创新来谋求国家富强，此后中国便进入大规模变革的历史时代”。① 体制创新的核心是官制改革，晚清的官制改革是在仿行宪政的名义下部署和展开的。在颁布仿行宪政谕旨的第二天，即光绪三十二年七月十四日（1906年9月2日），清廷颁布改革官制的上谕，组织庞大的编纂官制改革大纲的大臣班底，设立官制编制馆，正式拉开了清末官制改革的序幕。官制改革的具体内容是确立中央和地方的政治体制，涉及到机构的调整与人事变动，是各方势力政治权力的再分配，因此，在整个官制改革过程中，各种矛盾斗争错综复杂，特别是议及裁撤内阁、军机处、吏部、礼部和都察院，将其归并到其他机关，成立责任内阁的草案出台以后，立即引起了激烈的争论。言官参与其中，并有自己的见解。

一、对官制改革的态度

首先，改革官制不可轻易放弃旧章，不可全变。光绪三十二年八月十七日（1906年10月4日），掌河南道御史杜本崇上《更改官制不宜全事更张》，折中指出，“欲举数百年之官制，凡关于

① 萧功秦：《危机中的变革》，第1页。

司法、行政者，务尽扫除而更张之，则官府上下荡无所守，人心惶惑，纲纪日隳，徒暂快言者之意，而其害上及国计，下逮民生，有不可胜言者”。因此，官制不可全变。理由是：其一，新官制代表极少数人的意见，不足以采用。“今以全国之政法行之数百年之久，施之数万里之遥，徒取决于十数人之意见为之，概为改变，而此十数人者又惟权力者主持其间，余则随同画诺。至于外省所派司道，亦旅进旅退耳。”其二，新官制的制定仓促草率，虽然理论上可行，但在实践中会造成混乱。“欲举全国之大纲大纪，裁定于有限之日期，虽伊、傅、周、召复生，犹将逊谢不能者。故言之尚易于成理，行之则颠倒错乱。”其三，学习日本要因俗而定，不能削足适履。日本不能尽学欧洲，中国也不能全部效仿。“今但取东瀛之官制为蓝本，第为改窜名词，遂为不刊之法，犹削趾以适履，其溃败岂待再计哉。”①

八月二十五日（1906年10月12日），掌广西道御史张世培上《改革官制不可轻弃旧章折》，折中称：

> 国家立法，在因地制宜，而效法外人，在取长补短，盖变法者贵在有治法、有治人，尤贵不惟其名，惟其实也。考之东西各国政法不同，故官制迥异，而同进于富强者，其大要在以进取、保守为主义而已，可知外人之互相效法，从不轻弃旧章，惟其进取之心愈勇，斯其保守之心亦愈坚固。

折中对裁撤吏部提出不同意见：“盖吏部古冢宰，相人君用

① 《更改官制不宜全事更张》，《清末筹备立宪档案史料》（上），第425—426页；中国第一历史档案馆藏：录副奏折，档号：03—9282—016。

人者也。人君以用人为职，职者权所在也。”将吏部归并到其他机关，“是不特开引用私人之端，抑且无此政体”。他请求“变通吏部章程”，“专吏部责成”。强调在定官制时，“若胥数百年成宪悉取而弁髦之，恐截指适履，筑室道谋，而国是反而无从定矣”。①

持同样见解的还有江西道御史叶芾堂。他在八月二十九日（10月16日）上《奏官制不宜多所更张折》，指出各国俗有纯漓，地有广狭，国民程度各异，物力盈绌亦殊，“纵或互取所长，彼此断难强合”。考察政治大臣请改官制，参酌中外，具见苦心。“然过为变更，非特事势所难行，抑亦财力所不逮。”官制改革“在精神不在形式”，如果一切更张，每年需要大量的款项，筹款不易。如硬行搜括，会导致民不堪命，“万一揭竿并起，滋蔓难图，而近邻之欲开土者，必以代平内乱为名，耀兵腹地，大患岂堪设想”。所以，官制改革“惟于东西各国略仿其意，就吾所固有者而损益之，力求整顿，不事纷扰，既切实举行新政，亦不背祖宗成宪，实事求是，较为妥帖易施”。②

其次，官制改革宜从缓办理，有计划、分步骤进行。河南道御史赵启霖于光绪三十二年八月十四日（1906年10月1日）上《奏为官制宜逐渐变更等敬陈管见事》，提出官制改革应分步进行，先从京官整理，外官暂勿纷更。认为官制改革为自强之基础，如果变之太甚，更之太骤，恐多窒碍而滋纷扰。“整理官制可先自京师始”，诸如并闲曹、禁兼差、责专成、变通掣签之法、参仿

① 《改革官制不可轻弃旧章折》，《清末筹备立宪档案史料》（上），第436—437页；中国第一历史档案馆藏：录副奏折，档号：03—9282—030。

② 《奏官制不宜多所更张折》，《清末筹备立宪档案史料》（上），第444—448页；中国第一历史档案馆藏：录副奏折，档号：03—9283—013。

长官自辟僚属之制画一廉俸、减省具文等等，可以“从速整顿，不可再事因循”。至于外省官制，因各地情形不同，风俗各异，“猝然变更，其头绪有非岁月所能析者，其滞碍有非思虑所能及者，官无旧辙之可循，民无常法之可守”，处理不当将会激成事变。待中央层面的官制改革完成以后，再对地方进行改革。[①] 陕西道御史史履晋也主张官制改革应分步进行，不过，他设计的次序与赵启霖正相颠倒。九月十六日（11月2日），他上《奏改革官制宜先州县后京师并先立议院后立内阁折》，提出官制改革应该从地方自治入手，“先州县后京师”。具体做法是：“为州县多设佐贰，条分缕析，各任一门，辅以乡官，以立地方自治之基础。而州县总其成，上之于府，府分上之于各司，而督抚总其成，再分上之于各部。俟办理就绪，再将京师各衙门改并增置。”这样内外一律，各有专司，不劳而治。否则，“必至旧事日见废弛，新事亦无所措手”。[②]

八月二十九日（10月16日），掌广东道御史涂国胜上《奏请勿遽改官制折》，认为本朝的官制是在前代官制基础上因革损益，酌中而定，“历二百余年，行之尚无流弊”，内阁、六部秩序昭然，军机处仰承谕旨，夙夜宣勤，中外臣民敬谨遵循，“此官制之昭垂已久而不紊者也”。当今时事日非，忧患迫切，“非由官制之不善有以致之，实由官之办理不善者有以酿之”。所以，“今欲廓清积弊，力图富强，必先教以实心爱国，实事求是，而后帑不虚

---

① 赵启霖：《奏为官制宜逐渐变更等敬陈管见事》，中国第一历史档案馆藏：录副奏折，档号：03—6288—030。

② 《奏改革官制宜先州县后京师并先立议院后立内阁折》，《清末筹备立宪档案史料》（上），460页。

靡，富可渐图，兵非虚练，强可驯致。如虑其颠危，急于更名，似乎积弊可以顿除，孰知本实已经先拨”。如今的官制改革，“于军机、内阁、六部则仍专责成，以端表率。于满汉各署之公事稍简者则酌量归并，庶事无大小，得人而理。国本不摇，民心益固”。①

八月三十日(10 月 17 日)，掌四川道御史王诚羲上《奏更改官制应分未立宪与既立宪两期次第举行折》，提出在宪法未立、议院未开之时，而遽仿外洋之官制，未免不揣其本而齐其末，应做变通处理，将改革分为未立宪之官制和既立宪之官制两个阶段。“目前未立宪之官制若何厘定，纲举目张，更求补偏救弊”，“将来既立宪之官制，民和物阜，不妨舍旧以图新”。如此次第实行，“是圣主励精之治既表著于寰区，而新政之美备之规亦可观成于岁月”，则“上无群疑众谤之忧，举措协于群情，在下无倒行逆施之祸”。② 掌安徽道御史黄瑞麒则提出“预备立宪，宜统筹全局，分年确定办法”。光绪三十三年十二月十五日(1908 年 1 月 18 日)，他上《奏筹备立宪应统筹全局分年确定办法折》，指出朝廷已明确预备立宪的期间为十五年，这十五年是“由非法治国进为法治国最要时期”，在预备期内，“为去旧谋新之计，并应按着年限，逐一计划，何时应举何事，何时可去何弊，一一预定，依时履行，朝廷执以责大臣，大臣举以课僚属，庶不至有粉饰涂抹之弊，而可以养成法治国之精神，得以如期实行立宪”。在十五

① 《奏请勿遽改官制折》，《清末筹备立宪档案史料》(上)，第 449—450 页；中国第一历史档案馆藏：录副奏折，档号：03—9283—015。

② 《奏更改官制应分未立宪与既立宪两期次第举行折》，《清末筹备立宪档案史料》(上)，第 451—452 页。

年内，当务之急是致力于除去“任人而不任法”的弊病，在“十五年内有以养成法治国之精神，十五年后自可实行法治国之制度”，“朝廷失信于人民，贻笑于各国，届期欲言立宪，则人民程度不齐，一切法治不完，万不能收立宪之效”。[①]

九月初八日（10月25日），掌福建道御史联魁等上《奏改革官制请从缓办理折》，也认为中国自古以来，官制法良意美，为政通民和之极规，只是经过秦代的变革，古道不存。幸好今天可以效仿西方，扶衰救弊。但是一种制度的推行有利有弊，如果“一时将京外文武各官统行拟改，诚恐未能尽详，难免顾此失彼”，应“从缓办理，分别先后次第举行”，[②]这样才能妥善而永久，确定国家亿万年有道之基。

第三，更定官制在除其弊。光绪三十二年七月二十六日（1906年9月14日），江南道御史江春霖上《奏请除官制十二弊折》，指出存在于官制中的十二种积弊：兼差之弊、偏枯之弊、迁调之弊、保举之弊、超躐之弊、捐纳之弊、分发之弊、冗滥之弊、考察之弊、名例之弊、仪注之弊、习俗之弊，建议“去病必治其本，除弊必究其端”，“病不去，则四体五官不能效其用，弊不除，则庶司百寮无以熙其绩”。[③] 九月十四日（10月31日），山东道御史徐定超上《更定官制办法十条折》，提出“变制不在纷更，首在实事求是”，“今日更定官制，诚属因时制宜之举，但变法图强，非徒以

---

① 《奏筹备立宪应统筹全局分年确定办法折》，《清末筹备立宪档案史料》（上），第315—320页。

② 《奏改革官制请从缓办理折》，《清末筹备立宪档案史料》（上），第458—459页。

③ 《御史江春霖奏请除官制十二弊折》，《清末筹备立宪档案史料》（上），第386—388页。

为美名也，必知宿弊之所在，洗涤而扫除之，然后能就新政之当行者次第敷布”，否则，“不责其实，而易其名，虽法度屡改，政令屡颁，终无补于维新之治”。折中提出十条除弊办法，即通贤路、遣冗员、均廉俸、责专成、理财政、选新进、省具文、禁鸦片、定教律、设乡官，“化旧为新，在除其弊，转弱为强，在作其气”。[①]

第四，官制草案的编订事关重大，宜悉心妥筹。赵炳麟指出，官制草案号称由亲王、大学士、军机大臣、政务大臣、各部尚书及直隶总督等公同编订，“然主其事者不过一二人，而主笔起草亦只凭新进日本留学生十数人”，所依据的蓝本不过是“日本职员录二本”和“日本陆军成规类聚一册”，这些资料不足征信，编订者亦不可信任。因此，应对新编官制草案总揽其纲，对具体细目条分缕析，悉心厘定，以期切实可行。“窃惟我国有大变革，有大制作，岂借一二部日本播绅成案与十数名留学生所能订定。我皇太后、皇上仁孝为怀，岂忍以圣祖、高宗经营完善之天下，一旦乱于十数乳臭小儿之手？应请于该大臣等编定奏呈以后，其中宏纲所在，朝廷自有权衡；若其各部节目条分缕晰之处，具体虽微，关系极重，应请饬令京外各大臣各举所知，须博通中外之故、谙习古今之变名儒宿学，送入政治馆，令于现所拟定官制各条，详为磨核推究，申明理由，悉心厘订，庶几切实可行。不得即以一二留学生塞责，则于订定官制必有裨益。”[②]在一份奏片中，王步瀛阐述了同样的观点。片中称：

---

① 《更定官制办法十条折》，《清末筹备立宪档案史料》(上)，第164—169页。

② 赵炳麟：《赵柏岩集》(上)，第415页。

> 前此厘定官制所拟草案，多出于三五留学生之手，不独执掌分合之间条理未能贯通，名义多欠稳惬，即其行文字句多非中国文法，词不雅驯，万难据为典要……彼留学生非天纵之智，未尝一日到部学习，所挟为蓝本者，不过日本职员录一册，恶能高下在心，参互错综而无不当？其多窒碍难通，固无足怪，各大臣诚宜督饬司员，参考源流，剖别得失，以期折衷一是，且于离合损益之故，逐一详细条奏，候旨遵行。与其迫促而滋流弊，不若稍宽时日，务造精详。所有从前草案不能据为定本之处，拟请再颁明谕，俾各大臣知所从违，庶免胶柱鼓瑟之弊。[①]

综上所述，在官制改革上谕颁布以后，言官虽然对改革官制表示赞成，但"与议诸臣中，抗言反对者虽止一二，而其心以为非者实居大半，乃皆屈于权势，相率随同画诺"。[②] 究其原因，一方面，言官有维护既得利益的动机；更根本的是，言官不是位高权重者，他们看待官制改革的眼光少了一点派系或权势的色彩，更多地从维护皇权的角度出发，从维护统治大局着眼。

二、对责任内阁的态度

戴鸿慈、端方等在《奏请改定全国官制以为立宪预备折》中

---

① 王步瀛：《奏为官制草案应督饬司员悉心妥筹参考源流剖别得失务造精详事》，中国第一历史档案馆藏：录副奏片，档号：03—9285—002。

② 王步瀛：《奏请特颁明谕凡会议官制要件如有未合之见概准于专衔另奏以求同存异事》，中国第一历史档案馆藏：录副奏片，档号：03—9285—003。

提出“宜仿责任内阁之制度，以求中央行政之统一”，责任内阁的职能是“合首相及各部之国务大臣组织一合议制政府，代君主而负责”，具体组织办法：“以军机处归并内阁，而置总理大臣一人，兼充大学士，为其首长……以左右副大臣各一人，兼充协办大学士，为其辅佐。”[①]

就责任内阁问题，言官们各抒己见。

首先，言官认为内阁总理大臣之设会削弱君权，主张不设总理大臣。光绪三十二年八月十三日（1906 年 9 月 30 日），刘汝骥上《奏总理大臣不可轻设以杜大权旁落折》，指出“设总理大臣一人之议，是置丞相也。是避丞相之名，而其权且十倍于丞相也”，这种做法，后果不堪设想：“万一我皇太后、皇上信任过专，始因其小忠小信而姑许之，继乃把持朝局，紊乱朝纲，盈廷诺诺，惟总理大臣一人之意是向，且群以伊、周颂之，天下事尚可问乎？窃钩者诛，窃国者侯，假王者烹，直王者赏。然则八枋可以下移，九锡可以自加，天子可以复下堂之礼，将军可以有宇宙之称。”“好恶之公与天下共之，爵赏之柄则自上操之，中外古今更无二理”，[②]君主集权，不可放弃。

八月二十五日（10 月 12 日），赵炳麟上《论立宪预防流弊第二疏》，指出：“谓内阁政务大臣辅弼君上，代负责任。此语非常狂悖。盖责任二字，有对策之义。人所责我者而我以自任。故东西各国责任二字专属政府，尚不敢指斥君主。矧我朝立国体

---

① 《奏请改定全国官制以为立宪预备折》，《清末筹备立宪档案史料》（上），第 368—369 页。

② 《奏总理大臣不可轻设以杜大权旁落折》，《清末筹备立宪档案史料》（上），第 421—423 页。

制，君父至尊，与天无极，夫谁敢责之，又对谁任之？其措语已属不道，然犹得曰只文字之纰谬也。至其实权所在，则尤有骇人听闻者。"新编内阁官制规定："内阁大臣具奏事件，其关涉行政全体者，由内阁总理大臣、左右副大臣会同各部尚书连衔具奏；其关涉数部变更者，由总理大臣、左右副大臣会同各该部尚书连衔具奏；其关涉一部变更者，由总理大臣、左右副大臣会同该部尚书连衔具奏；其专属一部行政事务者，由该部尚书单衔具奏。"赵炳麟认为，这种做法是在有意削弱各部大臣的奏事之权。根据新订官制，京师各衙门多被裁并，使得"专衔言事之官已汰大半，而收其权于内阁及各部大臣共十四人，是言路隘之又隘，流弊已不可胜言"，且 14 人之中的 11 位尚书又受阁臣监督，"而惟二三阁臣为朝廷专寄耳目，非特前古所无，恐五洲万国亦无此政体也"。各部大臣"非先开阁议经内阁大臣允诺不能入对，即经内阁大臣允诺，苟非随同内阁大臣仍不能入对。虽有自请入对之文，然苟不经阁议，不随同内阁大臣而自请独对，则在内阁大臣必以是为反对内阁之举，此必不避见怒阁臣之人而后敢毅然以请"，这势必造成以后敢自请入对者越来越少，请对一条成为虚文。所以，阁议之制，将会造成内阁专权。"照此则内阁之势力，非特可监督诸臣之奏事，并得监督诸臣之奏对。设阁议之制，以限制各部院具奏之权，立随同入对之条，以破坏祖制召见独对之法，臣不知此次该大臣等所拟官制，将置朝廷于何地也？然此犹从其对于同官言之也，若照所拟官制，其对于君上亦不外一专字。"关于"有凡政府交集议院公议之法律草案，开阁议议决之，以总理大臣为议长"一条，赵炳麟指出提出草案的是内阁，经集议院公议后操决议之权的仍然是内阁，居于议长之席位的则是内阁总理大臣，“自行交议，又自行议决，自作议长，是总理大臣非特上对君上代负行政之全权，并下代议院兼操立法之实际……操立法、行政两大权，则司法之权可不言自在其中”。由此，内阁总理大臣“明居行政之名，而阴攘立法、司法之柄”，将行政、立法、司法大权集于一身。“若据此推行，恐大权久假不归，君上将拥虚位。”[1]

十月十四日（11月29日），王步瀛上《奏请特颁明谕凡会议官制要件如有未合之见概准于专衔另奏以求同存异事》，其中提到：“此次言路所争，关系最重要者，莫如设内阁总理一节，盖所虑者非独总理也，君上之权可旁落于总理，则总理之权亦可潜移于协理，故不设总理乃拔本塞源之计也。”[2]

其次，主张设立议院以牵制内阁。持这种主张的有蔡金台、赵炳麟和史履晋。八月十一日（9月28日），掌湖广道御史蔡金台上《改革官制宜限制阁部督抚州县权限折》，折中一个重要内容就是“限阁部之权”，认为仿照西方各国组织内阁，大权归于大臣数人，内阁权力大增，为避免一权独大，“则必仿其行政、议政分途对峙之制，而以监督之权付之议院”。[3] 赵炳麟在《论立宪预防流弊第二疏》中指出，西方各国与日本政府权力之重，都过于君主，且国内党派林立，但是其君臣上下却能相安无事；君主虽然不负责任，但是却拥有尊荣，大臣也没有因专横跋扈而致祸

---

① 赵炳麟：《赵柏岩集》（上），第409—415页。

② 王步瀛：《奏请特颁明谕凡会议官制要件如有未合之见概准于专衔另奏以求同存异事》，中国第一历史档案馆藏：录副奏片，档号：03—9285—003。

③ 《改革官制宜限制阁部督抚州县权限折》，《清末筹备立宪档案史料》（上），第412页。

起萧墙，这都是因为有议院为之监督的结果。“政府钳制议院，议院亦监督政府，政府有解散议院之权，议院亦有纠弹政府之权，且有拒绝政府提议并否决岁费之权。上下相维，而其皇室尊严转居定位，固非一任政府操无上之权，而莫之或问也。”[①]议院与政府互相牵制，保证了君权不至旁落。所以，“无论如何，必使上下议院与责任政府同时设立，以免偏重……而政柄之倒持、权臣之专国，可自此而息”。[②] 九月十六日(11 月 2 日)，史履晋在《奏改革官制宜先州县后京师并先立议院后立内阁折》中，提出先立议院，后设内阁，以议院监督内阁的主张。他说：“今日环球各国，无论君主、民主，无不立宪……然则欲行宪法，非取决于公论不可，欲取决于公论，非先立议院不可。议院者，立法之地也，政府者，司法、行政之地也，议院可以监督政府，则政府有所顾忌，不敢蒙蔽以营私，然后君民一体，呼吸相通，宪法之精意胥在乎是。傥未立议院，先立内阁，举立法、司法、行政三权握于三数人，则政府之权愈尊而民气不得伸，民心无由固，不但立宪各国无此成法，亦大失谕旨庶政公诸舆论之本意矣。”[③]

言官们尽管在具体步骤上有所不同，但他们都主张设立议院以与内阁抗衡，以维护君权的至高无上。

再次，主张保留军机处以维护君权。八月二十二日(10 月 9 日)，张瑞荫上《奏军机处关系君权不可裁并折》，将军机处与内阁进行了对比，认为军机处“其地至要，其弊极少”，“自设军机

① 赵炳麟：《赵柏岩集》(上)，第 412 页。

② 赵炳麟：《赵柏岩集》(上)，第 414—415 页。

③ 《奏改革官制宜先州县后京师并先立议院后立内阁折》，《清末筹备立宪档案史料》(上)，460 页。

处，名臣贤相不胜指屈，类皆小心敬慎，奉公守法，其弊不过有庸臣，断不致有权臣”。内阁则是滋生权臣的温床。“军机处虽为政府，其权属于君，若内阁则权属于臣，不过遇事请旨耳。”因此，他建议保留军机处：“当兹整顿之时，如必须事归内阁，则政务处可以归并，军机处自宜并存，以分其势……事有攸分，权无偏重。若谓军机不胜其任，则大臣之不称职者不妨屏斥，而军机处之制自不可废。”[①]此前，王步瀛于八月初一日（9月18日）上《奏为敬陈妥定官制管见事》，提出撤军机权归内阁将会导致“宣召无定，罕瞻天颜，日久倦勤，近侍用事，祖宗家法恐因之堕落”，恳请“于此垂意，或因或改，再思而行”。[②] 在所上的附片中，王步瀛称：

> 内阁总理大臣之设，威权太重，流弊滋多，自以仍旧设军机处办事为宜，既亲承两宫密勿之谟，亦免开群下离间之渐，不论如何制度，莫善于此。此与专设谏官言事，皆为中国万世不易之理，守之则治，违之则乱。惟满汉大学士、协办大学士，皆宿德耆年，百僚瞻仰，岂有政务处议论政事，该大学士等或有不得与闻之理！应恳恩饬令满汉大学士、协办大学士六人，并兼政务处差使，五日一入决事，永着为例。如此，则同寅既有和衷之美，而宰相亦无伴食之嫌，即如此次考察政治、编订官制等事，似亦应令该大学士等一律与

---

① 《奏军机处关系军权不可裁并折》，《清末筹备立宪档案史料》（上），第429—430页。

② 王步瀛：《奏为敬陈妥定官制管见事》，中国第一历史档案馆藏：录副奏折，档号：03—5618—045。

议，方称允恰，而垂永久。①

对于恢复军机处旧制，倡导最力的是署京畿道掌辽沈道御史赵炳麟。光绪三十三年六月十八日（1907 年 7 月 27 日），赵炳麟上《奏为预备立宪请饬议复行军机处署名稽查旧制事》，指出军机处旧制中含有立宪性质，应该切实遵行，以为立宪之预备：

> 夫宪法之妙，全在三权分立，政府总握行政大权，上受君主之命，下为民人所赖，故政府之对君民应自负其责任，君民之对政府应各施其监督，此固无论君主立宪、民主立宪，皆以是为不易之法也。我国军机处旧制，其良法美意亦有含立宪性质，今日亟宜复行，以清政源。

具体建议是：

> 宜复军机处署名之制也。考各国责任政府，凡用人、行政，必令大臣署名，任之专，正以责之重。我军机处旧制亦令大臣署名……拟请旨申明旧制，凡传谕之事，无论为明谕为密谕，皆署拟旨大臣衔名，以备考核。凡保人之事，无论为明保为密保，皆署原保大臣衔名，以专责成。即缮拟电谕，面保人才，亦必署名存案，务使档有可稽，责无旁贷……

---

① 王步瀛：《奏为内阁总理大臣威权太重宜仍设军机处并请饬令大学士等并兼政务处差使事》，中国第一历史档案馆藏：录副奏片，档号：03—5618—057。

宜复军机处稽查之制也。夫立宪之事，累千万言莫究其端，而其义可一言尽之，曰君民共治而已。民之所以能共治于君者，曰举代表监督政府而已……拟请旨申明旧制，每月之杪，钦派给事中、御史各一人，检军机处本月档案，逐一清查，倘有传谕参差、保人滥冒之事，指名奏劾，按律严惩，务使责任既重，监督又严，自不敢不慎勉从公，共襄危局。①

该折上奏以后，未得回应。六月二十三日（8月1日），赵炳麟再上一折，请求将其前折交由政治馆会议，并重申行军机处署名及稽查之制的重要意义：

夫政府有责任有监督，功过不能假借，行政、用人自必慎勉从公，以求完善。反是，功过不能分明，同侪既互相推诿，且功则归己，过则归君，国家政事往往隳于无形之中，是以中外政治家皆以政府对于君民应有责任，君民对于政府应有监督，为立宪第一要义也……或谓扩充旧制，何如组织新内阁？不知为治之道不在铺张形式，而在讲求精神，但使明定责任，确立监督旧制，亦有立宪之性质，俟众议院成立之时，即新内阁组织之日，三权鼎立，自无弊端。若不定责任，不设监督，组织新内阁而三权混一，终有弊无效，日言立宪，去立宪愈远矣。②

① 赵炳麟：《奏为预备立宪请饬议复行军机处署名稽查旧制事》，中国第一历史档案馆藏：录副奏折，档号：03—5619—017。

② 赵炳麟：《奏为前陈清政源折请饬交政治馆会议事》，中国第一历史档案馆藏：录副奏折，档号：03—5619—022。

言官的交章奏议，加强了反对派的阵容，也加重了清廷的压力，直接影响了责任内阁制的命运。光绪三十二年九月二十日(1906年11月6日)，清廷公布了新的中央官制，略称："军机处为行政总汇，雍正年间，本由内阁分设，取其近接内廷，每日入值承旨办事，较为密速，相承至今，尚无流弊，自毋庸复改内阁。军机处一切规制着照旧行，其各部尚书均着充参豫政务大臣，轮班值日，听候召对。"[①]新的中央官制没有提及原拟的仿照日本内阁体制设置内阁总理大臣和左右副大臣，保留了旧的内阁和军机处，这样，"原本准备以军机处为基础改制为内阁体制的想法，几经折腾后已经严重变质，不再具有君主立宪政体下责任内阁的意义"。[②] 责任内阁制的流产，与言官的弹奏是分不开的，正如时论所言："厘定官制之折奏内本有改并内阁、军机处之条，嗣因御史赵炳麟等奏谓新内阁之总理大臣权势太重，慈宫览奏，大为动容，故内阁、军机处均未改动。"[③]

三、关于设立议院的建议

预备立宪上谕引起了广泛关注，立宪派欢欣鼓舞，他们以为多年来梦寐以求的宪政即将实现，自己施展抱负的时机已经成熟，于是公开的立宪团体和党派纷纷建立，期待有朝一日上台执政。但清廷并没有确定预备年限，官制改革也是雷声大雨点小，

① 《光绪宣统两朝上谕档》(三二)，第196页。

② 马勇：《晚清二十年》，人民文学出版社，2011年，第236页。

③ 《新官制事宜三志・内阁、军机处》，《申报》1906年11月18日。转引自李细珠：《丙午官制改革与责任内阁制的命运》，载《晚清改革与社会变迁》(上)，社会科学文献出版社，2009年，第127页。

这些都引起了立宪派的不满："政界事反动复反动，竭数月之改革，迄今仍是本来面目……此度改革，不餍吾侪之望，固无待言。"[①]但是立宪派并不气馁，在此后的一段时间里，他们不断地发动全国规模的国会请愿活动，请求速开国会，尽快实行立宪，促使国会期限问题提上议事日程。

革命派不相信清政府的改革诚意。随着清政府实行新政改革以及预备立宪活动的开启，革命派的活动一度陷入低谷。但清廷的政治改革软弱无力，新政在关键问题上裹足不前，这给革命派势力的发展提供了空间。同盟会成立以后，革命势力迅速发展，革命排满运动走向新的高潮。清统治集团内部的一部分人，鉴于各地立宪运动的不断高涨和革命派的压力，建议清廷尽快成立议会的预备机构资政院。光绪三十三年(1907)五月，岑春煊奏请速设资政院及各省咨议局、各府州县议事会，以为预备立宪基础。六月十六日(7 月 25 日)，直隶总督袁世凯上《呈密陈管见十条清单》，开列了实行预备立宪必办的十件大事，设立资政院是其中一项重要内容。袁世凯指出："资政院官制，即为采取舆论之地，迄今该院尚未设立，颇懈臣民望治之心……立宪各国无不有民选议院，纳聪明才智于一途，以代国民全体，其政府每借议院之力，御外侮而折戎心。"他建议设立资政院，"采群言以作公言，资群力以厚国力"，并强调"预备立宪之方莫急于此"。[②] 一时间，议院问题再次成了人们关注的焦点。

---

① 丁文江、赵丰田编：《梁任公先生年谱长编(初稿)》，中华书局，2010 年，第 189 页。

② 袁世凯：《呈密陈管见十条清单》，中国第一历史档案馆藏：录副奏折，档号：03—9287—008。

七月初三日(8月11日),赵炳麟上《奏组织内阁宜明定责任制度确立监督机关以杜专权流弊折》,指出建立内阁的同时,必须有监督机关相随,责权明确,以杜流弊。他说:“臣素持议院与内阁同时成立之说,盖以议院司监督,内阁负责任,二者并立,方免偏重。今既决意先立内阁矣,惟监督机关必须设立。”赵炳麟认为,立宪之国贵在有政府,而政府有责任,要想确立责任制度,必须有对政府实行监督的机关,虽然中国目前设立议院的时机并不成熟,但在预备立宪时期,“资政院宜实有议院之性质”。他对资政院的性质、官制、权力以及建立时间逐一进行说明:

> 议院者,立于人民之地位而监督政府也。中国国会未能成立,资政院宜预备为国会一部分之上议院,须别以议院法令定之,与官制之性质迥相径庭,宜与政府分离,不为政府兼并。宜就钦选、会推、保荐三法,选通达治体、极言敢谏之人组织是院。凡院中所陈,得过半人数同意之决定者,政府不得拒绝,政府如违法失政,得院中人数过半同意之弹劾者,必付行政裁判官评议,其重大者,政府不得居其位,彼此相维,跻于完善,非此不可,故资政院必须先内阁而建也。

最后,赵炳麟再次强调不受监督的政府的危害及建立监督机构的必要性:“倘各种监督机关全不预先设立,骤建此无限制之政府,臣恐大权久假不归,君上将拥虚位;议院无期成立,小民莫可谁何,颠覆之忧,将在眉睫,此固非朝廷之福,又岂政府诸大臣之福哉。是故非先设立各种监督机关,责任制度断不完全,甚非所以预备立宪之义。”[1]

次日，徐定超上《请速设议院保护华侨以维人心弭民变折》，建议“迅设上下议院”。徐定超认为，设立议院有“六便”：

> 中国幅员辽阔，边省、腹地情形不同。今自省会以至州县各设议会，令地方公举议员，则以本省之人议本省之事，刚柔强弱，风俗习惯，斟酌而行，因地制宜，悉无窒碍。便一。欧风东渐，民智已开，投之闲散，久则生变。若才识稍优者悉充议员，则责任既重，议论自驯，官绅联络，互相监督，不逞之徒莫施其计。便二。议员有议事之权，无行政、司法之实，魁柄不移，不得窃弄威福。便三。立宪基础以地方自治为要点，既以议会议地方之事，则何者当兴，何者当革，何者当益，何者当损，反复磋议，措置自宜，百废俱举，足纾宸虑。便四。泰西各国，凡用人、行政，必下国会公议，国会认可，然后施行，更无中变，即有不善，可由政府随时酌改。便五。周厉弭谤，弊甚防川，臧孙诘盗，鲁转多盗，天下事遏之使壅，不如宣之使通。年来各省警察虽已林立，然可以制其动，不可以制其静，可以戢其形，而不可以戢其心，如以议院通达下情，则民气毕伸，宵小自难鼓煽。便六。[2]

在清廷看来，议会的设立需要经过长时间的预备，必待国民

---

① 《奏组织内阁宜明定责任制度确立监督机关以杜专权流弊折》，《清末筹备立宪档案史料》（上），第511—513页。

② 《请速设议院保护华侨以维人心弭民变折》，《清末筹备立宪档案史料》（下），第604页。

程度提高，养成立宪的习惯之后才能实现，因此，赵炳麟和徐定超的建议未得采纳。然而，革命思潮日益广泛传播，革命运动日益高涨，又容不得过多犹豫，只有加快预备立宪的进度，以君主立宪来减缓革命冲击。清廷决定在议会设立之前，先设置一个过渡性的政治机构以立议院基础。八月十三日（9月20日）发布上谕："立宪政体取决公论，上下议院实为行政之本。中国上下议院一时未能成立，亟宜设资政院以立议院基础。着派溥伦、孙家鼐充该院总裁，所有详细院章，由该总裁会同军机大臣妥慎拟定，请旨施行。"①

谕旨明确筹备资政院以为立宪基础，使人们看到了设立议院的希望，触发了议院如何设立的联想。五天后，都御史陆宝忠等人上奏，提出"改都察院为国议会，以立下议院基础"，②但他们的主张遭到同僚的激烈反对，引发了关于都察院存废之争。

四、关于都察院存废的论争

官制改革是统治阶级内部的一次权力再分配，它牵涉机构调整和人事变动，触及所有官员和政治集团的切身利益。围绕如何改革的问题，各派斗争激烈。都察院是最高监察机关，言官为朝廷耳目，其存废问题成为论争焦点之一。袁世凯在改革草案中提出先组织责任内阁，"冀以内阁代君主，已可

---

① 《设立资政院派溥伦孙家鼐为总裁并会同军机大臣拟定院章谕》，《清末筹备立宪档案史料》（下），第606页。

② 陆宝忠等：《奏请改都察院为国议会事》，中国第一历史档案馆藏：录副奏折，档号：03—9290—002。

以总揽大权”[1];设立责任内阁,就必然要裁撤和合并一些部门,因此在朗润园议定官制时,袁世凯“更议裁台谏,谓不合宪政”。[2] 一石激起千层浪。稍后,陆宝忠又提出削减给事中和御史员额的主张,又引起轩然大波。论争中大致有如下观点。

第一,主张维护旧制,反对裁撤科道。

言官主张保留都察院,是想借助于旧有的制度与权威形式来约束社会人心,使立宪取得成功。

在袁世凯提出要裁撤都察院时,文渊阁大学士兼政务处大臣、任编制官制局“总司核定”之责的孙家鼐致书朗润园会议说:“台谏为朝廷耳目,自非神奸巨慝,孰敢议裁?”继而,言官交章弹劾袁世凯,慈禧太后也不得不表示“国法在,言者多,予不能汝庇也”。[3] 光绪三十二年二月初十日(1906 年 3 月 4 日),翰林院编修刘廷琛上条陈说:“为政之道,贵通不贵塞,求言之途,宜广不宜隘……东西各国幅员较我为狭,然欲宣达民隐,其议员率数百人,中国二十一行省,纵横数万里,仅恃此科道数十员具疏言事,已恐耳目难周,岂可复减省人数?”强调言官的作用不可轻视:“盖朝有谏臣,隐隐具猛虎在山藜藿不采之意,足使贪横屏息,奸宄寝谋,其收效无形者大也。今议裁员加俸,窃恐各怀持禄保位之念,相率钳口不言,则疆吏秽浊,权奸横恣,益得肆无忌惮,而民间疾苦,水旱盗贼,壅不上闻,驯至养成大乱。”借着新政变法之名裁减科道,“于各国要政之精神命脉未窥其真际,而吾国固

---

① 赵炳麟:《赵柏岩集》(上),第 293 页。

② 龙顾山人纂,卞孝萱、姚松点校:《十朝诗乘》,福建人民出版社,2000 年,第 1012 页。

③ 龙顾山人纂,卞孝萱、姚松点校:《十朝诗乘》,第 1012 页。

有之良法美意已渐隳坏”。他提议“津贴不可不加，额缺万无裁理……言官关系甚重，无容轻改旧章”。[①] 八月二十一日（10月8日），福建道御史赵炳麟上折指出，立宪必然会扩大地方权限，在郡县贪暴、百姓已经备受其虐的情况下，“台谏之职罢，疾苦既无由上闻，监司之官裁，冤抑又无从上诉，虽有高等裁判将以制守令之不平，然郡县有离省数千里、离京数万里者，铁轨不通，轮舟不到，欲其案之达于省中、京中，无论贫弱者之必不能也……民虽欲赴君门而诉之，何从上达耶？贪酷横行，暗无天日，必千百倍于今朝。是流弊必至虐民。”[②]

十月十四日（11月29日），王步瀛上奏，请免裁科道。他指出，“言路诸臣剖晰利害，指陈得失，有仗节死义之风，无趋福避祸之见”，责任重大，特别是在预备立宪之际，“足以破群疑而息众喙”，作用尤为重要，“宜通不宜塞，宜刚不宜柔，宜养其志节，不宜挫其锐气，顾此官有裨于国家，而有时不便于权势”。[③] 兵科给事中左绍佐指出，裁减给事中、御史员额，“与天下公议相背”，“现今预备立宪，议院之成立尚需时日，下情犹未能上达，所恃以抉除壅蔽……给事中、御史数十人耳，不减且虑其少”，[④]继续裁并科道就是闭塞言路，有害于国家。十一月初六日（12月21日），

① 荣庆、孙家鼐：《奏为编修刘廷琛条陈裁减科道请饬政务处详议据呈代奏事》，中国第一历史档案馆藏：录副奏折，档号：03—5455—122。

② 赵炳麟：《赵柏岩集》（上），第405页。

③ 王步瀛：《奏请免裁科道以杜违旨擅专事》，中国第一历史档案馆藏：录副奏折，档号：03—9285—001。

④ 左绍佐：《奏为都御史陆宝忠奏请裁减给事中御史与天下公议相背闭塞言路有害于国家事》，中国第一历史档案馆藏：录副奏片，档号：03—5473—079。

江春霖上折指出："都察院风纪所系，中外百僚属耳目焉，己则不廉，何以禁人之贪，己则不俭，何以禁人之奢"，"司风纪者而为利，时事尚可问耶"?[①] 不能因为一己私利而裁减科道员额。

实际上，随着新政的推行，都察院的一些附属机构已陆续被裁撤。从光绪二十八年(1902)起，先后撤销了五城察院、五城巡城御史、查仓御史、查旗御史等，而代之以新设立的各级审判厅。光绪三十二年(1906)，又将稽查值年旗事务御史、稽查左右翼前锋统领、护军统领御史以及稽查火器营御史等一并裁撤。[②] 新政中成立的一些部门，"办理事件并不关报"，都察院"无从稽察"。[③] 因此才有了对削减御史和给事中额缺的争论。在言官的努力下，都察院得以保留，同时，也根据新政需要进行整顿与变通。规定从左都御史到监察御史的各级言官，"事关报销款项及行政诉讼者，于审计院、行政裁判院设立以后，应转归各该院办理"；"所有会审、重谳、覆核刑名及受理陈诉冤枉等执掌，于法部设立及法院编制法实施以后，应转归各该衙门办理"。[④] 又删除各科道之注销各部院月折的执掌；裁并稽察宗人府、内务府的差使；增加对各新设衙门用人、行政的稽查权力，"拟令各省于州县以上之补署，省内外各局所之增减，以及兵制、财政、学务、农

---

① 江春霖：《奏为科道员缺不宜议裁拟请谕饬仍照原议草案分别酌定以广开言路事》，中国第一历史档案馆藏：录副奏折，档号：03—9285—018。

② 《光绪宣统两朝上谕档》(三二)，第109页。

③ 陆宝忠：《呈都察院整顿变通章程清单》，中国第一历史档案馆藏：录副奏折，档号：03—5471—098。

④ 奕劻：《呈都察院官制清单》，中国第一历史档案馆藏：录副奏折，档号：03—9284—028。

业、路矿、警察诸大纲，按年列表，咨送都察院，以凭考察”。[1] 由此可见，官制改革后的言官职责限定在统司监察上，都察院向着独立于行政系统之外的监察机构发展。裁去六科名称，将“六科给事中”改为“给事中”，另铸给事中印，设定给事中员额二十人。各道改为按省设立，由原来的十五道增至二十道，共设御史四十四人。[2] 光绪三十二年(1906)之后，关于都察院的论争由改不改进入到如何改革的阶段。

第二，改革都察院，以为立宪基础。

改革都察院，源于时人对立宪政体的认识及如何组织议院之争。立宪呼声高涨之时，袁世凯提出先组织责任内阁，再酌量开国会。戴鸿慈、端方等在奏请实行预备立宪的奏折中正式提出责任内阁制，为增强行政效能，他们还主张在内阁之外增设独立机关，即“会计检察院”，负责监督国家财政；“行政裁判院”，职责“与中国都察院大略相等”；“集议院”，作为以后国会的“练习之区”。集议院由都察院改造而成，职责是“凡各省州县所陈利病得失，皆上达政府，以备采择而定从违，亦准建议条陈，兼通舆情而觇众见。至于财政之预算、决算亦必属之”。并强调“若不设此机关，则宪制终难成立”。[3] 两广总督岑春煊主张速设资政院以代上院，以都察院代下院，“寓下议院之制于都察院”，用以

---

① 陆宝忠:《呈都察院整顿变通章程清单》，中国第一历史档案馆藏:录副奏折，档号:03—5471—098。

② 《清史稿》卷115，志第90，职官二，都察院，第3307页。

③ 《奏请改定全国官制以为立宪预备折》，《清末筹备立宪档案史料》(上)，第374页。

考核督抚，“一督抚之心志”，[①]从而加强中央集权。出使德国大臣杨晟主张保留言官的谏诤之权，但是可以对科道名目进行改革。具体办法是“就都察院现在规模，裁其长官，而改行取之法”，废除科道名目，将其职责分为“谏诤”、“监察”和“代达”三部分，待国会成立后，如果这些职权与宪法所规定的立法、司法、行政等权利相抵触，再将其裁撤，将三者之职权分别归入应管之官，“而谏诤之职则终当存留，以彰圣德之美”。[②]

系统提出都察院改革办法的是都御史陆宝忠、副都御使伊克坦和陈名侃。光绪三十三年八月十八日（1907 年 9 月 25 日），三人联衔上《奏请改都察院为国议会事》，请改都察院为国议会，以立下议院基础。他们认为，新政中设立的资政院相当于各国的上议院，而都察院则相当于各国的下议院。“现在资政院既经设立，是上议院已有基础，似应将都察院改为国议会，以立下议院基础。”下议院议员的人选可以由“都察院给事中、御史中才识明通、宅心公正”和各省督抚推举的“品望素孚、通达政体”的官绅共同组成，至各省之省议会、县议会、市议会次第设立后，“俾与资政院、国议会声息相通，情志相洽，庶天下臣民咸知与国家同休共戚，确有切己之关系，斯有当尽之义务，一俟三四年后，各省议会办有成效，再将资政院、国议会改做上下议院，而下议院议员即可实行选举之制”。[③] 这个设想实际上就是给都察院

---

① 《两广总督岑春煊奏请速设资政院代上院以都察院代下院并设省咨议局暨府州县议事会折》，《清末筹备立宪档案史料》，第 500—501 页。

② 《出使德国大臣杨晟条陈官制大纲折》，《清末筹备立宪档案史料》（上），第 393—394 页。

③ 陆宝忠等：《奏请改都察院为国议会事》，中国第一历史档案馆藏：录副奏折，档号：03—9290—002。

换个招牌，从根本上违背了立宪精神。因此提议一出，就遭到反对。

宪政编查馆官员汪荣宝上《论都察院不可改为下议院折》，在对比东西方立宪国家议院的形式、议员的构成后，指出都察院的几十位言官不足以代表国民，设立督都察院的目的是“纠正官邪，疏通民隐，平时则有监察之责，临事则有弹劾之权，较诸议院之职重在协赞立法者，取义本不相同”，因此不可以将都察院改为下议院，“用此有名无实之议院以涂饰耳目”。[①]

也有言官根据宪政的原则反对陆宝忠等人的建议。八月二十六日（10 月 3 日），在《请缓裁都察院疏》中，掌新疆道御史江春霖提出在宪法没有颁布、议院没有建立之前，都察院不宜轻易改动。都察院与议院表面上看似相同，实质上截然不同，“言官保自大臣，议董则必由公举，言官不拘省份，议董则以人定额，言官奏事不时，议董则汇集有定，言官据理论事，议董则但从多数，言官封章可用单衔，议董则领班必推首领，非首领不得面奏，此皆体制截然不容相假者”，如果将两者混淆，容易产生“权奸窃弄”，百姓投告无门的危害。此次官制改革，宜“亟先组织议院，俟议院成立后，察看情形，再议定都察院裁并，庶谠言不壅于上闻，而立宪仍无失为预备”。[②] 三天后，以掌印给事中忠廉为首的都察院 15 名给事中和 31 名御史联衔上奏，提出“下议院亟须设立，不可以都察院更改，致失立宪精神”。折中对议院和察院

① 汪荣宝：《论都察院不可改为下议院折》，《金薤琳琅斋文存》，（台北）文海出版社，1970 年，第 89—92 页。

② 江春霖：《请缓裁都察院疏》，《江春霖集》卷一，（马来西亚）马来西亚兴安会馆总会文化委员会，1990 年，第 97—99 页。

的性质进行对比："国会议员由民间公举，科道人员由大臣保送，国会议长以选票最多数之人由君主敕认，都察院台长皆循资按格，照例迁擢，国会议事，定期召集，察院言事，随时具折，性质不同，作用绝异。欲以都察院之实，强附下议院之名，不惟不得下议院之精神，且必失都察院之作用。"强调目前之所以不可骤撤都察院，是由于国会所应有的检查岁用、弹劾政府、监督官吏的权力尚未巩固，不能形成与政府的对立，此时撤销都察院，会造成国会权力未及巩固，察院制度却先被破坏，将会"君主孤立于上，官吏横行于下，上下隔绝，民不聊生，旧日之君主专制，忽变而为贵族专制……必有以争民权、更宪法为名，酿出英、法大革命之事，内乱纷滋，外人干预，瓜分之祸，迫在眉睫"。所以，目前应"详议组织国会之法，酌定召集国会之期，扫除一切以察院代国会、以保荐代投票之谬说，务使下院特别设立，不失民选之义"，等国会各种权力逐渐巩固，"都察院应否归并裁撤，届时开国会议决"。①

会议政务处对陆宝忠等人的建议讨论如下：都察院"上则匡益君德，论议政事，次则纠劾官邪，通达民隐。盖统括立法、司法、行政之机关，有东西各国议院之长，而无其党与竞争之弊"，立宪国家相互制衡的两院制无法与之媲美。设立下议院是因为"全国人民之意见无由自达于君上，因公举少数之议员以代多数人之陈说"，新政之初，朝廷已然设立了资政院，议员的选举就是参照西方两院制的规则，诸如"议员之由钦选会推者，既略取上议院之意，其由保荐者，又隐然合通国人民以行选举之法"，"在

---

① 忠廉等：《奏为下议院亟须设立不可以都察院更改致失立宪精神事》，中国第一历史档案馆藏：录副奏折，档号：03—9290—017。

宪法预备之时,自有此必循之阶级,所以不遽议开国会者,非靳之也,盖有待也”。因此,将都察院改为国议会的建议,是不知谏官与议员体制不同。作为朝廷耳目机构的都察院,上承朝廷的倚重,下载臣民的信任,即便将来上下议院的规模都已完备,议员也有合格的人选,而“都察院系独立之衙门,为国家广开言路,亦不可轻议更张”。否定了陆宝忠等人的意见。对于忠廉等人所请答覆如下:“查资政院现已设立,正在议拟章程,广选外省官绅入院与议,本已包括下议院办法大指在内,正为将来各省分设议院基础。应俟资政院办有规模,再当审时度势,次第推行。”[①]

第三,都察院改革的新方向。

虽然朝廷作出了裁决,但论争并没有结束,参与讨论的人更多,有些体制外的人也参加进来。东阁大学士、弼德院院长陆润庠上奏,强调保留都察院:“厘订官制,宜保存台谏一职。说者谓既有国会,不须复有言官。岂知议员职在立法,言官职在击邪。议院开会,不过三月,台谏则随时可以陈言。行政裁判,系定断于事后,言官则举发于事前。朝廷欲开通耳目,则谏院不可裁;诸臣欲巩固君权,则亦不可言裁。即使他时国会成立,亦宜使该院独立,勿为邪说所淆。”[②]贺绍章提出应该撤废都察院,他说:“都察院者,专制政体之宝物也,而立宪政体之弃物也。政体既由专制而进于立宪,即都察院绝对的当撤废之,而不能容有改之一说之余地也。”都察院在专制时代对维护统治能够起一定的作用,但在政治体制改革时期,都察院与责任内阁、国会以及“时代

① 奕劻等:《奏为遵旨议覆御史陆宝忠等奏请改都察院为国议会事》,中国第一历史档案馆藏:录副奏折,档号:03—5620—012。

② 《清史稿》卷472,列传259,陆润庠,第12816页。

制度之精神”不能并存。[①] 主张废除都察院而设立行政审判院。宣统三年正月二十日(1911 年 2 月 18 日),大学堂总监刘廷琛提出都察院应该与议院并存。他指出国会“职在议法,势不能多所纠弹,又每年开会不过三月,平时行政官难保无贪恣坏法,必须随时纠察者,言官设有专职,可补议院所不及”。行政裁判所“系判断于罪状已发之后”,都察院“则纠察于事情未发之先”,二者的性质不同,收效自然不可同日而语。都察院可以整顿,不可以议裁,“言论机关以多为贵,都察院允宜与议院并存”。[②] 与上述争论相比,革命党人宋教仁的主张才更接近立宪政治。1911 年 8 月,宋教仁在《民立报》上发表《论都察院宜改为惩戒裁判所》,指出都察院在专制时代是必要的,“盖君主专制时代,既无监督政府之机关,又无宣达民意之途径,而欲纠察官吏,整饬行政,正赖有此行政系统以外之官署以寄朝廷之耳目,在专制政体中而有此制度,固不得不谓为吾国之特色”。然而现在中国要改专制为立宪,“立宪政体之国,必有议会为监督政府机关,而行决议、质问、弹劾等之权,必有裁判所为司法机关,而行普通裁判之权”,如果立宪后依然保留都察院,不知变通之道,那么在职权上就会与议院发生冲突,“违背立宪政治之原则”。其次,从法学原理上分析,都察院虽然不是立宪国家的制度,然而,却“未尝无立法之精意存乎其间”,其职责“除关于宪法上监督政府(国务大臣)之事项外,尚有关于行政法上监督官吏之事”,也就是说,“除关于普通裁判之事项外,尚有关于特别裁判(则如行政裁判、惩

① 《都察院改废问题》,《东方杂志》第 8 卷第 7 号,1911 年。

② 刘廷琛:《奏请饬下核议言官关系重要断难议裁都察院宜与议院并存事》,中国第一历史档案馆藏:录副奏折,档号:03—7440—013。

戒裁判、国务裁判、权限裁判等皆是)之事项”,这些职权“不但与立宪政治之原则无有违背,且实为立宪政治不可少之物”,因此,在官制改革中,没有必要因噎废食,置国情于不顾,“而徒舍己从人,妄事纷更,以求符于立宪之形式”。再次,关于改都察院为行政裁判所。行政裁判是立宪国家特有的制度,其机关为行政裁判所,“惟其效力,乃在监督行政,只能使国家负其责任,非在监督官吏,不能使官吏自身负其责任”,这与都察院的监督官吏的“精意”不合。如果将都察院改为行政裁判所,就是湮没了“立法之精意”,就等于全废都察院而只将其名称“改设行政裁判所”,毫无意义可言。既然如此,改革都察院应“斟酌立宪政治之通例,与中国自古立都察院之精意,惟有改为官吏惩戒裁判所之一法,则庶可以折衷至当矣乎”?因为设立惩戒裁判所,可以“去其与议会裁判所权限冲突者,而只存其关于行政法上监督官吏之处,并增以审决制裁之事,以定为专向官吏不尽职掌与义务之责任之机关,夫岂非调和新旧、一举两得之事乎”?[1]

清政府最终对两种意见进行折中,决定在保留都察院的基础上,设立行政裁判院,1906 年拟定《行政裁判院官制草案》,1908 年在《钦定宪法大纲》中规定于 1913 年设立行政审判院,后来又将设立行政审判院的时间提前至 1911 年。随着辛亥革命的发生,这场持续多年的争论便告终结。

都察院存废之争,反映了对推行宪政的态度,是统治集团内部的利益之争。它也交织着政治体制转型过程中官僚士大夫的思想矛盾,旧势力“旧瓶装新酒的”努力未能成功,表现了中国士大夫对宪政的认识水平随着西学的传播,逐渐提高。论争推进

---

① 陈旭麓主编:《宋教仁集》(上),中华书局,1981 年,第 280—283 页。

了宪政的步伐,仿行立宪谕旨颁布后,论争的余波尚在,但大势已无可更改。

五、对于化除满汉畛域的陈言

调整满汉关系是清末筹备宪政的一个重要步骤。从理论上来讲,“近代宪政的一个原则是凡为国民,权利义务应该平等。虽然平等的原则在当时的西方国家也并没有真正做到,但这毕竟是近代意识和近代政治理论的一个不可缺少的组成部分”。[①]从时局来说,化除满汉畛域也是为缓解社会矛盾而不得不采取的自救措施。革命党的不断起义,使清廷为之震动。督抚重臣都极力主张化解满汉矛盾,其中以两江总督端方、直隶总督袁世凯和湖广总督张之洞的推动最为有力。[②] 在多种因素的作用下,清廷于光绪三十三年七月初二日(1907 年 8 月 10 日)发布了关于化除满汉畛域的上谕:

> 我朝以仁厚开基,迄今二百余年,满汉臣民从无歧视。近来任用大小臣工,即将军、都统亦不分满汉,均已量材器使,朝廷一秉大公,当为天下所共信。际兹时事多艰,凡我臣民方宜各切忧危,同心挽救,岂可犹存成见,自相纷扰,不思联为一气,共保安全。现在满汉畛域应如何全行化除,着

---

① 迟云飞:《清末最后十年的平满汉畛域问题》,《近代史研究》2001 年第 5 期。

② 参见李细珠:《预备立宪时期的平满汉畛域思想与满汉政策的新变化》,载于中国社会科学院近代史研究所政治史研究室编:《清代满汉关系研究》,社会科学文献出版社,2011 年,第 468—469 页。

内外各衙门各抒所见，将切实办法妥议具奏，即予施行。[1]

谕旨发出后，大臣们先后上书参加讨论。

翻检这一时期的奏折，言官中就此问题建言献策的有掌江苏道御史贵秀、裁缺河南道御史俾寿和掌新疆道御史江春霖，其中贵秀和俾寿赞成清廷的平满汉畛域的措施，江春霖则持否定意见。七月初十日(8月18日)，贵秀上《奏化除满汉畛域办法六条折》，指出抵御外患需要化除满汉畛域："方今时局艰危，强邻环伺，属在臣民，均宜志切同仇，以御外侮，万不可自分界限，致蹈危机。"办法是：(一)"纂通礼"，建议"订定旗汉通行婚嫁各礼，务取折中，归于一是，以联络之"，如果实现两族通婚，满汉睦谊自敦。(二)"增姓氏"，满人平时称呼很少冠以姓，贵秀建议满人"可拟照汉军有姓之例，各冠之于名字上"，与汉人相同，这样便可以类相从，两族猜疑自可泯灭。(三)"撤驻防"，改变满人只能为职业军人，驻防各省，不得从事生产活动的规定，"于征兵退伍后，听其与汉人杂处，为农工商贾以谋生，等是国民一分子"，使他们由"分利之人"转变为"生利之人"。(四)"仿旗籍以办军籍"，"行全国皆兵之制"，征兵自满人始，"选拔合格者，按照常备、续备、后备章程改订踵行，汉人亦仿照办理"，这样，全民皆兵，国势自强，"满汉之相习既惯，相处无猜，自无排满排汉之可言矣"。(五)"改笔帖式为小京官"，"取材既宽，自无偏颇之患也"。(六)"各学堂添习满文一科，以保国粹而跻同风也。"令各学堂满汉学生皆习满文，与国文并重，"感情甄陶，久焉自化，尚

[1] 《光绪宣统两朝上谕档》(三三)，第133页。

有畸为轻重之弊乎”？最后指出：“时至今日，竞言合群保种矣。中国之利害，满与汉共焉者也。夫同舟共济，吴越尚可一家，况满汉共戴一君主，共为此国民……其外若满、蒙、汉均是臣子，旗族何贵，汉族何贱，亦奚用轩轾耶？”①

七月十六日（8月24日），俾寿上《奏化除满汉畛域在用当其才整顿官方折》，指出，有清二百余年，满汉各补各缺，从未发生争执之事，近来满汉争执不断，其根本原因，“始由经济特科之罢黜，继之以内外奏调之纷更，终之以学堂章程毫无目的”。首先，举荐经济特科，招致了不少人才，其中不乏卓荦瑰奇之士，然而如今竟无故被加以党恶之称，士子们“目前之功名无望，衣食先绝，无论如何湔洗，以难易固执者之口，而逃此不美之名”，为了生计，他们“与其守义而待毙，不若及早以改图，于是闻风响应，以邪召邪，而党祸从此起矣”。其次，关于内外奏调，“近则内而各部，外而各省，视奏调为儿戏”，“所调之人，非亲友请托，即权要推荐，其真有才具者，以无所比附，率多屏弃，是借时势艰难题目，以朝廷名器，酬自己私人”。如此用人，必然“冗沓盈廷，滥竽官禄”，“士气自郁而不伸，激而生变”。再次，停止科举后，广兴学堂，而办学堂者系前科举之人，他们“既于工商实业素未讲求，而于教育程度亦毫无心得”，兴办新式学堂，却不改旧章，如此培养出的学生，“于各部各省公事，仍复一丝不解”，学生学习也是漫无目的，卒业之后又不免失望，很容易“激起风潮”。以上弊病的存在，使得各部各省大员，“其用人、行政，非畏葸即粉饰，非推诿即徇情，各分畛域，各植死党”。在列强环伺、忧危迫切的

---

① 《奏化除满汉畛域办法六条折》，《清末筹备立宪档案史料》（下），第920—922页。

形势下,“满汉之畛域,尤其外貌,而官士之畛域,实其本真也”。解决问题的办法:“拟请自今以往,简用大员,务择识见宏通、心地正大者以为表率,其挟私伪饰之辈,概予罢斥。内而丞参,外而司道,亦必亲加审度,量才录用才华之士,断不可以浮言之故,遽尔弃置……满汉视如一体,满员既不拘出身,汉员亦何必侧重,但使设官分职,果皆用当其才,则政治、官方,自有裨益。由此加以整顿,徐收自强之效,行见畛域潜消,大同化溥,我国家亿万年有道之长基于此矣。”①

江春霖则对化除满汉畛域不以为然,八月十一日(9 月 18 日),他上《奏化除满汉畛域为治标之术请勿轻听群议折》,开篇即称:“地有远近,情有亲疏,以一国言则分行省,以一省言则分郡邑,以一邑言则分乡里,以一乡里言则分族姓,以一姓言则分支派。至于支派相同,五服之内同胞群从,亦有分焉。”这些差异的存在,就如同《大学》中家国天下之序,《孟子》中所说“人人亲其亲,长其长,而天下平”一样,都有其存在的合理性。同理,满汉之间,“畛域必不可化,实亦无庸化也”。为化除满汉畛域而提出的通婚姻、改姓氏、销旗籍、撤驻防等建议,都属于有病乱投医的治标之策,是“尤知二五而未知一十者也”。满汉之分,犹如子女之有亲生与过继,子女之间如有嫌隙,父母只要均平如一,子女终必和好如初,“化除畛域,更无他术,谕旨‘一秉大公’四字尽之矣”。“为今之计,惟有罢不急之营缮,禁苛细之杂捐,订禄俸画一之经,平部院补缺之制,庶满汉之界不必除,而满汉之争无弗息。”如果听信群议,“是何异舍同胞之至亲,而爱群从之子,弃

① 《奏化除满汉畛域在用当其才整顿官方折》,《清末筹备立宪档案史料》(下),第 923—925 页。

宗族而不恤，反收邻里之儿，疏者未必感恩，亲者先已解体，恐可忧者不在邦域之中，而在萧墙之内也”。[①]

晚清时期，满汉矛盾激化，化解满汉畛域是关系到清王朝存亡续绝的大问题，清政府为调整满汉关系有所努力。对此，言官为数不多的建言，也只涉及到满汉关系中的一些表面现象，没有触及满汉畛域的实质。究其原因，一是由于受视野所限，言官既没有地方大员那样与社会广泛接触的经验，也没有与国外接触的经历，感受不到满汉平等、平权的迫切性；二是言官对宪政的态度，化除满汉畛域是实行宪政的必要条件，言官在大势所趋的形势下，对实行宪政不得不表赞同，然而多有保留，于是在具体问题上，他们或者表达出不同意见，或者缄口不言。

① 《奏化除满汉畛域为治标之术请勿轻听群议折》，《清末筹备立宪档案史料》（下），第946—947页。

第五章　言官与晚清政争

帷幄之中的阴谋诡计和庙堂之上的血影刀光，在中国历史上屡见不鲜。进入近代以来，外患与内忧交并发生，社会矛盾和统治集团内部的矛盾同时激化。清统治集团内部的纷争激烈且复杂，尤以同、光两朝为最，慈禧与奕䜣、"清流"与"浊流"、南派与北派、帝党与后党、满洲贵族与汉族官僚，此伏而彼起。在这些政争中，"权力永远是历史上统治集团内部斗争的要素，但并非所有的统治集团内部的斗争都是权力之争。而且，即使是权力斗争，也会在历史上留下深刻的印痕。因为权力的更迭往往伴随着政策的变化，在权力高度集中的封建专制制度下，政策的变化势必要给社会带来影响，有时甚至是决定性的影响"。① 言官参与了政争，也透过政争影响时局与历史。

第一节　言官与光绪初年的政争

辛酉政变之后，形成"两宫垂帘，亲贤夹辅，一国三公，事权不无下移"的格局。② 这种非传统权力格局，埋下了政争的隐

---

① 李书源、赵矢元：《晚清政治史研究的新探索——评〈奕䜣慈禧政争记〉》，《近代史研究》1990年第5期。

② 陈夔龙：《梦蕉亭杂记》，中华书局，2007年，第54页。

患。当内忧——太平天国农民战争与外患——第二次鸦片战争平息后，政象便变得复杂起来。慈禧太后和奕䜣之间为如何分享最高统治权而明争暗斗，同时朝中大员形成南北两大派系，他们党同伐异，使政局更加扑朔迷离。奕䜣倚重南派稳定朝局，地方上任用汉人为督抚，逐步执掌了内外大权。慈禧太后不能容忍，利用依附于北派、声名鹊起的清流派来打击奕䜣。双方终因法越事起而见分晓，恭亲王被逐出军机，慈禧太后独揽大权。言官作为清流派中的一部分，在斗争之中扮演的角色和起到的作用如何呢？

一、同、光之交的政局与清流派的产生

辛酉政变后，两宫垂帘，恭亲王议政，这是慈禧太后和奕䜣在政变后对政权的瓜分。奕䜣一方之所以怂恿太后垂帘，是“希冀垂帘其名，而实权归己”，[①]由奕䜣自己来做实际统治者。军机处的重组便是奕䜣这种意志的体现，新军机的阵容，几乎全部由奕䜣的亲信构成，奕䜣由此实现了对权力中枢的控制。“两宫垂帘听政，则军机大臣必以亲王领班，以下数大臣辅之……凡事由亲王做主，商之大臣而定。每日上班，必由领班之亲王开口请旨。所请何旨？即未上班时所商定者，虽偶有更动亦罕矣。”[②]军国大事均由恭亲王决断。“两宫初政，春秋甚富，骤遇盘错，何能过问？所承之旨，即军机之旨，所书之谕，即军机之谕，此亦事

① (英)濮兰德、白克好司著，陈冷汰译：《慈禧外纪》，辽沈书社，1994年，第23页。

② 何刚德：《春明梦录　客座偶谈》卷一，山西古籍出版社，1997年，第110页。

实之不可掩者也。"①

这不是慈禧所能接受的。慈禧垂帘听政,是欲将最高决策权掌握在自己手中,她可以让奕䜣拥有议政王的显赫头衔,也可以让他掌管军机处、总理衙门、内务府、宗人府等要害部门,但她希望奕䜣处于辅政地位,只能在太后首肯的情况下行使其权力。因此,必须结束与奕䜣权力对等的局面。

太后与恭亲王之间的矛盾因编修蔡寿祺弹劾奕䜣而浮出水面。同治四年三月初四日(1865 年 3 月 30 日),蔡寿祺上折弹劾奕䜣"揽权、纳贿、徇私、骄盈",要求奕䜣"归政朝廷,退居藩邸,请别择懿亲议政,多任老成,参赞密勿"。② 次日,慈禧太后召见周祖培等八人,要求他们按照蔡折所指罪名逮问奕䜣,遭到婉拒。三月初六日(4 月 1 日),慈禧太后自行拟旨,以"虽无实据,事出有因,究属暧昧,难以悬揣"为由,革除奕䜣的"一切差使"。③ 此举遭到几乎是满朝文武的反对,在众意难违的情况下,只得再颁上谕,命"恭亲王着仍在军机处上行走",但"毋庸得议政名目"。④ 经此打击,"恭亲王自是益谨"。⑤ 这件事导致奕䜣与慈禧太后之间的关系发生根本性变化,正如马士的评论:

事实上,两个当权者,慈禧和恭亲王,在谨慎地互相监

---

① 何刚德:《春明梦录　客座偶谈》卷一,第 118 页。

② 吴相湘:《晚清宫廷实纪》,中国大百科全书出版社,2010 年,第 77—79 页。

③ 陈义杰整理:《翁同龢日记》(一),第 379 页。

④ 陈义杰整理:《翁同龢日记》(一),第 391 页。

⑤ 王湘绮:《祺祥故事》,黄濬:《花随人圣庵摭忆》(二),山西古籍出版社、山西教育出版社,1999 年,第 829 页。

> 视着，因为母后皇太后慈安已绝不想主张她的权威的。慈禧有一种坚强的意志和清楚的头脑，行将展布伟大的执政才能；但是她是一个女人，而且还没有多大的经验，所以需要那只有她的夫弟才能够给她的那种支助。恭亲王明知他能够统治这个帝国，并且领会到男子的一切优越性；不过他不是摄政者，最后的决定权不在他的手里。所以这两人在一起工作，最初是在准平等的基础之上的，到后来，当亲王认识了他在国家中的地位的时候，才象主妇和管家一样。[①]

此番政潮之后，慈禧与奕䜣的矛盾日渐公开。慈禧太后表面上制服了奕䜣，但她心里很清楚奕䜣不会因此而甘受摆布。摧抑奕䜣是慈禧心中不变的目标，只是需要一个恰当的时机。光绪初年日渐壮大的清流派，刚好给慈禧提供了一个抓手。

19世纪70年代，在晚清政治舞台上出现了一批以风节相标榜、以经世匡时为己任的士大夫，他们以维护封建统治为基础，以国家利益为诉求，以奏疏为工具，“上自朝政之缺，下及官方之邪，微及闾阎之困，无不朝闻事目，夕达封章”，[②]一时间形成一种政治声势，影响所及，“海宇震悚，肃然屏息，几几乎有宋元祐之风，一时遂有清流党之目”。[③] 关于清流派成员的构成，还没有完全一致的界定。

---

① （美）马士：《中华帝国对外关系史》（第二卷），商务印书馆，1963年，第67—68页。

② 震钧：《天咫偶闻》卷六，（台北）文海出版社，1966年。

③ 张佩纶：《涧于集》，奏议，后序，（台北）文海出版社，1968年，第919页。

《清史稿》："是时吴大澂、陈宝琛好论时政，与宝廷、邓承修辈号'清流党'，而佩纶尤以纠弹大臣著一时。"①

又说："体芳、宝廷、佩纶与张之洞，时称翰林四谏，有大政事，必具疏论是非，与同时好言事者，又号'清流党'。"②

罗惇融在《中法兵事本末》中说："是时，大澂等好谈兵事，佩纶、宝琛尤以弹劾大臣著风节，与张之洞、宝廷、邓承修、刘恩溥好论时政，陈得失，一时有清流党之目。"③

黄濬在《花随人圣庵摭忆》中，称陈宝琛于光绪初年，"与张篑斋（佩纶）、宝竹坡（廷）、邓铁香（承修）号为'四谏'，以直言风节声于天下。又与张孝达（之洞）、黄漱兰（体芳）辈号为清流"。④

赵炳麟在《光绪大事汇鉴·法越之役》中，将张之洞、张佩纶、宝廷、陈宝琛、黄体芳、张观准、吴大澂、刘恩溥、吴可读、邓承修，称为十朋。⑤

尽管说法各异，但大体上可以看出清流派的核心人物是张之洞、张佩纶、黄体芳、宝廷、邓承修、陈宝琛、吴大澂、刘恩溥等。

中法战争结束后，清流派便告瓦解。为了将其与以后的清流派即帝党相区别，学界有人将这一时期的清流派称为前期清流。⑥

---

① 《清史稿》卷444，列传231，张佩纶，第12455页。

② 《清史稿》卷444，列传231，论，第12460页。

③ 罗惇融：《中法兵事本末》，《中国近代史资料丛刊·中法战争》（一），新知识出版社，1955年，第10页。

④ 黄濬：《花随人圣庵摭忆》（一），第84页。

⑤ 赵炳麟：《赵柏岩集》（上），第36页。

⑥ 周梵林：《论晚清的前期清流》，《大同高专学报》1998年第2期。

清流派兴起时，慈禧太后与奕䜣仍在角力，汉族地方督抚势力在镇压太平军和捻军中崛起，形成外重内轻的局面，大大地削弱了中央集权统治，边疆也因列强的虎视眈眈而日形危机。面对内忧外患，慈禧太后想方设法维护其最高统治权，而不以维护纲常法纪为己任，好放言高论、纠弹时政的清流党人便成为慈禧太后的顺手工具。因此，光绪初年，慈禧太后多次摆出询切刍荛以求治理的态度，号召内外臣工广开言路，对清流派弹劾权贵时常加以鼓励，以此来监督和牵制奕䜣等人。

由此，清流派态度开始趋向积极，由起初的弹劾地方督抚、基层官员和外派使臣转向弹劾京官大员。随着清流派与以李鸿藻为代表的北派势力合流，从光绪四年(1878)下半年开始，他们把矛头指向与南派关系比较密切的大吏，如崇厚、万青藜、董恂、童华等，身为帝师的翁同龢、工部尚书贺寿慈在列。清流党人以李鸿藻为领袖，“呼李鸿藻为青牛(清流同音)头，张之洞、张佩纶为青牛角，用以触人，陈宝琛为青牛尾，宝廷为青牛鞭，王懿荣为青牛肚，其余牛皮、牛毛甚多”。[①] 他们唯李鸿藻马首是瞻，键笔纵横，步调一致，慷慨陈词，一时“清流横甚”。[②]

二、言官与清流派

言官在清流派中占有怎样的比例，拥有怎样的地位，在清流派参与的政争之中，言官究竟起了怎样的作用?

陈勇勤在《清流党成员问题考议》中，对20名清流派主要代表人物的来源、出身、年龄、籍贯等问题进行了考证，“20人中，

① 刘禺生:《世载堂杂忆》，辽宁教育出版社，1997年，第77页。

② 陈夔龙:《梦蕉亭杂记》，第55页。

讲官占50%,言官占35%,各部堂司官占10%,讲官与言官合计占清流总数的85%"。结论是"清流党是以讲官和言官为其主要成分"。①

按常理说,35%的言官比例,在清流派队伍中足以发出很大的声音。然而,《客座偶谈》中却有"不闻言官言,但见讲官讲"之语,②说明言官在清流派的政治活动中并没有积极表现。何刚德是光绪三年(1877)进士,曾经做过19年的京官,参与纂修《会典》,《客座偶谈》所记"皆系耳闻目睹,亲身经历",③可以征以为据。问题是,言官的表现为何相对沉寂?

除了言官与讲官因人数差异而导致的建言数量的多寡之外,需将清流派成长的背景加以考虑。时任日讲起居注官的恽毓鼎记述:

> 光绪初年,承穆庙中兴之后,西北以次戡定,海宇无事,想望太平。两宫励精图治,弥重视言路……一时棱棱具风骨者,咸有以自见……尤激昂,喜言事,号曰清流。而高阳李文正公当国,实为之魁。疏入,多报可。弹击不避权贵,白简朝入,鞶带夕褫,举朝为之震竦。④

清流派的发展与壮大,得益于光绪初年相对宽松的政治环境,且与李鸿藻的权势密不可分。

---

① 陈勇勤:《清流党成员问题考议》,《近代史研究》1992年第4期。

② 何刚德:《春明梦录 客座偶谈》卷一,第121页。

③ 何刚德:《春明梦录 客座偶谈·导言》,第1页。

④ 恽毓鼎:《崇陵传信录》,第71页。

光绪三年(1877)九月,李鸿藻因丁母忧而免值,北派势力在朝中的权力版图不断萎缩。一年后,沈桂芬援引门生王文韶入枢,厚植南派势力,打破了长期以来南北两派的均势。此事发生在奕䜣执政时期,可以看出奕䜣的重南轻北态度。"北派长期以来与恭王一系不相能,至此亦可化暗为明,毋再顾忌。"[①]在两派斗争中落了下风,李鸿藻便利用广开言路之机,援引清流,壮大声势。

翰林院乃国家储才之地,在清初讲官大致仕途顺畅。到了晚清,官场形势发生了变化,大批湘淮军人以军功占据高位,府县级的中下级官职又被大量通过捐纳而晋身的非正途出身官员抢占,这样就出现了光绪初年"翰林渐拥挤"的局面,即便偶尔有简放学政或主持乡试的机会,"军机大臣偏重门生,不无可议",这就使得翰林中那些"怀才不遇者积不能平"。[②] 于是他们一方面利用专折奏事的特权,条陈时政,弹劾官邪,以发泄郁结于内心的不满,另一方面也积极寻求内援,以求更多的升迁机会。此时丁忧在野的李鸿藻,也正在寻求一种可以借用的力量,双方一拍即合。清流派加入南北派系之争,加速了晚清政局的转化。对此时人有所记载:

> 光绪初……时二张(南皮、丰润)奔走于高阳,颇攻击吴江(沈文定)、仁和(王文勤)。[③]

---

① 林文仁:《南北之争与晚清政局:以军机处汉大臣为核心的探讨》,中国社会科学出版社,2005年,第90页。

② 何刚德:《春明梦录　客座偶谈》,第12页。

③ 黄濬:《花随人圣庵摭忆》(二),第559页。

近日北人两张一李，内外唱和，张则挟李以为重，李则饵张以为用，窥探朝旨，广结党援。[①]

李鸿藻是清流派领袖，但从时人的记述中，不难看出李鸿藻所引拔的不过是张之洞、张佩纶等少数人，而张之洞、张佩纶皆隶籍直隶，可见在与南派的斗争中，李鸿藻所依恃的主要力量是以“直隶帮”为核心，又通过“同年”、“同庚”关系聚合在一起的清流派，[②]并非所有的言官都参与其中。这样，“不闻言官言，但见讲官讲”就不难理解了。

胡思敬的记载中也有言官不尽附“清流”的例证：

李鸿藻好收时誉，诸名士皆因之以起。光绪初年，台谏、词垣弹章迭上，号为清流，实皆鸿藻主之。唯邓承修、边宝泉无所依倚。[③]

邓承修被时人列入清流派，却有其独立性，这与邓承修的出身有关。清流派成员都是由科甲跻身官场，走的是由名士而名臣的“正途”，他们的建言是以“同僚”为基础，“密友”为条件，先互通声气，往复讨论，然后再以“铁肩担道义”的使命感去“妙手著弹章”，一人弹奏无果，另外有人跟进，前赴后继。邓承修出身举人，同治二年(1863)捐郎中，签分刑部。他没有进士及第的光环，也没有正途出身的荣耀，只是在“清流”建言的大合唱中，无

① 《越缦堂日记》，光绪八年五月初八日条，(台北)文海出版社，1978年。
② 参见陈勇勤：《清流党成员问题考议》，《近代史研究》1992年第4期。
③ 胡思敬：《国闻备乘》，中华书局，2007年，第64页。

意中参与其间，通过搏击权贵而一举成名，由无名部吏而成为“另类清流”，最后被誉为清议领袖。[①]《近代名人小传》：

> 光绪己、庚间，京师称邓承修及张佩纶、陈宝琛等为主持清议领袖，而佩纶等兼言时政，承修则专主弹劾者也。其论广东贪吏，推论至六十年前，累累凡百余人，其少近者，皆奉旨察办，罚锾、降责有差，故承修为人所惮，号曰铁汉。[②]

邓承修由言官而名列“清流”的个案，再次说明清流派是一个没有严密组织和相同政见的士大夫集团，虽然言官在其中占有相当的比重，但由于言官建言的特点和自身的使命，其建言活动未必与清流派同步，而呈现出独立性。

在光绪初年，言官的建言非常踊跃。据笔者统计，从光绪五年(1879)清流派日渐活跃开始，到光绪十年(1884)清流派势力达到顶峰，六年时间里，言官上奏折片总计1325份，占整个光绪朝言官折片的23%，其中光绪九年(1883)言官所上奏折片的数量达338份，仅次于光绪二十一年(1895)的383份，建言不可谓不多。

表3　光绪五年至十年言官奏议内容列表

次序	1	2	3	4	5	6	7	8	9	10
折片类别	参奏官吏	京控案件	社会治安	旌表	吏治	赈务	刑谳	铨选	任官	科举
数量	198	113	90	80	69	51	46	43	40	32

① 参见王维江：《邓承修：另类“清流”》，《史林》2007年第5期。

② 沃丘仲子：《近代名人小传》，中国书店，1988年，第155页。

由上表可以看出，在清流派活跃的同时，言官奏议的内容也非常广泛。在这一时期，言官建言的活跃，一方面得益于“广开言路”的大环境，另一方面也是由言官自身的职责所决定的，政事得失、职官邪正、民生利害都在他们的言事之内。所以在光绪初年，言官群体的建言活动不比清流派逊色。

责任与使命的不同，决定了言官与清流派的建言内容也有所不同。所以，不能把所有言官强归于清流派一类。

同时，言官与清流也有共同的认识和一致的步调，光绪年间的“云南报销案”和“甲申政变”便是证明。

三、云南报销案与南北党争

云南报销案是由言官发现并揭露，由清流派推动，将一个军费报销案件发展成朝中枢臣北派打击南派的政争。

光绪六年十二月（1881年1月），兵部尚书、协办大学士，久值军机、总署的沈桂芬去世，南派陷于群龙无首的状态，枢垣之中，北派势力再起。继沈桂芬而为南派首领的王文韶，无论是资望还是政治历练皆不及同在军机的北派首领李鸿藻，且王文韶以资浅任重入值枢垣，早已经成为清流派攻击的目标，所以沈桂芬去世后，北派便与清流派合力上演了一出驱王文韶出军机的大戏。这场政争的导火索是云南报销案，拉开云南报销案的大幕的便是言官。

光绪初年，云南地区的少数民族起义被镇压后，云南巡抚杜瑞联派督粮道崔尊彝和永昌知府潘英章办理军费报销事宜。崔、潘携巨款到京，首先找到了军机章京、太常寺卿周瑞清，图谋利用周瑞清户部经办司员的特殊身份来弥缝军费报销中无法平衡的账目。周瑞清打通了户部堂官王文韶和景廉的关节，但具体经办人户部经办司员孙家穆，却开出了13万两的要价，崔、潘两人与之讨价还价。正当此时，慈禧太后调派清正廉洁、精于理财的工部右侍郎阎敬铭为户部尚书，且即将赴任；户部的司员和书吏担心阎敬铭到任后公事公办，眼见到手的好处可能落空，于是作了让步，以8万两的数额成交，了结此项军费报销案。

最先发现报销案存在弊端的是山西道御史陈启泰。光绪八年七月二十三日（1882年9月5日），陈启泰奏："太常寺卿周瑞清包揽云南报销，经该省粮道崔尊彝、永昌知府潘英章来京汇兑银两，贿托关说。"[①]此事披露后，慈禧太后派刑部尚书潘祖荫、理藩院尚书麟书进行调查。

潘祖荫、麟书拿获了被指为"洗钱"的顺天祥、乾盛亨两家汇兑局商人王敬臣、阎时灿及伙计若干人，并起出两家汇兑局账簿，一并送案。审讯之后，潘祖荫、麟书回奏称，确有云南省票局款项汇入顺天祥、乾盛亨，并分别由二人在京持票取用，只是在审问汇兑银作何使用时，汇兑局坚称均不知情；不过可以确定"御史陈启泰所参崔尊彝等来京，由票号汇兑银两一节，系属实有"，至于周瑞清是否包揽云南报销，不能听信周瑞清一面之词，必待崔尊彝、潘英章到案后方能究出确情。奉上谕："周瑞清着听候查办，毋庸在军机章京上行走。""崔尊彝、潘英章迅速赴部，听候质讯。"[②]

崔尊彝和潘英章勾连周瑞清的关节，那么周瑞清又会走谁的门路？这里有极大的猜测空间。

---

① 《光绪朝东华录》(二)，总第1383页。

② 《光绪朝东华录》(二)，总第1386页。

八月二十四日(10月5日)，掌云南道御史洪良品上折，开篇言天象与政事的关系：

> 臣闻天变之兴，皆由人事之应，未有政治不阙于下，而灾眚屡见于上者也。去岁六月，彗星见于北方，今年各省大水，人民流离……博观载籍，皆云政失于此，而复变见于彼。是故汉廷水旱，策免三公，宋室宫灾，罢黜首相，良以职司燮理，咎不容辞。方今皇太后垂帘听政，皇上冲龄典学，所与赞襄共治者，赖此二三枢臣耳。枢臣苟得其人，庶政何忧不理。臣虽不敢谓枢臣中尽皆负恩贪利之人，然其中有一二负恩贪利者，已足以丛弊于无形，而大为政治之蠹。

然后将话题转向云南报销案，由陈启泰所奏，引出枢臣中景廉、王文韶与此案有关的传闻：

> 然臣续有风闻，有为陈启泰所未及言者。近日外间哄传，云南奏销，户部索贿银十三万，嗣因阎敬铭将到，恐其持正驳诘，始以八万金了事。景廉、王文韶均受贿遗巨万，余皆按股朋分。物议沸腾，众口一辞，不独臣一人闻之，通国皆知之。盖事经败露，众目难掩，遂致传说纷纷……景廉久经军务，王文韶历任封疆，皆深知此中情弊者，使其毫无所染，何难秉公稽核，立破其奸，乃甘心受其贿赂，为之掩饰弥缝。以主持国计之人，先为罔利营私之举，何以责夫贪吏之借势侵渔，蠹吏之乘机勒索者也。

最后请求立即罢斥景廉、王文韶:"以儆欺蒙,以塞灾咎,抑或照周瑞清例,撤出军机,一并听候查办,伏候圣裁。"①

对枢臣的指控非刑部所能审断,慈禧派惇亲王奕誴和翁同龢办理,云南报销案升级。

惇亲王和翁同龢质询洪良品一事,《翁同龢日记》:"午初三御史洪良品到,坐经历司,惇邸与余偕至彼处,揖之就坐。伊怀中出写就说帖一件,阅之。余曰:未免太空。洪曰:御史风闻言事,既有所闻,不敢不奏。余曰:大臣受贿,必有过付之人,交纳之地。曰:此等事岂不怕御史知闻之理。余曰:外间物议,究竟何人所传,能指证数人否?则曰:万口同声,无从指为谁所说。余与王遂告以此外有确据否?对曰:无。遂出送之于户外。余即草奏稿毕,借笔墨书之,未正毕。"②

《日记》中提到的说帖,是洪良品就云南报销案,请求严讯崔尊彝、潘英章而上呈的。呈文中说:

> 窃维贿赂之事,踪迹诡密,良品不在事中,自然无从得其底蕴。但此案户部索贿累累,现经刑部取有乾盛亨、天顺祥〔顺天祥〕账簿确据。前御史陈启泰奏,崔尊彝、潘英章交通周瑞清,会托关说。外间喧传,贿托者,即贿托景廉、王文韶也,关说者,即向景廉、王文韶关说也。巷议街谈,万口如一,是贿托之实据,当问之崔尊彝、潘英章,关说之实据,当问之周瑞清。然则景廉、王文韶受贿,非无据也,崔尊彝、潘

① 洪良品:《奏为星象示警请罢斥舞弊枢臣事》,中国第一历史档案馆藏:录副奏折,档号:03—5168—100。

② 陈义杰整理:《翁同龢日记》(三),第1682—1683页。

英章、周瑞清即其据……请旨一并查办，严讯崔尊彝、潘英章所存票号十余万金，用于何处，交于何人，则此案自然水落石出矣。①

此说帖与八月二十四日（9月24日）所上奏折大致相同，对王文韶等受贿仍无真凭实据，案情没有实质性进展。上谕明令等待"崔尊彝、潘英章到案，与周瑞清及户部承办司员并书吏、号商等当面对质"。②

慈禧太后"彻查案件"的态度，对言官、北派和"清流"是一种鼓舞。

八月三十日（10月11日），工科给事中邓承修上奏，力陈"枢臣被劾无据，事实有因"，请将王文韶先行罢斥：

此等暧昧营私之事，苟非经手过付之人，万无确据，即有确据矣，非严刑质讯，岂肯吐实？况被参之王文韶，未解枢柄，在麟书、潘祖荫皆受国厚恩，未必遽为回护，而承审之司员，则难保不声气潜通，预为消弭。且崔尊彝等虽严旨催传，而辗转须时，迁延日久，何弊不生？臣实未敢必其彻底根究也。

王文韶赋性贪邪，为曹郎日即以奔竞著名，出榷关道，私开钱铺，惟利是图，及跻枢要，力小任重，不恤人言，贪秽之声，流闻道路。议者谓前大学士沈桂芬履行洁清，惟援引

① 洪良品：《呈为云南报销案户部官员索贿请旨严讯崔尊彝潘英章事》，中国第一历史档案馆藏：呈文，档号：03—5174—008。

② 《光绪朝东华录》（二），总第1405页。

王文韶以负朝廷，实为知人之累。众口佥同，此天下之言，非臣一人所能捏饰也。

若王文韶者，才不足以济奸，而贪可以误国，若不速行罢斥，令贪鄙之徒互相汲引，布满朝列，源之不清，其流必浊，朝廷虽日诏臣工共勤修省，不过一纸空文。①

继邓承修之后起而弹劾王文韶的是清流派名将张佩纶。张佩纶连上三折弹劾王文韶。十月十五日（11 月 25 日）上《请罢枢臣王文韶折》，略称：

王文韶贪位恋权，依违不去，非大臣自处之道也。夫报销受贿腌昧之事，臣所不言；至权关设肆，出纳官钱，因而渔利，往来者皆凿凿言之，然此特不学无术之一端，臣未敢以苛王文韶也。唯念枢廷、译署实寄天下之重，王文韶既无称迹，本亦常才。就令伴食中书，束身寡过，殆未能斡旋时局，宏济艰难，今屡受弹章，望实亏损……军机处为出治之地，必大臣才望夙著，始能任劳任怨，敢作敢为。今文韶既被此声，仍参密勿，将用一人而民议之，行一政而民疑之。②

请求效仿乾隆朝梁诗正故事，准其归养，以“全枢臣之体，以免贻朝廷之羞”。③

---

① 邓承修：《乞罢枢臣第二疏》，《语冰阁奏议》卷三，（台北）文海出版社，1967 年，第 148—149 页。

② 张佩纶：《涧于集》，奏议，卷二，第 326 页。

③ 张佩纶：《涧于集》，奏议，卷二，第 341 页。

十月二十七日(12 月 7 日),张佩纶连上两折。在《再请罢斥枢臣王文韶折》中,请朝廷"去王文韶以重枢垣、译署"。理由是:"夫文韶之才,人皆以译署推之;然文韶在关道日浅,湖南亦本无洋务,其所承者,沈桂芬应付之法耳……至于枢务,文韶不及宝鋆、李鸿藻远甚,唯曾任封圻,故颇以谙外习自命……但求才望胜于文韶者,夫固不乏人也。"①在《三请罢枢臣王文韶折》中,将地震、水旱灾害、怪异天象的出现都归咎于王文韶。②

在随折所上《云南报销可疑三端片》中,张佩纶指出,"邓承修舍遗赂而论素行,原景廉而劾文韶,较得事理之平,而为纠慝弹违之正论",此案"非彻底根究,不足以挽风气而儆官邪","王文韶于此案节节疏懈,处处通融",应将其与"户部各堂官分别议处"。③

十一月初五日(12 月 14 日),王文韶请求开缺,得到批准。

光绪九年(1883)六月,宝鋆等将会议云南报销案的结果上奏,④王文韶以失察而被部议"降二级调用,不准抵消"。⑤

四、言官与慈禧、奕䜣之争

面对外来侵略,言官与清流派步调一致,都主张积极抗战,反对妥协退让。言官的加入壮大了清流派的声势,将清流活动推向高潮。清流派的活跃又被慈禧太后利用,成为其打击奕䜣

① 张佩纶:《涧于集》,奏议,卷二,第 331—334 页。

② 张佩纶:《涧于集》,奏议,卷二,第 343 页。

③ 张佩纶:《涧于集》,奏议,卷二,第 337—342 页。

④ 宝鋆:《奏为遵旨会议失察云南报销案牵涉官吏之户工二部堂司各官处分等事》,中国第一历史档案馆藏:录副奏折,档号:03—7387—013。

⑤ 《光绪朝东华录》(二),总第 1563—1564 页。

的助力。

法国对越南的侵略使中国西南地区的局势紧张起来。在清廷内部,围绕着法越之事,形成了主战和主和两派。主和派以李鸿章为代表,认为中法两国力量对比悬殊,中国决不可轻言战事,应力保和好大局。军机大臣李鸿藻力主出兵作战,援越抗法。

正当两派激烈论争之时,光绪八年(1882)三月,李鸿章因母亲病故,两次奏请“恳准终制”,朝廷允许他守孝百天。[①] 就在李鸿章守孝之际,法国出兵北圻,边衅已开,在对外交涉中主张持重的奕䜣不能服众,朝中主战派占了上风,随之对法国的态度也愈加强硬起来,把一些积极主战且有作战经验的大将调到重要岗位。如李鸿章守制后,“以张树声署直隶总督兼办理通商事务大臣”,[②]“移曾国荃督两广”,[③]素有悍将之称的岑毓英署理云贵总督,替代年老且嗜好甚深的刘长佑。[④]

清廷的态度极大地鼓舞了清流派,所以在中法交涉伊始,清流派主战的声音便高唱入云。同年四月,陈宝琛、张佩纶在奏折中断言:中法交涉“既非笔争舌战所能止兵,亦非含垢匿瑕所能无事”。“知法志在蚕食,和约断不可凭,知越境逼犬牙,藩篱断不可撤;与其隐忍纵敌而致之于户庭,不如急起图功而制之于边徼。”折中还提出“存越固边”的正、奇两策,即命左宗棠与李鸿章

---

① 陈义杰整理:《翁同龢日记》(三),第1654页。

② 《光绪朝东华录》(二),总第1303页。

③ 罗惇融:《中法兵事本末》,《中国近代史资料丛刊·中法战争》(一),第2页。

④ 《光绪朝东华录》(二),总第1337页。

等重臣临边,“振抚诸国,钩络三边”,以求阻遏法国,是为正策;以声东击西迷惑法国,使其产生中国无大举进攻法军的错觉,然后出其不意攻其不备,在法方“外惧德人,内耗兵饷”的压力下,中国必能争取有利之转圜空间,从而掌握对法的主动权,是为奇策。[①] 强调中国“欲长治久安,非出于一战不可”。清流派干将、山西巡抚张之洞上折,认为“法国图越窥滇,蓄谋已久”,中国“断无坐视之理”。[②] 折中荐举京内外文武人才,揄扬清流派。张佩纶上《制敌安边先谋将帅折》,提出“请召重臣以顾北洋”和“请起宿将以壮军威”,建议清廷命李鸿章回署直隶总督,调张树声重回两广,以代替久病缠身、调度乖方的曾国荃,派宿将刘铭传襄办法越事宜。[③]

言官也推波助澜,加入到主战的行列中。光绪九年五月十三日(1883 年 6 月 17 日),河南道御史刘恩溥上奏,指出法国侵略越南,其志“非仅在越南已也。云南矿苗极旺,法人垂涎已久,借保护越南为名,而实为侵并云南起见,此假道于虞以伐虢之策也。中国即不与法争越南,法亦岂非中国之患哉”?他反对把“越南置之于度外”,对法越之事“若徒画疆自守,作壁上观”,“断非长治久安之策”,所以应当“保护越南,以固疆圉”。[④]

由于最高决策者在和战问题上举棋不定,以至“法越构衅,

---

① 《翰林院侍讲学士陈宝琛等奏存越固边宜筹远略折》,《中国近代史资料丛刊·中法战争》(五),第 105—110 页。

② 吴剑杰编著:《张之洞年谱长编》,上海交通大学出版社,2009 年,第 74 页。

③ 张佩纶:《涧于集》,奏议,卷三,第 400 页。

④ 《河南道监察御史刘恩溥奏法人窥伺滇粤请保护越南以固疆圉折》,《中国近代史资料丛刊·中法战争》(五),第 165—166 页。

绵延三年，致法占越南，和战仍无定见”。[①] 言官对此极为关注，他们吁请速做决定，全力抗法。八月初八日（9月8日），户科掌印给事中邓承修上奏，指出由于迟回观望，不能下决心武力抗法，“坐失事机，遂使法人窥我无能，恣意蚕食”，一旦法国占领越南，“则因越地，用越人，开矿制器，练军积谷，较欧洲万里之调发，难易更殊。彼已撤吾藩篱，数年之后，必将别开衅端，为得尺入寸之计，则滇、粤之边防益亟，而祸无既日矣”。他请求“特诏百官廷议，各陈所见，采至公之论，集众善之长”，如众议无所取舍，“则决之宸断，庶浮议可息，而国是自定矣”。[②] 浙江道御史丁振铎指出，在力量对比上，中国非不如法国，“而因循过甚，但几冀和局，苟且偷旦夕之安，不复为自强之计”，如今“夷难迭兴，和局难恃”，[③]中国自应加强沿海地方警备，随时准备歼灭来犯之敌。

言官积极主战，抨击一贯主和的李鸿章。御史秦钟简称，李鸿章“张夷声势，恫喝朝廷”，“丧心昧良”，请将其“立予罢斥”。[④] 刘恩溥指责李鸿章“保位贪荣，因循畏葸，凡事苟且敷衍，并无实心任事之处”，希望“另简贤员，加意整顿”。[⑤] 邓承修等批评李

① 罗惇融：《中法兵事本末》，《中国近代史资料丛刊·中法战争》（一），第11页。

② 《户科掌印给事中邓承修奏越事请饬廷议折》，《中国近代史资料丛刊·中法战争》（五），第185—186页。

③ 《浙江道监察御史丁振铎奏夷难迭兴和局难恃请饬严申警备折》，《中国近代史资料丛刊·中法战争》（五），第199—200页。

④ 《秦钟简请罢斥李鸿章片》，《中国近代史资料丛刊·中法战争》（五），第251页。

⑤ 《掌贵州道监察御史刘恩溥奏李鸿章贻误大局请另简贤员折》，《中国近代史资料丛刊·中法战争》（五），第215—216页。

鸿章“治兵二十余年，不以丧师失地为耻”，“爱身误国”。[1] 光绪十年(1884)五月，李鸿章与福禄诺签订《中法简明条约》后，言官与清流派再度严劾李鸿章。

云南报销案后，王文韶去值，同、光以来的南北之争告一段落。随着南北两派力量的此消彼长，隐身在南北两派幕后的慈禧太后与恭亲王奕䜣之间的权力落差愈见增加，这种局面为慈禧太后所不能容忍。光绪七年(1881)三月慈安太后去世，制约慈禧太后的力量也从此消失，慈禧太后便毫无顾忌地向恭亲王开刀。

首先，她命醇亲王奕譞“办理法越事宜”，[2]光绪九年六月初一日(1883年7月4日)，醇亲王走马上任，“到军机直房会办越事”。[3] 中法交涉原由奕䜣、宝鋆、李鸿藻等人主持办理，慈禧在这个时候突然命奕譞加入会同办理，“实际上是对奕䜣等人表示不信任，鼓励、支持奕譞向奕䜣夺权，因此，慈禧的这一举动，可以说是后来罢免全体军机大臣的先声”。[4]

在法越问题上，奕䜣与李鸿章意见相同，一贯主张持重，不轻言战争。他所主持的总理衙门因循保守的对法政策，是清流派攻讦的中心。尽管如此，清流派却很少直接上奏弹劾奕䜣本人。慈禧太后想罢黜奕䜣，翻覆朝局，需要口实和机会。这个口实，不久即由言官提供。

---

① 《户科掌印给事中邓承修等奏夷情叵测请饬督臣力筹战守折》，《中国近代史资料丛刊·中法战争》(五)，第333页。

② 《德宗景皇帝实录》(三)卷163，光绪九年五月，第301页。

③ 陈义杰整理:《翁同龢日记》(四)，第1749页。

④ 宝成关:《慈禧奕䜣政争记》，吉林文史出版社，1990年，第324页。

十月二十八日(11月27日),江南道御史吴峋上折,以“天心示戒,亟宜上下交儆”为由,吁恳“酌简枢臣以策万全而保大局”,参奏包括恭亲王在内的所有枢臣:

> 恭亲王与景廉,皆沉疴新愈,尚未康强。宝鋆年近八旬,虽精神矍铄,不得不间请休沐。李鸿藻、翁同龢以忧伤憔悴之余,心殚力竭。翁同龢侍学讲筵,深资启沃,任大责重,不当以全力运筹决胜。李鸿藻兼理译署,任事颇锐,而日形劳惫,此急宜豫谋者也。

吴峋指出,在国家无事之时,枢臣老成硕画,足以襄郅治,但在“数十国之君臣、商民精心果力以与我相抗拒”的时候,“而我之枢臣疾老疲累如此,不亦危乎”?所以他“恭请懿旨,命醇亲王逐日前往军机处稽核章奏,商榷机宜”,并“简派公忠正大、果敢智略之大臣一二员,授为军机大臣,会同商办,以期慎益加慎,庶几群策群力,嘉谋嘉猷,以格穹苍,以安宗社,以固疆宇,以驭寰瀛”。①

慈禧做何处理?《翁同龢日记》:“入对时,恭邸及臣等皆谢奉职无状,慈谕:当此时,汝等不忍辞亦不敢辞耶。语极长,不悉记。”②翁同龢没有发现慈禧有发动政变的任何迹象。她似乎在等待更合适的机会。

光绪九年(1883)年底到十年(1884年)年初,清军在越南北

---

① 吴峋:《奏请酌简枢臣等事折》,中国第一历史档案馆藏:录副奏折,档号:03—5184—082。

② 陈义杰整理:《翁同龢日记》(四),第1785页。

部战场上接连败退，山西、北宁、太原等地相继失守。慈禧决计不再忍耐，她要把清军败绩的责任推给奕䜣，然后罢黜他，彻底清除其在权力中枢中的势力，以便独揽大权。

光绪十年三月初八日(1884年4月3日)，祭酒盛昱为"越事失机"上折，要求追究战败的责任。折中说唐炯、徐延旭"坐误事机，其罪固无可道，而枢臣之蒙蔽诿卸，罪实浮于唐炯、徐延旭"：

> 唐炯、徐延旭自道员超擢藩司，不二年即抚滇、粤，外间众口一词，皆谓侍讲学士张佩纶荐之于前，而协办大学士李鸿藻保之于后。张佩纶资浅分疏，误采虚声，遽登荐牍，犹可言也，李鸿藻内参进退之权，外顾安危之局……乃以轻信滥保，使越事败坏至此，即非阿好徇私，律以失人偾事，何说之辞？恭亲王、宝鋆久直枢廷，更事不少，非无知人之明，与景廉、翁同龢之才识凡下者不同，乃亦俯仰徘徊，坐观成败，其咎实与李鸿藻同科。然此犹其咎共见共闻者也，奴才所深虑者，一在目前之蒙蔽，一在将来之诿卸……恭亲王等鉴于李鸿藻而不敢言，李鸿藻亦自鉴于前而不敢言……滥举之咎，犹可解免，如此存心，殆不可问，是诿卸之罪也！该大臣等参赞枢机，我皇太后、皇上付之以用人、行政之柄，言听计从，远者二十余年，近亦十数年，乃饷源何以日绌，兵力何以日单，人材何以日乏，即无越南之事，且应重处，况已败坏于前，而更蒙蔽、诿卸于后乎？有臣如此，皇太后、皇上不加显责，何以对祖宗？何以答天下？惟有请明降谕旨，将军机大臣及滥保匪人之张佩纶，均交部严加议处，责令戴罪图

功，认真改过，讳饰素习，悉数湔除。[①]

盛昱上折的真实意图在于弹劾张佩纶。[②] 为增强弹劾力度，盛昱采取了直接参劾李鸿藻的办法，因为李倒台张便无所依恃。盛昱的奏折，成了慈禧太后罢免奕䜣、改组军机处的天赐良机。

盛折上呈后，慈禧太后留中不发，当天便召见军机大臣，为发动政变作准备。据《翁同龢日记》，慈禧太后召见军机大臣时，"谕及边方不靖，疆臣因循，国用空虚，海防粉饰，不可以对祖宗"。[③]

次日，慈禧太后亲临寿庄公主府第赐奠，借传膳之机召见醇亲王奕谖，[④]同日派恭亲王奕䜣前往东陵主持慈安太后三周年祭奠之礼。此后两天，盛折均未下发，翁同龢"疑必有故也"。[⑤]

三月十三日（4 月 8 日）内阁明发上谕，罢黜奕䜣及全体军机大臣：

---

① 吴相湘：《晚清宫廷实纪》，第 103—105 页。

② "法越事起之前，合肥丁内艰，夺情回籍，守制百日。朝廷以合肥统北洋淮军，即命向隶淮军之张树声署直督以镇率之。其子霭青，在京专意结纳清流，为乃翁博声誉，此时即奏请丰润帮办北洋军务。忽为言官奏劾，疆臣不得奏调京僚。丰润仍留京，因而怨树声之调为多事。树声甚恐，颇虑其挟恨为难，非排去不安。然丰润恃高阳，又非先去高阳不可。霭青即多方怂恿清流，向盛伯熙再三游说，弹劾枢臣失职，伯熙为动。"见黄濬：《花随人圣庵摭忆》，第 558 页。

③ 陈义杰整理：《翁同龢日记》（四），第 1817 页。

④ 陈义杰整理：《翁同龢日记》（四），第 1817 页。

⑤ 陈义杰整理：《翁同龢日记》（四），第 1818 页。

奕䜣着加恩仍留世袭罔替亲王，赏食亲王全俸，开去一切差使，并撤去恩加双俸，家居养疾。宝鋆着原品休致。协办大学士、吏部尚书李鸿藻，内廷当差有年，只为囿于才识，遂致办事竭蹶；兵部尚书景廉，只能循分供职，经济非其所长，均着开去一切差使，降二级调用。工部尚书翁同龢，甫直枢廷，适当多事，惟既别无建白，亦有应得之咎，着加恩革职留任，退出军机处，仍在毓庆宫行走，以示区别。[①]

同日，组成新军机："礼亲王世铎着在军机大臣上行走……户部尚书额勒和布、阎敬铭，刑部尚书张之万均着在军机大臣上行走。工部左侍郎孙毓汶着在军机大臣上学习行走。"[②]翌日又宣布："军机处遇有紧要事件，着会同醇亲王奕譞商办，俟皇帝亲政后再降懿旨。"[③]当奕䜣从东陵赶回来的时候，一切皆成定局。奕䜣集团被排出权力中枢，枢臣中持续了多年的南北之争，也因为双方各自的领袖均被排出军机而告终结。

奕䜣被逐出军机，绝非盛昱一纸奏议之功。"长期以来，北派在阳为励精图治之吁，阴行党同伐异之实的作为下，对南派及南派所依恃的恭王一系不断施压，才是成此局的本由。"[④]慈禧太后揄扬清流派，正是看中了清流派可以作为打压奕䜣的工具。在这期间，言官与清流派逐渐合流，不自觉地成了发动政变的工

① 吴相湘：《晚清宫廷实纪》，第106页。

② 《光绪朝东华录》(二)，总第1676页。

③ 《光绪朝东华录》(二)，总第1677页。

④ 林文仁：《南北之争与晚清政局：以军机处汉大臣为核心的探讨》，第183页。

具。所以,当慈禧取得政变的胜利之后,言官多次上奏,请求“存录恭亲王等,仍令当差效职”;[①]“恭亲王受累朝倚畀之重,其洞明时务,熟悉朝章”,应“予以自新之路,使之戴罪自效,以赎前愆”;[②]夷情反复,请以“恭亲王办理总理衙门事务”,等等,[③]对于这些主张,慈禧太后不予理睬。

第二节 初期帝后党争中的言官

甲申政变后,新军机以礼亲王世铎为首,总署以贝勒奕劻为首,实际上由奕譞总揽一切,慈禧太后权力扩张到极致。但随着光绪帝日渐成人,慈禧太后的柄政地位开始面临挑战。光绪帝亲政后,皇帝与太后之间矛盾渐起,慈禧太后想继续坐拥最高统治权力,光绪帝想巩固与扩大自己的权力版图。光绪帝要想在日后权力格局中具有更大的主动性,就要壮大亲附于自己的官僚势力,于是以帝师翁同龢为中心的南派清流便成了光绪帝信赖并依靠的力量。在醇亲王总揽内廷之后,太后一方也开始注意收编各方力量,对淮系李鸿章的重用具有代表性。这样,形成了以后“帝党”和“后党”的核心力量。

① 丁振铎:《奏为懿旨过于贬损请存录亲旧再沛德音恭亲王等仍令当差效职以息群疑事》,中国第一历史档案馆藏:朱批奏折,档号:04—01—13—0356—016。

② 赵尔巽:《奏为恭亲王经朝廷严加谕训必已憬然悔悟请予自新之路戴罪自效以赎前愆事》,中国第一历史档案馆藏:朱批奏折,档号:04—01—13—0356—033。

③ 孔宪珏:《奏为夷情反复拟请仍饬恭亲王办理总理衙门事务事》,中国第一历史档案馆藏:朱批奏折,档号:04—01—13—0356—038。

甲午战争爆发后，围绕着和战问题，上演了一场党争大戏。唱主角的是以翁同龢为首的南派清流和李鸿章为首的北洋势力。随着战争的发展，李鸿章的态度由游移转向坚定，最终成为后党。言官在戏中算不上主角，他们积极主战，攻击主和派，最终将李鸿章推向后党的怀抱，帝后党争由此明朗化。

一、言官与李鸿章靠近后党之始

甲申政变后，北派清流的主流地位尽失。翁同龢入值军机，执掌枢垣并在毓庆宫行走，成为南派的精神领袖。甲申易枢后，翁同龢与奕䜣、宝鋆、景廉、李鸿藻等一并退出军机，但保留在毓庆宫行走，革职留任的处分也在半年之后加恩宽免。[①] 光绪帝亲政后，翁同龢以帝师日侍左右。至是，南派清流势力复张，成为日后帝党的基干力量。同时，他们与李鸿章的北洋势力的冲突渐起。

作为汉族官僚中的实力派，甲申政变前，李鸿章深得恭亲王奕䜣的倚重与支持；易枢后，又深得醇亲王奕譞的倚畀和提携，但是，在政治权力上却有着巨大的不确定性。这种不确定性来自两个方面：其一，甲申易枢后，新上台的军机班子与李鸿章及北洋势力关系甚淡，双方尚未建立起良好的互信关系；其二，甲申政变后，慈禧太后确立了无上权威，如何经营与慈禧太后之间的关系，特别是在光绪帝亲政后，帝后党争已见端倪的政治格局下，如何站队，李鸿章颇为踌躇。光绪帝亲政的第二年，醇亲王去世，李鸿章再失庇护，而此时慈禧太后对光绪帝试图改变帝后权力格局的尝试又采取了容忍态度，这一切使李鸿章在向太后

---

① 《光绪朝东华录》(二)，总第 1844 页。

输诚一途上，难以积极主动。[①] 不过，李鸿章也清楚，他之所以能够盘踞北洋，是因为以淮军为基础所建构的海陆国防武力，仍是清廷现阶段所依仗的主力，自己的政治权力与地位也必然与此息息相关。但是李鸿章万万没有想到的是，他所依恃的政治资本，随着甲午中日战争的爆发而倾覆，而他自己也因战前勿轻启衅端、“保全和局”的主张，[②]而遭到言路的攻击，从此坠入派系斗争的漩涡。

中日朝鲜问题发生后，光绪帝需要一场战争来树立权威，巩固权力，翁同龢需要借光绪帝来扩展南派清流的势力，所以在战事初起时，他们积极主战。李鸿章以数十年的办理洋务和国防的经验，对敌我双方的力量对比有清楚的认识，因而希望通过外交途径，靠国际调停来解决争端，在军事调度和行动上极力主张持重，为光绪帝与翁同龢及翰詹科道所不容。翁同龢即借主战来挫抑李鸿章。

> 是时张季直新状元及第，言于常熟，以日本蕞尔小国，何足以抗天兵，非大创之，不足以示威而免患。常熟韪之，力主战。合肥奏言不可轻开衅端，奉旨切责。余复自天津旋京，往见常熟，力谏主战之非，盖常熟亦我之座主，向承奖借者也。乃常熟不以为然，且笑吾书生胆小。余谓临事而惧，古有明训，岂可放胆尝试。且器械、阵法，百不如人，似未宜率尔从事。常熟言合肥治军数十年，屡平大憝，今北洋

① 林文仁：《派系分合与晚清政治——以“帝后党争”为中心的探讨》，中国社会科学出版社，2005年，第115—136页。

② 《清光绪朝中日交涉史料》卷十四，1075，故宫博物院，1932。

海陆两军，如火如荼，岂不堪一战耶？余谓知己知彼者，乃可望百战百胜，今确知己不如彼，安可望胜？常熟言吾正欲试其良楛，以为整顿地也。余见其意不可回，遂亦不复与语，兴辞而出。[①]

此后主战之声不断高涨，言官亦加入其中。

光绪二十年五月十九日（1894年6月22日），江西道御史褚成博上《请饬北洋增兵镇抚朝鲜折》，略称：

臣顷闻日兵已上岸，分据要隘。朝鲜人心惶惶，国主思遁。经汪凤藻、袁世凯等各将此情电达李鸿章，请求添发援师。而李鸿章初则不以为然，继仅加添一二艘前往，数不足与日兵相敌，何能壮声威而折狡谋？伏思朝鲜接壤中国，为我东藩……今若为日本所蚕食，不特藩篱尽撤，有唇亡齿寒之虞，且俄罗斯沉几观衅，久欲肆其东讨，万一为彼所乘，后患更不堪设想。相应请旨飞饬李鸿章酌派威重晓事之统将，添带师船速往镇抚，切勿为彼族所愚弄，致悔噬脐。至于军情瞬息百变，并请谕饬该大臣，将一切布置细情随时电奏。[②]

褚折没有得到回应，李鸿章寻求调停的活动仍在进行。随

① 王伯恭著，郭建点校；江庸著，常士功点校：《蜷庐随笔 趋庭随笔》，山西古籍出版社，1999年，第21页。

② 褚成博：《坚正堂折稿》卷1，第14—15页，转引自石泉：《甲午战争前后之晚清政局》，三联书店，1997年，第64—65页。

着第二批日军在朝鲜登陆，对李鸿章的不满情绪与日俱增。

六月初二日(7月4日)，已升为吏科给事中的褚成博再次上折：

> 闻袁世凯等电催北洋添兵之时，有俄国使臣暗中劝阻，故李鸿章坚不允添。嗣有英国某领事面谒李鸿章，谓彼肯发兵助我，李鸿章深信不疑，竟欲倚以集事……夫俄之阻我益师，实欲坐收渔人之利，英之自请助我，无论真伪难知，即使出于至诚，而事后多方市惠，婪索兵费，强增条款，甚且暗唆各国恣扰海疆，阳居排解之功，阴遂要求之计。[1]

随折附片中强调中国讲求海防30年，创设海军七八年，可谓武备修举，足以永靖海氛。然而李鸿章漠视朝廷，"粉饰欺罔"，转而求助他族。他认为对日本，"惟有决意主战，大加驱剿，兵威既振，以后办理交涉事务自能就我范围"，强调"三军勇怯，全视主帅为转移，苟非李鸿章激发天良，感厉将士，恐此事终无把握"。[2]

英国公使竭力促成的中日谈判也宣告失败。六月初七日(7月9日)，日本向中国提交了"第二次绝交书"，断然拒绝中国提出的双方共同撤兵的正当要求，还倒打一耙，将挑起战争的责任推卸给中国。主战派极为不满，更多弹章指向了李鸿章。

六月初十日(7月12日)，江南道御史张仲炘上折，痛斥李鸿章依赖列强，贻误战机。张仲炘指出，朝鲜战争爆发后，李鸿

① 《清光绪朝中日交涉史料》卷十四，1070。

② 《清光绪朝中日交涉史料》卷十四，1070。

章观望迁延，寸筹莫展，“始则假俄人为钳制，继则恃英人为调停……不意李鸿章办洋务数十年，乃甘堕洋人之术中而不知悟也”。放弃朝鲜会带来列强“势逼津沽，祸连三省”的严重后果，只有与日本速行决战，“借以存彼弱国，卫我边疆”，“绝各国觊觎之心，夺日本骄矜之气”。“无论胜与不胜，朝鲜断不可弃，日本断不可和，惟有力与之争，期于必克。”折中还提出“别练一军，为绸缪未雨之谋”，并推举前新疆巡抚刘锦棠，在必要之时，“以督师专其事权，责其功效”。①

仅就张折的内容看不出派系斗争的痕迹。如果把当时一连串的事情联系起来看，派系角逐的痕迹便清晰可见了。

在张仲炘上折的同一天，南派健将文廷式上《朝鲜事机危迫条陈应办事宜折》，指出朝鲜战事发生后，朝野的迁延观望已经坐失事机，应从“明赏罚”、“增海军”、“审邦交”、“戒观望”等四个方面积极备战。② 六月十四日（7 月 16 日）奉旨：

> 本日据奕劻面奏，朝鲜之事，关系重大，亟须集思广益，请简派老成练达之大臣数员会商等语。着派翁同龢、李鸿藻与军机大臣、总理各国事务大臣会同详议，将如何办理之处，妥筹具奏。③

甲申易枢后，孙毓汶成为枢廷重心，深受慈禧太后宠信。光绪亲政后，深得慈禧太后信任的军机大臣许庚身去世，接替者徐

---

① 《清光绪朝中日交涉史料》卷十四，1130。

② 《清光绪朝中日交涉史料》卷十四，1132。

③ 《德宗景皇帝实录》(五)卷 342，光绪二十年六月上，第 382 页。

用仪也是太后亲信。朝鲜战事发生后，军机大臣世铎、孙毓汶以及徐用仪等人对光绪帝的主战采取消极态度，光绪帝将翁同龢、李鸿藻重新拉入决策核心以作回应。

上谕中对李鸿章的不满表露无遗：

> 现在倭韩情事已将决裂，如势不可挽，朝廷一意主战。李鸿章身膺重寄，熟谙兵事，断不可意存畏葸。着懔遵前旨，将布置进兵一切事宜，迅筹覆奏。若顾虑不前，徒事延宕，驯致贻误事机，定惟该大臣是问。①

翁同龢重新进入决策层后，主战派对李鸿章的批评剧增。六月十五日（7月17日），志锐上奏，批评李鸿章及译署大臣在韩事上一味因循玩误。六月十七日（7月19日），吏科给事中余联沅上一折一片，折中提出攻东京、守海口、与倭战三策，批评李鸿章的勿轻启衅端和希图国际调停策略："轻于开衅，则兵祸连结，恐无已时。急于求和，则遗患养骄，亦非至计。""当此之时，能守而后可以言战，能战而后可以言和。"②在附片中进献"抵制日患方略"五条。③ 同日，福建道御史安维峻上《请明诏讨倭片》，强调朝鲜的战略地位重要，中国"自强之策，莫如决战"。指责总理衙门大臣迁延观望，李鸿章为保护派系资本而消极避战："总理衙门总理大臣巧辞推谢，仍诿之北洋，并不一运筹策。朝

① 《德宗景皇帝实录》（五）卷342，光绪二十年六月上，第383页。

② 《清光绪朝中日交涉史料》卷十五，1177。

③ 《吏科给事中余联沅奏为条陈抵制日患方略片》，《中国近代史资料丛刊续编·中日战争》（一），中华书局，1993年，第13—14页。

廷将安用此无用之总理大臣为耶?”“督臣李鸿章……年已衰暮,位极人臣,其意在保守富贵,不暇为朝廷计久安长治之策。”[①]六月十九日(7月21日),掌京畿道御史庞鸿书上奏,强调“朝鲜不可轻弃”,指出:“朝鲜之势旦夕可危,日本狡谋叵测,断非口舌所能争……若一味以口舌相争,则因循畏葸之形为敌人所窥破,势非餍其所欲不止。与日本尚且如此,则俄人帕密尔分界,英人西藏通商,指日皆当议结,苟亦多方要挟,又将何以应之?”在此“战议”未定之时,为了避免“各路军将迟回观望,或致有误军情”,“应集兵直捣日军”。[②]

在朝廷严旨催战的情况下,李鸿章在六月十八日(7月20日)覆叶志超的电报中依然强调:“日虽竭力预备战守,我不先与开仗,彼谅不动手,此万国公例,谁先开战,即谁理诎。”[③]战争一触即发之际,李鸿章仍有关于俄国调停之电发往译署。[④] 六月二十一日(7月23日),日军包围朝鲜王宫,劫持国王李熙,组织了傀儡政权,并迫令其“授权”日本驱逐驻扎在牙山的清军。光绪帝为此盛怒:

---

① 安维峻:《谏垣存稿》,《中国近代史资料丛刊续编·中日战争》(六),第515页。

② 《御史庞鸿书奏为朝鲜不可弃应集兵直捣日军折》,《中国近代史资料丛刊续编·中日战争》(一),第23—25页。

③ 顾廷龙、戴逸主编:《李鸿章全集》(24),电报(四),第148页。

④ 《寄译署》,光绪二十年六月二十一日巳刻,电文如下:“前电许使探询俄廷意旨。顷接许效电:遵电见嘎声明,并询彼意。嘎言前劝日退兵未听,现英约同出调处,我意甚愿。二三日如得俄主覆信准办,即电给驻日使训条并告喀云。”顾廷龙、戴逸主编:《李鸿章全集》(24),电报(四),第159页。

> 北洋电传大鸟下令，种种狂悖，首以韩非属邦为言，又称所出教条不能改，中国若添兵，即以杀倭人论云云。北洋又谓俄有十船可调仁川，我海军可会办云云。前电上盛怒，后一电上不以为然，命不得依仗俄人也，拟电旨致北洋达此意。①

日本否认中韩宗藩关系，且将中国增兵朝鲜视为开战行为，引起光绪帝的盛怒，“而令德宗‘盛怒’者，与其云乃大鸟之‘狂悖’，毋宁更在李鸿章于过去极为关键之一月余来，对朝命之拖宕游移，所造成此主动尽失之局面。姑不论光绪与李相在判断上孰是孰非，事至于此，将令德宗对未来更为赤裸之派系斗争中，备受攻伐之李鸿章与北洋，益不抱任何同情，甚且加入瓦解淮系北洋之行列，唯亦以如此，合肥势须愈向亲西后势力靠紧，但也愈沦为慈禧用以操作局面之一棋子耳”。② 回顾甲申政变之后，翁、李两派的政治较量，以及李鸿章的立场的转变过程，言官的作用不可轻视。

二、言官与慈禧太后复出

中日正式宣战后，清军在战场上节节败退，主战派颜面扫地，他们将失利的原因归结为李鸿章的迁延观望、贻误战机，对李鸿章及其淮系一派进行了猛烈的抨击。言官的加入更使攻势升级。

---

① 陈义杰整理：《翁同龢日记》(五)，第 2711 页。

② 林文仁：《派系分合与晚清政治——以“帝后党争”为中心的探讨》，第 165—166 页。

光绪二十年七月十三日(1894年8月13日),安维峻上折,首先提及七月初三日(8月3日)牙山之战中清军全军覆没,日军步步紧逼,已经向山海关、大沽口进发的事实,把牙山之败归咎于李鸿章及丁汝昌,称:

查倭人启衅已逾两月之久,督臣李鸿章一意延宕,坐失事机。海军提督丁汝昌,奉委进剿,乃未至朝鲜即已退避,以致叶志超一军孤立无援,全军覆没。倭船长驱直犯,如入无人之境,山海关防军能否得力,尚未可知。大沽游弈之船,该督臣任其横行,并不痛加剿击。闻津沽将领亦有分头迎击之请,而督臣坚执不许,不开一炮,不发一兵,倭贼自去自来,我师熟视无睹。①

进而责难惟李鸿章马首是瞻的军机与总署诸大臣:

方今军机大臣除孙毓汶、徐用仪办事尚能认真外,其余或庸懦无能,泄沓成习,或日寻盘乐,流连忘返。盖老成宿德之人大抵不过如此。总署大臣如张荫桓之卑鄙无耻,众人目为汉奸者,一应机务由其主办,其尚能披肝沥胆,进一忠言至计乎?……今军机大臣散班后即了不过问,近来虽派李鸿藻、翁同龢一同与议,而覆奏时二臣不获与枢臣同觐天颜,其中有无欺蒙,亦恐难以预料。疆臣之贻误如彼,枢臣之尸素如此,敌氛日近而备御未闻,战垒日多而袖手仍

① 《御史安维峻奏我师败绩请选将募勇统筹全局并禀请皇太后折》,《中国近代史资料丛刊续编·中日战争》(一),第75页。

昔，未审将来何以待之。[①]

同日，余联沅上一折两片，[②]在《总署收电有改字句等弊嗣后应封递直呈御览片》中，弹劾译署大臣蒙蔽。略称：

> 闻此次倭人起衅，凡外来电报经总理各国事务衙门翻译奏闻，至有改字改句等弊，并有匿不以闻者。似此重大之事，如果传言属实，庆亲王奕劻为该衙门总理，即不能辞欺蒙之咎。拟请旨饬令确查覆奏，以昭核实。并请旨饬下该衙门，嗣后无论电奏、电咨，经管电之员译出，不许呈堂阅看，照各臣奏事之例即行封递奏事处进呈御览，以祛壅蔽。[③]

七月十六日（8月16日），志锐专折参劾孙毓汶与徐用仪。折中指责孙毓汶“秉政十年，专权自恣”，“皇上之所是，则腹非

---

① 《御史安维峻奏我师败绩请选将募勇统筹全局并禀请皇太后折》，《中国近代史资料丛刊续编·中日战争》（一），第75—76页。

② 据光绪二十年七月十三日军机处随手登记档余联沅条载：给事中余联沅折一：《倭寇鸱张请旨饬令严防各海口并查拿京城奸细由》；片一：《总署呈览电报请饬查有无改字之弊等由》；片一：《请饬李秉衡办东三省防务由》，中国第一历史档案馆藏：军机处随手登记档，档号：03—0281—1220—187。另，《中国近代史资料丛刊续编·中日战争》（一）中收录《给事中奏总署收电有改字句等弊嗣后应封递直呈御览片》，时间为光绪二十年七月初十日，应为错误。余联沅该片上奏时间亦可从《翁同龢日记》光绪二十年七月十三日条得到印证。见陈义杰整理：《翁同龢日记》（五），第2718页。

③ 余联沅：《总署收电有改字句等弊嗣后应封递直呈御览片》，戚其章：《中国近代史资料丛刊续编·中日战争》（一），第70页。

之；皇上之所急，则故缓之。一切技量，皆潜寄于拟旨时词气轻重之间”，其寄与地方督抚的信件，甚至传为有“小圣旨”之说。徐用仪则事事仰承孙毓汶旨意，“即会议一事，徐用仪毅然秉笔，翁同龢等不过略易虚字，及封折之际，会议者竟不得与闻”。请求“立将孙毓汶罢斥”，如此则“朝政必有起色，军事必有转机”。①

志锐上奏后，光绪帝请示慈禧太后，孙毓汶在慈禧太后和庆亲王奕劻的维持之下，得保无虞。《翁同龢日记》：

> 是日办奏片，孙、徐两公不肯动笔，令顾渔溪上堂写，余与李公亦相顾不发。良久凑成，写就即散，未及递也。（昨志锐劾孙、徐把持，折呈慈圣御览，奕劻面对七刻，今日上以原折示两公，温语慰劳，照旧办事，仍戒饬改过云云。）②

帝党图谋瓦解原有权力布局，慈禧太后权威受到挑战，她决定结束观望，开始直接过问与中日战争相关的决策。帝后党争由暗斗而趋于明朗化。

对李鸿章及枢臣的打击未见成效，言路便将矛头转向丁汝昌。七月二十四日（8 月 24 日），江南道御史钟德祥上奏，称丁汝昌避战畏敌，请派刘坤一查参疏忽海防之南洋兵轮统带。③

---

① 《清光绪朝中日交涉史料》卷十六，1394。

② 陈义杰整理：《翁同龢日记》（五），第 2720 页。

③ 见《御史钟德祥奏请迅简将帅以振全局折》、《御史钟德祥奏请饬下刘坤一查参疏忽海防之南洋兵轮统带片》，《中国近代史资料丛刊续编·中日战争》（一），第 126—129 页。

翌日，广西道御史高燮曾奏请整顿海军，更易提督，并简大员帮办北洋军务；河南道御史易俊奏参丁汝昌畏葸无能，请简员接统海军。[1]

七月二十六日(8月26日)谕旨："海军提督丁汝昌着即行革职，仍责令带罪自效，以赎前愆。倘再不知奋勉，定当按律严惩，决不宽贷。懔之！"[2]

同日，余联沅乘胜追击，指出李鸿章贻误大局的六大错误，即"以洋人为可师，而不知改变"；"大堕缓兵之计"；坐任"孤军无援"，置军队于生死于不顾；曲意回护丁汝昌，"而不立正军法以激励将士"；心无战志、盲目主和；"一味优媚，损国威而懈士心"。[3] 奉旨："所奏毋庸置议。"

翁同龢一派在打击枢臣及以李鸿章为首的北洋势力的路上越走越远，事态的发展让慈禧太后再也无法保持沉默，不得不插手期间：

七月二十七日(8月27日)《翁同龢日记》：

> 昨丁汝昌革职之旨呈诸东朝，以为此时未可科以退避，姑令北洋保替人来再议。事格不行矣。[4]

---

① 见《广西道监察御史高燮曾奏请整顿海军更易提督并简大员帮办北洋军务片》、《易俊奏丁汝昌贻误军机请饬李鸿章遴员接代片》，《中国近代史资料丛刊·中日战争》(三)，新知识出版社，1956年，第56—58页。

② 《上谕》，《中国近代史资料丛刊·中日战争》(三)，第65页。

③ 《给事中余联沅奏疆臣贻误大局沥陈危急情形折》，《中国近代史资料丛刊·中日战争》(三)，第61—63页

④ 陈义杰整理：《翁同龢日记》(五)，第2723页。

七月二十九日（8月29日），李鸿章覆奏："目前海军将才，尚无出其右者"，"海军提督确难更易。"[①]

慈禧太后出面，光绪帝只好退让，八月初一日（8月31日）上谕再下，丁汝昌"暂免处分"。[②] 此后晚清政坛再次回归二元格局，李鸿章阵营逐渐形成了后党的基干力量，以翁同龢为首的清流渐成帝党之雏形。

帝党借丁打李的攻势顿挫后，便将弹劾的矛头指向李鸿章旗下的其他北洋将领及亲信。言官奏疏中，最有影响的有三件：

其一，八月初六日（9月5日），易俊参劾"卫汝贵恇怯无能，性情卑鄙，且平日克扣军饷，不得兵心。并闻此次统带盛军十八营，经过牛庄一带，地方不胜骚扰，其营规不能整饬，足见一斑，若令久领偏师，必至败事"。[③]

其二，八月初九日（9月8日），张仲炘上折弹劾李鸿章、李经方父子以及盛宣怀、张士珩等行为乖谬：

> 至海上有事，米、煤例不准出口，乃李鸿章之子李经方在上海以米三千石售与倭人，候补道张鸿禄为之经手，绝不避讳；商定开平煤三万吨，战事已兴，局员拟不售给，而李鸿章乃谓订买在未失和之先，且促其速交，满载而去……李经方赘婿于倭，有知其实者，则谓李经方前使日本，与其官眷

---

① 《直隶总督李鸿章覆奏海军提督确难更易缘由折》，《中国近代史资料丛刊·中日战争》（三），第71—73页。

② 《军机处寄北洋大臣李鸿章上谕》，《中国近代史资料丛刊·中日战争》（三），第79页。

③ 《清光绪朝中日交涉史料》卷十九，1543。

相往还，曾认倭王之女为义女，复议聘为儿妇。又李经方在倭开有洋行一座，资本八百万，津海关道盛宣怀亦均有股，现仍照常贸易……张士珩者，李鸿章之甥，而军机局之总办也，向来置买军械，即与验收者通同一气，器多窳败，又复偷盗抵换，不堪应用者多有……和局不成，则利源亦窒碍，故其罢战求和之心，较他人为更迫切。天津竟有万寿前必议和之说，多谓出自彼口。阻挠国计，摇撼人心，贻误何所底止？[①]

其三，八月十一日（9月10日），掌广东道御史端良弹劾张佩纶在李鸿章署中干预公事，"将电奏、电报文字随意改写，道府提镇文武各官，为系督臣至亲，群相侧目，莫敢有言"。为免受其蒙蔽，贻误事机，应将张佩纶"驱令回籍"。

连篇累牍的弹章只是雪上加霜，战场上的失利才是更要命的。平壤败讯传至，李鸿章被拔翎褫褂。同时户科掌印给事中洪良品上奏弹劾李鸿章贻误军机，请求易帅："（李鸿章）意不在战而在和也。昨蒙恩旨薄惩，该督当知儆惧。"[②]并说李鸿章"在日本有洋行，有茶山……其不欲战，皆以资本在人手中之故"，[③]请求再简知兵大员为之统帅，"令李鸿章为之接应粮饷器械等

① 《清光绪朝中日交涉史料》卷十九，1566。

② 《给事中洪良品奏李鸿章贻误军机请再简知兵大员添募重兵水陆并进折》，《中国近代史资料丛刊·中日战争》（三），第108—109页。

③ 《洪良品奏李鸿章在日本有商号资本并与倭王情谊亲密片》，《中国近代史资料丛刊·中日战争》（三），第109页。

类，功罪同之”。①

帝党翻覆朝局的念头令慈禧太后无法坐视。李鸿章拔翎褫褂的处分下达后，慈禧太后接连召见礼亲王世铎、庆亲王奕劻，翌日发布懿旨：

> 朕钦奉慈禧端佑康颐昭豫庄诚寿恭钦献崇熙皇太后懿旨：李鸿章奏，军情益急，奉天地广兵单，请特简重臣督办，并沥陈统筹全局情形一折。倭人构衅以后，办理军务为难情节，早在深宫洞鉴之中。北洋门户最关重要，该大臣布置有素，筹备自臻严密。现在东沟业经开仗，须防其进窥海口；畿辅安危所系，该大臣责无旁贷。至奉省边防同时吃紧，本日已派宋庆为帮办大臣，驰赴九连城驻扎，与定安、裕禄合力筹防。该大臣亦应统筹兼顾，不得稍有诿卸。近闻该大臣因军事劳瘁，气体不甚如常，着随时加意调摄，毋负朝廷委任至意。勉之！②

这道懿旨对李鸿章抚慰有加，爱护之情溢于言表。这种态度令翁同龢十分沮丧，在给张謇的信中说：“将不易，帅不易，何论其他？此天也！”③

在表达对李鸿章的信任后，慈禧太后又发布“停办景点、经

① 《给事中洪良品奏李鸿章贻误军机请再简知兵大员添募重兵水陆并进折》，《中国近代史资料丛刊·中日战争》（三），第108—109页。

② 《军机处寄北洋大臣李鸿章上谕》，《中国近代史资料丛刊·中日战争》（三），第113—114页。

③ 《翁松婵致张啬庵手书》，《中国近代史资料丛刊·中日战争》（四），第574页。

坛、戏台等事,宫中受贺"的懿旨。[1] "宫中受贺",标示着慈禧太后要离开颐养天年的颐和园而亲自坐镇权力中心,重新回到最高领导岗位,帝后党争明朗化起来。

三、言官与帝后两党的对立

宣布宫中受贺之后,慈禧太后连日召见庆、礼两王,[2]此后又多次召见庆亲王、军机大臣、翁同龢以及李鸿藻等商讨战事,介入决策的态度日趋积极。光绪二十年八月二十八日(1894 年 9 月 27 日),慈禧太后派翁同龢前往天津,与李鸿章共商联俄谋和之事,标志着和议开始。慈禧太后的意图明确之后,游走于和、战之间的朝中大臣,针对光绪帝与慈禧太后对战事的不同态度,逐渐形成两派,是为帝党和后党之成型。

在慈禧太后重新干政的情况下,光绪帝若想避免再次沦为"听政"、"训政"的工具,翁同龢要想保住自己一派已经获得的权力,就不得不将主战论调继续下去,争取决策上的发言权。为此,在慈禧太后酝酿和议之始,帝党便发动新的攻势,以求转变政局。先有翰林院 35 名官员联衔上奏,张謇单衔独奏,指责李鸿章"非特败战,并且败和",[3]请求"罢斥李鸿章,坚持备战";[4]后有礼

---

① 陈义杰整理:《翁同龢日记》(五),第 2732 页。

② 陈义杰整理:《翁同龢日记》(五),第 2731 页。

③ 《吏部尚书麟书等据呈代奏为修撰张謇条陈方略折》,《中国近代史资料丛刊续编·中日战争》(一),第 312 页。

④ 《吏部尚书麟书等据呈代奏编修丁立钧等陈请罢斥李鸿章坚持战备折》,《中国近代史资料丛刊续编·中日战争》(一),第 300—305 页。

部侍郎志锐单衔上奏,“请联英伐倭”;[①]又有文廷式等38名翰林联衔“密请连英、德以御倭人”。[②] 言官站在帝党阵营,反对和议,他们无法反对慈禧太后的主和立场,只好将攻击目标指向主和诸大臣如李鸿章、孙毓汶和徐用仪。

九月初十日(10月8日),广东道御史陈其璋、户科掌印给事中洪良品、吏科给事中余联沅分别上折。陈其璋指出,李鸿章在平发捻战争中威名大振,但在中日战争爆发后,“竟手足无措,布置乖方,始则观望迟回,不速派重兵扎住朝鲜要隘,继则苟且敷衍,不多筹军火接济前敌行营。而所派将领又复任用非人,丁汝昌畏避不前,卫汝贵不战自溃,方伯谦临阵退缩,孙显寅率营先逃”,所以如此,皆因其“年老昏庸,志衰意乱”,以李鸿章“一人而综北洋,兼海军,实非思虑所能贯注也”,“与其既事之后徒事张皇,何如未事之先预为布置”?请求朝廷“简派重臣会同李鸿章督办北洋军务”。[③] 洪良品强调“李鸿章人已暮气,所练之海师、淮军糜饷有余,而战阵不足,兼之心不欲战,故麾下窥其意旨,多不尽力。而一时新起之将,稍有志者咸不愿受其节制,其大概已可想见”。他请求“一切调度机宜,还请朝廷自为主持”。[④] 余联沅认为李鸿章“畛域之见太分”,对于调往乐亭、滦

---

① 《礼部侍郎志锐奏为联英拒日可转败为胜折》,《中国近代史资料丛刊·中日战争》(三),第319页。

② 《翰林院文廷式等奏请密连英德以御倭人折》,《中国近代史资料丛刊·中日战争》(三),第136—138页。

③ 《御史陈其璋奏李鸿章年老昏庸请简重臣会办北洋军务折》,《中国近代史资料丛刊续编·中日战争》(一),第326—327页。

④ 《户科给事中洪良品奏陈军务四条折》,《中国近代史资料丛刊续编·中日战争》(一),第331页。

河一带湘军的分布驻扎等事,“毋得电商李鸿章,致形掣肘,反滋贻误”。“如以湘军归其节制,不但无功,转恐偾事”,应“请旨另简统帅,俾之一心志而联指臂,方足以奏肤功”。① 此外,高燮曾、陈其璋和安维峻提出对卫汝贵、叶志超、丁汝昌、孙显寅等淮系将领“分别治罪”,②“立置典刑”。③

九月十三日(10月11日),张仲炘上奏:“外间谣言四起,佥为款议将成;又谓军机大臣徐用仪嗾使其同乡联名上书,意主求和而罢战……相应请旨严禁浮言。”④

九月二十六日(10月24日),洪良品上折提出“军事有战无和”,近来诸臣议和之举,皆附和李鸿章的意旨,“李鸿章年已七十有余,与倭交情素密,但图自保功名,不顾国家利益”,在此战事方兴之时,请令诸臣勿言和字以懈将士之心,“李鸿章已贻误于前,诸臣不得再贻悔于后”,请求“皇上独断,必不可和”。⑤

九月二十八日(10月26日),高燮曾上奏,对于和战利弊,他说:“战则期于复朝鲜,而东三省可保,沿海均获敉平,泰西各国亦将敛手;和则主于弃朝鲜,而东三省可虞,陵寝尤形单外,泰

① 《吏科给事中余联沅奏为防兵已到请令赶扎乐亭一带折》,《中国近代史资料丛刊续编·中日战争》(一),第328页。

② 《御史高燮曾奏请将首先溃逃之卫汝贵叶志超分别治罪片》,《中国近代史资料丛刊续编·中日战争》(一),第308—309页。

③ 《御史陈其璋奏请将丁汝昌卫汝贵孙显寅三人立置典刑片》、《御史安维峻奏请将临阵逃脱之卫汝贵立正典刑折》,《中国近代史资料丛刊续编·中日战争》(一),第327—328页;第333—334页。

④ 《江南道监察御史张仲炘奏请严申军令以固防守折》,《中国近代史资料丛刊·中日战争》(三),第145页。

⑤ 《户科给事中洪良品奏请皇上独断必不可和折》,《中国近代史资料丛刊续编·中日战争》(一),第405—406页。

西各国群且生心，若此外更有无理要求，如重偿兵费之类，其为亏损复何待论？"批评李鸿章急于求和，主张与日本一战，"战之局，今日有事，异日少事，似危而实安；和之局，今日无事，异日多事，似安而实危"。[①]

九月二十九日（10月27日），福建道御史安维峻、江西道御史王鹏运联衔上奏，称李鸿章"年力已衰，难期振作"，"办理中外交兵事，除言和外更无长策"，"既不堪御侮折冲，又不敢奉身求退"，请将其"召令入阁办事以备顾问，而全勋旧，特旨另简知兵大员督办军务"。[②]

十月二十二日（11月19日），王鹏运再次上奏，提出"和议万不可行，请立罢奸邪"，矛头直指枢臣孙毓汶、徐用仪，语涉李鸿章。王鹏运指出："阻挠战局，依违和议，若军机大臣、兵部尚书孙毓汶，吏部左侍郎徐用仪，其辜恩误国，更浮于额勒和布、张之万也。"孙毓汶、徐用仪之所以顾和而不顾战，"盖战而败固无所逃罪，战而胜亦无以自容，惟有和议速成，庶可保全禄位，其他利害皆有所不计"。孙毓汶、徐用仪主张和议所带来的危害："臣亦知主持和议不止孙毓汶、徐用仪二人，然二人居密勿之地，操钧衡之权，其言易入，其计易行。无论和议遽成，实足损国威而贻后患，即此论一出，人知倡自枢垣，即足夺将士勇往之气。此

① 高燮曾：《奏为倭寇鸱张议战议和关系全局安危敬献刍言事》，中国第一历史档案馆藏：朱批奏折，档号：04—01—01—1000—050。

② 安维峻、王鹏运：《奏为直隶督臣李鸿章年力已衰难期振作请召令入阁办事以重军国事》，中国第一历史档案馆藏：录副奏折，档号：03—5720—008。

其所系，尤关紧要。”[①]在弹劾枢臣的同时，指责李鸿章“辜恩溺职”，请求“外去跋扈自专之李鸿章，内罢朋奸罔上之孙毓汶、徐用仪”。[②]

亲帝的南派清流与言官对亲后势力的步步紧逼，引起了慈禧太后的极大不满，慈禧太后由宫廷而外廷采取了一连串动作，向帝党发起警告。十月二十九日（11 月 26 日），慈禧太后发布懿旨，以纳贿鬻官、干预朝政之名，将光绪帝宠爱的珍妃、瑾妃降为贵人，[③]两天后，又将珍妃的亲信太监高万枝处死。十一月初三日（11 月 29 日），恭王面奉懿旨：“撤志锐回京当差，招募团练均停办……令桂祥（祥普）带神机营马步四队回京。”[④]志锐是珍妃、瑾妃之兄，调回京城后不久，再奉懿旨：“赏礼部右侍郎志锐副都统衔，为乌里雅苏台参赞大臣。”[⑤]志锐被调入边荒辽远之地。十一月初八日（12 月 4 日），又下令撤去光绪帝的满汉书房。这一连串动作，宣布和议已经成慈禧太后的既定方针。随后和议也在慈禧太后的主持下按部就班地进行，十二月初十日（1895 年 1 月 5 日）清政府正式宣布和议开始。

和议定调后，帝党越发被动。他们拿不出克敌制胜的方针，只能借助言路作最后一搏。

---

① 《御史王鹏运奏为请罢主和之孙毓汶等以坚战计折》，《中国近代史资料丛刊续编·中日战争》（一），第 568—570 页。

② 《御史王鹏运奏为请罢主和之孙毓汶等以坚战计折》，《中国近代史资料丛刊续编·中日战争》（一），第 570 页。

③ 《德宗景皇帝实录》（五）第 352 卷，光绪二十年十月下，第 565 页。

④ 陈义杰整理：《翁同龢日记》（五），第 2755 页。

⑤ 《德宗景皇帝实录》（五）第 353 卷，光绪二十年十一月上，第 577—578 页。

珍妃、瑾妃被降为贵妃的次日，帝党健将、二妃的老师文廷式上折，猛劾“专权误国之大臣”孙毓汶。折中说孙毓汶自任官以来，生活腐败放荡；入军机后，大权独揽，欺蒙君上，以至于“中外臣工，知有孙毓汶而不知有朝廷”。自朝鲜战事发生以后，孙毓汶与李鸿章朋比为奸，揽权求和，“直欲天下万国皆知和战之权不在皇上，而惟有在孙毓汶、李鸿章中外二大臣”。请求将孙毓汶“严刑治罪”，以申国法，以振朝纲。①

广西道御史高燮曾于十一月初三日（11 月 29 日）上折“指斥前日懿旨，谓枢臣不应唯阿取容，无所匡救，并有挟私朋比，淆乱国是，若不精白乃心，则列祖列宗在天之灵必诛殛之云云。语多狂诞”。次日，“皇太后召见枢臣于仪鸾殿，首指高折，以为离间，必加辨驳，慈容艴然”。②

十二月初二日（12 月 28 日），安维峻上折，严劾李鸿章跋扈不臣，戏侮朝廷，请予明正典刑：

> 窃北洋大臣李鸿章，平日挟外洋以自重，当倭贼犯顺，自恐寄顿倭国之私财付之东流，其不欲战，固系隐情。及诏旨严切，一意主战，大拂李鸿章之心，于是倒行逆施，接济倭贼煤、米、军火，日夜望倭贼之来，以实其言，而于我军前敌粮饷、火器故意勒措之，有言战者动遭呵斥，闻败则喜，闻胜则怒。淮军将领，望风希旨，未见贼先退避，偶遇贼即惊溃。李鸿章之丧心病狂，九卿科道亦屡言之，臣不复赘陈。惟叶志超、卫汝贵，均系革职拿问之人，藏匿天津，以督署为逋逃

① 汪叔子编：《文廷式集》（上），中华书局，1993 年，第 37—40 页。

② 陈义杰整理：《翁同龢日记》（五），第 2756 页。

薮，人言啧啧，恐非无因。而于拿问之丁汝昌，竟敢代为乞恩，并谓美国人有能作雾气者，必须丁汝昌驾驭。此等怪诞不经之说，竟敢陈于君父之前，是以朝廷为儿戏也。而枢臣中竟无人敢为争论者，良由枢臣暮气已深，过劳则神昏，如在云雾之中，雾气之说，入而俱化，故不觉其非耳。张荫桓、邵友濂为全权大臣，未明奉谕旨，在枢臣亦明知和议之举不可对人言，既不能以死生争，复不能以去就争，只得为掩耳盗铃之事，而不知通国之人，早已皆知也。

倭贼与邵友濂有隙，竟敢索派李鸿章之子李经方为全权大臣，当复成何国体？李经方乃倭逆之婿，以张邦昌自命，臣前已劾之，若令此等悖逆之人前往，适中倭贼之计。倭贼之议和，诱我也，彼既外强中干，我不能激励将士，决计一战，而乃俯首听命于倭贼。然则此举非议和也，直纳款耳，不但误国，而且卖国，中外臣民，无不切齿痛恨，欲食李鸿章之肉。而又谓和议出自皇太后旨意，太监李莲英实左右之。此等市井之谈，臣未敢深信。何者？皇太后既归政皇上矣，若犹遇事牵制，将何以上对祖宗，下对天下臣民？至李莲英是何人，斯敢干预政事乎？如果属实，律以祖宗法制，李莲英岂复可容？惟朝廷被李鸿章恫喝，不及详审利害，而枢臣中或系李鸿章私党，甘心左袒，或恐李鸿章反叛，姑事调停。初不知李鸿章有不臣之心，非不敢反，直不能反。彼之淮军将领，皆贪利小人，无大伎俩。其士卒横被克扣，则皆离心离德。曹克忠天津新募之卒，制服李鸿章有余，此其不能反之实在情形，若能反则早反耳。既不能反，而犹事事挟制朝廷，抗违谕旨，彼其心目中，不复知有皇上，并不复知有皇太后，乃敢以雾气之说戏侮之也，臣实耻之，臣实痛之。

惟冀皇上赫然震怒，明正李鸿章跋扈之罪，布告天下。如是而将士有不奋兴，倭贼有不破灭，即请斩臣以正妄言之罪。祖宗鉴临，臣实不惧，用是披肝胆，冒斧钺，痛哭直陈，不胜迫切待命之至。[①]

"安维峻此形同前此言路批判亲后势力之总结，甚且以直指西后为和议之源的奏疏，不啻以二分法，将帝、后及其党附者做明确的切割，尤其直言西后归政已久，不应遇事牵制等语，更击中慈禧之最忌讳处，亦说出帝党中人——当然包括德宗——心中最根本之不满。"[②]安折使帝后党争达到高潮。

十二月十六日（1895年1月11日），洪良品上奏，指出："惟有一心主战，使之怵我兵威，或可挽救于万一。但此时彼方议和停战，趁此间隙，速调齐各路大兵，精选得力猛将，若和局不成，尚可奋力与战，慎勿以有和议，因循坐视，失此机会。"[③]

十二月十八日（1895年1月13日），张仲炘提出，战和之计并行，军心愈形懈弛，"现倭寇之在奉边一带者，冻死以数千计，万难持兵交战。故姑以许和，缓我之兵，转瞬春融，势必仍常猖獗。中国……何如趁此和议未定之先，迅速进兵，力复数城，猛

① 安维峻：《奏为特参北洋大臣李鸿章专权跋扈请旨严办事》，中国第一历史档案馆藏：录副奏折，档号：03—5317—012。

② 林文仁：《派系分合与晚清政治——以"帝后党争"为中心的探讨》，第248页。

③ 《户科给事中洪良品奏请将议和条款发交六部九卿翰詹科道公议折》，《中国近代史资料丛刊续编·中日战争》（二），第136页。

接数仗，若能得机得势，便将和议停止，直捣倭巢。否则亦可令倭贼胆寒，勒令退兵，与之订约，庶可免赔银割地，种种贻羞”。①

十二月二十六日（1895 年 1 月 21 日），掌广东道御史端良上折，指出“兵端既开，和议难恃”，大臣之中“言战者实为国家久安之计，其言和者皆为身家苟延之计”，请求“从言战诸臣之言，奖励诸军殄灭丑类，无示弱于外洋各国，致启轻视之心，而生无厌之求”。②

在慈禧太后的主持下，清廷已经决定任命李鸿章为头等全权大臣进行议和，在这之后，又有余联沅等九名言官联衔上折，奏请申儆李鸿章及固结于北洋之枢臣，指斥他们“既不肯虚怀以采纳群言，又不能和衷以共济国……乃各蔽于私而不自知，遂致调度乖方，措施失当”，自朝鲜战事爆发以来，“李鸿章误之于外，而该大臣等误之于内，以致么麽岛寇，豕突狼奔，祸逼畿疆，朝野震动”。③

综合以上，言官对后党及李鸿章个人的攻击，已经难见新意，而此时的光绪帝，在海陆军惨败，议和已成对日政策主流的情况下，只有就范于慈禧太后的议和布局，很难有选择的空间，只能被动地接受严峻的现实了。《马关条约》签订后，言官仍交章弹劾李鸿章，但终因大局已定，无力回天，

在初期帝后党争中，言官站在以光绪帝和翁同龢为首的帝

① 《御史张仲炘奏为军务未振亟宜革除积弊统一事权以专责成折》，《中国近代史资料丛刊续编·中日战争》（二），第 152 页。

② 《御史端良奏兵端既开和议难持请奖励诸军歼灭敌人片》，《中国近代史资料丛刊续编·中日战争》（二），第 216 页。

③ 《吏科给事中余联沅等奏请申儆枢臣折》，《中国近代史资料丛刊·中日战争》（三），第 421—422 页。

党一边，充当了攻击后党的急先锋，有其忠君爱国的一面，但对国际形势、敌我实力的认识严重不足。

第三节　言官与丁未政潮

丁未政潮是清末新政时期由瞿鸿禨和岑春煊联手掀起的一次倒袁尝试。在这场政治风波中，言官交章弹劾，搏击权贵，推动斗争不断升级。

一、丁未政潮

发动丁未政潮的岑春煊、瞿鸿禨与奕劻、袁世凯的矛盾由来已久。光绪二十九年(1903)，庆亲王奕劻继荣禄之后被任命为军机领袖。奕劻在贪恋权势上有如荣禄，但能力与智识却远远不及。此时袁世凯身兼参预政务大臣、督办山海关内外铁路大臣等八个职位，还拥有一支十万人的近代化军队，建立起强大的北洋军阀集团。荣禄死后，袁世凯对奕劻进行重金贿赂，庆、袁结为奥援，权势熏灼，形成北洋遥执朝政的局面。

预备立宪开始后，袁世凯成为官制编订事务的真正主持者，他计划借改革官制之机，裁撤军机处，实行责任内阁制，由总理大臣组织内阁，推举奕劻当总理，自己当副总理，从而实现把持中央大权的目的。在地方，袁世凯与奕劻经策划把两广总督岑春煊调任云贵总督，削弱其实力，以袁世凯的亲家周馥接替岑春煊任两广总督，在南方扩展自己的势力。同时，袁世凯将自己的势力逐步伸向东北，东北的总督、巡抚尽为北洋一派占有。袁世凯借预备立宪之机发展本集团势力，激起反对。

官制改革开始后，袁世凯被任命为官制编纂大臣，瞿鸿禨为总司核定大臣，共同参与官制编制工作。袁世凯提出了合并内阁和军机处为责任内阁的方案，希图与奕劻一同进入责任内阁。而作为原六名军机大臣之一的瞿鸿禨却很难进入。所以，瞿鸿禨表面上同意，背后却向慈禧太后提出反对意见，指出成立责任内阁后，用人、行政权归总理大臣，将会导致太后大权旁落。

光绪三十二年九月二十日（1906 年 11 月 6 日）清廷正式公布了新的中央官制，保留了内阁和军机处，没有采用责任内阁制。奕劻、瞿鸿禨仍留军机处，瞿鸿禨同时出任外务部会办大臣兼尚书。袁世凯本想借着官制改革来扩大自己的势力，不料改革之后，瞿鸿禨却以部臣兼枢臣，权力有增无减。袁世凯不仅在官制改革中没有捞到实惠，反而还招致揽权的猜忌，不得不暂时采取守势。新官制颁布后，袁世凯便上奏请求除去所兼管的八项兼差，只留直隶总督一职，并将手中所辖的北洋六镇中的四镇交出，只留第二、第四两镇，得到准允。

官制改革实际上就是清廷权利的再分配，在改革过程中，清廷最高领导层的矛盾也暴露无遗，这就为以后的丁未政潮埋下了伏笔。

引发丁未政潮的直接原因是东三省督抚的任命。光绪三十二年（1906），清廷决定在东三省实行与内地相同的行省体制，“主之者世凯，意在扩张势力，所谓大北洋主义也”。[①] 翌年，改盛京将军为东三省总督，并在奉、吉、黑三省各设巡抚一缺。在奕劻和袁世凯的精心策划下，由徐世昌补授东三省总督，兼管三

① 徐凌霄、徐一士：《凌霄一士随笔》（二），山西古籍出版社，1997 年，第 577 页。

省将军事务，并授为钦差大臣。奉、吉、黑三省巡抚则分别由唐绍仪、朱家宝、段芝贵所得，“四人皆出袁荐，东陲天府，悉为北洋附庸”。[①]

在此之前，光绪三十二年（1906）载振、徐世昌赴东三省考察，路经天津时，身为直隶道员的段芝贵用重金买下天津大观园戏院著名歌妓杨翠喜，献与载振，并借银十万两作为奕劻寿礼，舆论大哗。

东三省督抚任命后，瞿鸿禨见所提人选皆袁世凯亲信，特别是段芝贵以候补道员晋升封疆大吏，更是前所未闻，遂加以反对。在他的支持下，借杨翠喜一案，言官交章弹劾奕劻、载振父子，瞿鸿禨的门生汪康年也积极配合，在其所主持的《京报》上揭批奕劻、载振父子的腐败行为。此时，岑春煊正在上海，奉旨调补四川总督。岑春煊心里明白，这次对他的任命，是奕劻、袁世凯从中作梗，意在将其与宫廷隔绝。因而在赴任途中行至武汉之时，岑春煊突然电请顺道入觐，然后毅然入京参劾奕劻，矛头直指庆、袁集团，从而激起京师政坛的轩然大波，拉开了丁未政潮的序幕。正如孙宝瑄在其日记中所描述的那样：“岑尚书乃一活炸弹也，无端天外飞来，遂使政界为之变动，百僚为之荡然。”[②]岑春煊是地方督抚中力量与袁世凯不相上下的人物，时人有“南岑北袁”之称，岑、袁积怨很深。官制改革后，瞿鸿禨与袁世凯的矛盾也日趋表面化。相同的政见，共同的利益最终使岑春煊与瞿鸿禨联合起来，发动了丁未政潮。由此可见，丁未政潮发生的最根本原因，是以袁世凯为首的北洋集团势力的急剧

---

① 徐凌霄、徐一士：《凌霄一士随笔》（二），第577页。

② 孙宝瑄：《忘山庐日记》，第1020页。

膨胀以及由此导致的矛盾所引起的。

瞿、岑联合抗击庆、袁集团的斗争，也是清代“清流”与“浊流”党争的继续，从这个角度来看，丁未政潮又是清末“清流”与“浊流”的一次大交锋，“至光绪迄清之亡，京官以瞿鸿禨、张之洞等，外官以陶模、岑春煊等为清流；京官以庆亲王奕劻、袁世凯、徐世昌等，外官以周馥、杨士骧等为浊流”。[①] 双方的胜负，对晚清预备立宪改革产生了直接的影响。

二、言官在政潮中推波助澜

在这场政潮中，言官或者直接弹劾奕劻、袁世凯一党的贪腐行为，或者挺身而出，上折为同僚辩护，或者请求朝廷消除党见，严禁党援，其真实意图还是在于抑制庆、袁集团势力的扩张。

光绪三十三年三月二十五日（1907年5月7日），掌江苏道御史赵启霖上折纠参署理黑龙江巡抚段芝贵，曝光了载振的丑闻：

> 东三省改设督抚，原以根本重地，日就阽危，朝廷锐意整饬，特重封疆之寄，冀收拱卫之功。不谓竟有乘机运动，夤缘亲贵，如署黑龙江巡抚段芝贵者。臣闻段芝贵人本猥贱，初在李经方处供使令之役，继在袁世凯署中听差，旋入武备学堂，为时未久，百计夤缘，不数年间，由佐杂至道员。其人其才本不为袁世凯所重，徒以善于迎合，无微不至，虽袁世凯亦不能不为所蒙。上年贝子载振往东三省，道过天津，段芝贵复夤缘充当随员，所以逢迎载振者，更无微不至，

① 陈寅恪：《寒柳堂集》，（台北）文海出版社，1984年，第171页。

以一万二千金于天津大观园戏馆买歌妓杨翠喜,献之载振,其事为路人所知。复从天津商会王竹林措十万金,以为庆亲王奕劻寿礼,人言藉藉,道路喧传,奕劻、载振等因为之蒙蔽朝廷,遂得署理黑龙江巡抚……在奕劻、载振父子,以亲贵之位,蒙倚畀之专,唯知广收赂遗,置时艰于不问,置大计于不顾,尤可谓无心肝。不思东三省为何等重要之地,为何等危迫之时,改设巡抚为何等关系之事,此而交通贿赂,欺罔朝廷,明目张胆,无复顾忌,真孔子所谓是可忍,孰不可忍者矣。①

赵折上呈后,当日奉上谕,撤去段芝贵布政使衔,毋庸署理黑龙江巡抚,②并就段芝贵献妓载振、措十万金为庆亲王寿礼之事颁发谕旨:"有无其事,均应彻查,着派醇亲王载沣、大学士孙家鼐确切查明,务期水落石出,据实覆奏。"③

为掩盖真相,经袁世凯等人精心策划,将杨翠喜秘密送到天津,由候补道张镇芳出面,迫使富商王益孙出银 3500 两买下杨翠喜,然后又贿赂、胁迫京津各报刊登启事以辟谣。

三月二十九日(5 月 11 日),掌新疆道御史江春霖上《奏为报纸评论亲贵前后顿殊请饬调核各报传问主笔以凭查究事》,针对杨翠喜一案报纸报道前后不一,请求彻查。折中,江春霖指出报纸宣传中的疑点:庆亲王奕劻及其子农工商部尚书载振,权威

① 赵启霖:《奏为纠参署理黑龙江巡抚段芝贵夤缘亲贵物议沸腾请圣裁事》,中国第一历史档案馆藏:录副奏折,档号:03—5478—156。

② 《光绪宣统两朝上谕档》(三三),第 44 页。

③ 《光绪宣统两朝上谕档》(三三),第 43 页。

日甚，事倾中外，特别是此次奕劻七十寿辰之际，收受礼物，骇人听闻，而京、外各报纸都秉笔直书，直言不讳地作了报道，这些报道绝不仅仅是牵涉署抚段芝贵一人和歌妓杨翠喜一事，那么为何在赵启霖上折奏参，醇亲王载沣、大学士孙家鼐奉旨查办此事之后，《大公报》、《顺天时报》又有更正杨翠喜一事之说？奕劻寿辰，各报纸所披露的门包、寿礼的数目，言之凿凿，路人皆知，为何报纸对这些不做更正，而独沾沾于更正杨翠喜一节？杨翠喜一案本来朝廷已经派人调查，为何“情节既挂弹章，而报纸顿更初议”？江春霖指出，所有这些，无非是载振等人“胁报馆为之洗刷”，这种做法难保“无掉弄笔墨，颠倒是非，荧惑众听情弊”。所以，在奏折的最后，江春霖提出“应请饬并调查各报，传到该报馆访事、主笔，诘问前后不符原因，以凭追究”。[①]

江春霖奏折表面上是请求清廷追查各报纸对杨翠喜一案报道前后不一之事，其真实意图还是想通过调查各报，追究其幕后指使者利用权势胁迫报馆掩饰纳贿渔色之事，其目标还是针对庆、袁集团。

然而，经过袁世凯等人的一系列操作，串通供词，销毁赃证，使载沣、孙家鼐的调查一无所获，最终以查无实据上奏。四月初五日（5月16日），清廷发布上谕：

> 现据查明杨翠喜实为王益孙即王锡瑛买作使女，现在家内服役。王竹林即王贤宾，充商务局总办，与段芝贵并无来往，实无措款十万金之事，调查帐簿，亦无此款，均各取具

① 江春霖：《奏为报纸评论亲贵前后顿殊请饬调核各报传问主笔以凭查究事》，中国第一历史档案馆藏：录副奏折，档号：03—5478—181。

> 亲供甘结等语。该御史于亲贵重臣，名节所关，并不详加访察，辄以毫无根据之词率行入奏，任意污蔑，实属咎有应得。赵启霖着即行革职，以示惩儆。朝廷赏罚黜陟，一秉大公，现当时事多艰，方冀博采群言，以通壅蔽。凡有言诸臣，于用人、行政之得失，国计民生之利病，皆当剀切直陈，但不能摭拾浮词，淆乱观听，致启结党倾陷之渐。嗣后如有挟私参劾、肆意诬枉者，一经查出，定予从重惩办。①

赵启霖被革职的谕旨颁布后，群情哗然，言官纷纷上奏，为赵启霖鸣不平，想尽一切办法为其洗刷冤情，并恳请朝廷将赵启霖仍留言路。

四月初七日（5 月 18 日），陆宝忠上折，请将赵启霖仍留言路：

> 赵启霖平日学问颇优，声名尚好，戆直乃其本心，弹劾因之过当，合无仰恳逾格鸿慈，鉴其愚诚，仍留言路，以作台谏敢言之气，而慰天下望治之心，在皇太后、皇上沛其仁如天之恩，在枢臣体薄责于人之训，而居言职者，益当感激图报，固不敢侈口妄论，亦不至扪舌不言，其于政体所关甚大。②

第二天，署京畿道掌辽沈道御史赵炳麟上疏，指出在时局艰

---

① 《光绪宣统两朝上谕档》（三三），第 49 页。

② 陆宝忠：《奏为保举御史赵启霖学问颇优心实可原恳请留用以辟言路事》，中国第一历史档案馆藏：录副奏折，档号：03—5479—064。

危、内忧外困之时，大小臣工皆应劝善规过，共济时艰。“傥敢言之谏臣严加屏斥，臣恐言路闭塞，人心解散，天下事有不忍言者矣。”奕劻作为懿亲，“宜有古大臣休休有容之度”，皇太后、皇帝“宜存固结士气、爱惜人才之心”，“若夫恶闻过举，驱逐言官，皆末造稗政，其祸至于无所底止”。段芝贵“自署黑龙江巡抚以来，士夫之谈笑，报馆之讥评，久已传布天下”，“日本东京报纸亦纪其事”，赵启霖作为言官，不计祸福进行纠参，却遭到革职处分，“他日傥有权奸干国、贿赂公行者，谁复为之直言极谏耶”？请求“皇太后、皇上法高宗之优容，以作士气，庆亲王奕劻守大臣之风度，不计小嫌”，宽容台谏，善待言官，否则自己宁愿“还冠带于陛下，辞我皇太后、皇上而归田里矣”。①

陆折与赵折上呈之后，均被驳回：“御史赵启霖污蔑亲贵重臣，既经查明失实，自应予以惩儆。台谏以言为职，有关心政治、直言敢谏者，朝廷亦深嘉许。惟赏罚之权操之自上，岂能因臣下一请即予加恩？至所虑阻塞言路，前降谕旨业已明白宣示，凡有言责诸臣，务各殚诚献替，尽言无隐，以副朝廷孜孜求治之至意。”②

这种处理，引起了言官更大的不满。四月十二日（5 月 23 日）江春霖再上《奏劾王大臣查案疑窦疏》，提出“查案疑窦颇多，非将纳妓之员律办，不足伸国法而息物议”。折中对载沣、孙家鼐奉旨调查的结果提出质疑：

---

① 赵炳麟：《奏为御史赵启霖弹劾亲贵又实革职恐塞言路请宽容台谏事》，中国第一历史档案馆藏：录副奏折，档号：03—5479—079。

② 《光绪宣统两朝上谕档》（三三），第 52 页。

买献歌妓之说，起于天津报纸，而王锡瑛则天津富绅，杨翠喜又天津名妓，若果二月初即买为使女，报馆近在咫尺，历时既久，见闻必确，何至误登？可疑者一。使女者，婢之别名，天津买婢，身价数十金至百金而止，无更昂者，以三千五百圆而买一婢，是比常价增二三十倍矣。王锡瑛即挥金如土，掷于虚牝，愚不至此，可疑者二。翠喜色艺倾动一时，白居易《琵琶行》所谓名在教坊第一者，无过是矣。老大嫁做商妇，尚诉穷愁，岂有少年红颜，甘充使女？可疑者三。王锡瑛称在天津荣街买杨李氏养女，不言歌妓。而翠喜则称先在天仙茶园唱戏，经过付人梁二与身父母说允，又不言养于李氏。供词互异，捏饰显然，可疑者四。既为歌妓，脂粉不去手，罗绮不去身，其不能胜操作也明甚。谓在家内服役，不知所役何事？可疑者五。坐中有妓，心中无妓，古今唯程颢一人，下此虽十年浮海之胡铨，不免动情于黎倩矣。而曰买为使女，人可欺，天可欺乎？可疑者六。①

最后，主张按律严惩：

臣以情理断之，出名顶领之说即使子虚，买妓为妾之事更无疑义。伏查《大清律例·户律》内载凡官吏娶乐人为妻妾者，杖六十，并离异等语，乐人注为妓者，案经王大臣查无实据，本不敢倡为异论。惟是赵启霖业经革职，载振亦复开缺，而兵部候补郎中王益孙名锡瑛，以职官而纳歌妓，顾独逍遥法外，未免滋人拟议。若非照娶乐人律科断，不惟国法

① 《江春霖集》卷一，第53—56页。

未申，实无以塞都人士之口。[①]

老于政事的慈禧太后，对杨翠喜案未必不了然于心，所以，载振于案结后上折请求开去御前大臣、领侍卫内大臣、农工商部尚书等缺及一切差使时，慈禧太后马上允准。

段芝贵和载振的去职，使奕劻和袁世凯极为不安。为求自保，他们先用各种办法将岑春煊排挤出京，然后又借机奏参瞿鸿禨"暗通报馆，授意言官，阴结外援，分布党羽"，[②]使得瞿鸿禨被开缺回籍。

庆、袁集团的做法，再次引起言官的弹劾。五月二十七日(7月7日)，赵炳麟上《请销党见疏》，强调为政之道"其要在建皇极"，"赏罚者天子之大权，非臣下所可暗干者也。傥赏罚之权落于臣下，天下知有大臣不知有天子，依草附木，别户分门，群小乘之，蜚诬构谤，互相龉龁，迄无虚日，久且杀戮以随其后，而国本因之动摇"。从汉至明，因党锢而亡国的原因，"皆由皇极不端，纪纲纷乱，大臣争势，小臣助澜，同室操戈，牢不可破，必至鼎迁社屋而后已"。对于党争所带来的祸患，他说："臣观今日，大臣争权，小臣附势，人心险诈，朝纲废弛，不早维持，弊将安极，岂徒开明末党援之习，且恐酿唐季藩镇之忧。"党争"皆因威福下移，天下知大臣不知天子之所致也"。他请求："臣尤愿我皇太后、皇上思祖宗创业之艰，念子孙贻谋之远，烛破谗间，嘉纳忠言，行政、用人断之于圣衷，公之于舆论，使大臣无窃权之虑，斯小臣无

① 《江春霖集》卷一，第56页。

② 《光绪朝东华录》(五)，总第5681页。

结党之风，所谓上有皇极，下无朋比，汉唐末习庶其免乎。”①

赵炳麟提出消除党见、加强皇权的主张，矛头所向显而易见了。

在同日所上的奏片中，赵炳麟的看法，更是不言自明：

> 再，臣读五月初七日上谕，恽毓鼎弹劾瞿鸿禨，有授意言官一层，臣以为必有证实，自应将言官惩治，以肃纪纲。乃近闻恽毓鼎对人言，云授意言官谓赵启霖奏请三儒从祀一事，臣闻之不胜骇然。查二十年以前，奏请顾炎武、黄宗羲从祀者，有陈宝琛，又有孙家鼐、潘祖荫等十人；奏请王夫之从祀者，有郭嵩焘，又有孔祥霖。彼十数人者，岂皆有人授意耶？且我列祖列宗钦定《国史儒林传》，以顾炎武、黄宗羲冠首，高风亮节，照耀丹青，又何所用其授意耶？恽毓鼎作为此言者，盖别有希冀，正圣祖所谓意所欲言而不直指其事，使巧陷术中者也。此种手段惟明之阮大铖惯为之，我朝所罕见也。赵启霖不足惜，臣独惜时局至此，大小臣工不以国事为念，互相倾轧。傥圣明未能烛破私情，党祸牵联，迄无虚日，虽有关心政治、欲效犬马之忠于陛下者，亦无所措其手足。真有如圣祖所谓酿祸既久，上延国家者，此固非朝廷之福，亦非大小诸臣之福也。②

六月初五日（7月14日），都御使陆宝忠上折，请“严禁党援，广开言路”：

① 赵炳麟：《赵柏岩集》（上），第446页。

② 赵炳麟：《赵柏岩集》（上），第447—448页。

综观自古以来，天下之乱，其端皆始于人心之不平。不平则相激，相激则不和，由是门户纷纭，竞争不已，而国家受其实祸，遂至于无所底止……自改定官制以来，大臣不和之事时有所闻，其几实起于细微，而其害驯至于倾轧。譬诸驾漏舟于巨波之内，而舵工、篙师犹复互逞意气，以楫棹相击刺，其不至覆舟者几希……方今治术无序，民气郁结而不宣，乱党朋兴，蠢蠢思动，设朝廷之上尚植党营私，互相攻伐，将皇太后、皇上成孤立之势，其祸何可胜言！又台谏为耳目之官，现议院未立，公论不彰，大小臣僚所以稍知忌惮者，惟在言官之举发，倘一有弹劾，辄互相猜忌，将使戆直者寒心，庸懦者结舌……应请明降谕旨，严戒臣工精白乃心，实事求是，务化其忮求排挤之念，用以尽同寅协恭之诚，复激励言官，如有见闻，务期直言无隐，庶几壅蔽尽除，忠良日进矣。[①]

陆宝忠此折直指党争，“虽泛论而言之有物，盖包举启霖因言获咎及庆、瞿水火之事而发之，以总宪资格申论朝局，尤足引人注意”。[②]

丁未政潮以瞿、岑一党彻底败北而落幕。在这场政潮中，大多数言官站在庆、袁对立面。不过，不同的声音是存在的，言官与庆、袁集团并不是单纯对立的关系。

五月二十八日（7月8日），工科给事中陈庆桂上《奏为特参

① 陆宝忠：《奏为严禁党援广开言路以定人心事》，中国第一历史档案馆藏：录副奏折，档号：03—5438—049。

② 徐凌霄、徐一士：《凌霄一士随笔》（二），第585页。

新授两广总督岑春煊疆臣辜恩任性贪暴请饬查明严惩事》，随折同上《奏为广东情形凋敝借易还难借洋款事宜请饬下再行集议事》和《奏为特参商约大臣盛宣怀贪鄙近利行同市侩拟恳谕饬端方密查据实覆奏事》两个附片。折中称：

新授两广督臣岑春煊，以勋臣余荫，牧圉微劳，擢至兼圻，已逾本分，乃督粤三载，恣睢乖谬，罄竹难书。幸而朝廷眷念海疆，使之离粤督滇，冀观后效，亦可谓弃瑕使过矣。乃岑春煊不知感激，自奉命简授滇督以后，行至上海，托名养病，实因滇地苦瘠，抗旨不行。或谓云南系岑毓英立功之地，劝其前往以续父勋，岑春煊漠然无动于心，迁延竟逾数月。及调川督，朝旨敦促赴任，岑春煊又不恪遵，抵鄂数日，遽行赴京。自来各省督抚所不敢为而岑春煊为之，纪纲法令，视若弁髦。今复特简南行，又敢在沪逗留，托病乞假，窥其用心，不知朝廷畀以何等官爵，何处省份，岑春煊始觉心满意足，不再要求。君父之前，且敢如此，则其如何虐待广东百姓，不问而知矣。臣屡接广东绅商来书，谓岑春煊恃恩遇正隆，在任樗蒲酗酒，肆口漫骂，委用私人，徒逞威福，言之切齿。其最足骇人听闻者，则曰贪曰暴，最足令人发指者，则曰昏曰欺……岑春煊外托悻直，内蕴奸邪。戊戌之初，逆首康有为在京倡设保国会，是时岑春煊以大员子弟，候补京堂，首先附和，甘充会党领袖，犹得诿之逆迹未彰。至康逆最悍之党曰麦孟华，系庚子富有票逆首，经湖广总督张之洞奏明密拿有案，岑春煊去年在沪，引为心腹，所有密谋秘计，皆归麦孟华主持，并将麦孟华荐之浙江抚臣张曾

> 勬,期于联络煽惑,幸张曾勬察其心术不正,旋即拒绝。岑春煊现在上海,仍复延置幕府,日使汲引诸无赖以为辅助,欺罔之咎,熟甚于斯。

列举岑春煊罪状后,指出,"倘不发其覆而论其奸,窃恐荐鲧者盈廷,颂莽者举国,岂惟生民重困,且亦公论无存矣"。[①]

所上附片,一是针对岑春煊奏请借洋款一千万两,担心借得洋款后,粤人无力偿还,且借洋款之事,如同"挖肉补疮,最为下策";[②]一是弹劾盛宣怀"与岑春煊合买上海之苏州河地亩甚多,及合置昆山县田,恃势抑勒,民怨沸腾"。[③]

学者们在论及陈庆桂弹劾岑春煊之事时,或谓陈庆桂是受庆亲王奕劻指使,[④]或谓奏折是由北洋派所准备,并由陈庆桂上奏,[⑤]无形中将陈庆桂列入北洋一派。他们所依据的史料都来自陶湘的《齐东野语》,其中陈庆桂参劾岑春煊的内容是"贪、暴、骄、

---

① 陈庆桂:《奏为特参新授两广总督岑春煊疆臣辜恩任性贪暴请饬查明严惩事》,中国第一历史档案馆藏:录副奏折,档号:03—5482—093。

② 陈庆桂:《奏为广东情形凋敝借易还难借洋款事宜请饬下再行集议事》,中国第一历史档案馆藏:录副奏折,档号:03—6668—161。

③ 陈庆桂:《奏为特参商约大臣盛宣怀贪鄙近利行同市侩拟恳谕饬端方密查据实覆奏事》,中国第一历史档案馆藏:录副奏片,档号:03—5482—094。

④ 林增平、郭汉民主编:《清代人物传稿》(下编)第6卷,辽宁人民出版社,1990年,第247页;华尔嘉:《中国近代大案》,群众出版社,2006年,第309页。

⑤ 李云峰、刘东社:《清末民初政治研究》,西北大学出版社,2008年,第206页。

欺”四大罪状，和“屡调不赴，骄蹇不法，为二百余年来罕见”。[1] 而陈折中有“贪、暴、昏、欺”，却不见“屡调不赴，骄蹇不法，为二百余年来罕见”。陶湘是盛宣怀的亲信，他在北京刺探官场和宫廷内幕后，向盛发送密函，在这些密函中，陶湘也提到他曾经向陈庆桂打探消息，“诘其所劾何事……陈不肯言，无从详晰”，又“因觅稿未得，所以迟迟，然至今稿仍未得也”，[2]最后陶湘只能将一些传闻及其本人的推测函告盛宣怀。那么，陈庆桂参劾岑春煊，究竟是否受庆、袁一派指使？

陈折所列举的岑春煊罪状中，最能引起朝廷关注的莫过于岑春煊与戊戌“逆党”的关系，这与庆、袁攻击岑春煊，并最终打动慈禧太后的内容相同。论者在阐释这场政争时，往往从纯粹的派系斗争角度观察，将参与者包括言官，都视为“集团分子”。但在笔者看来，言官不过是在履行言路传统的职责，所以他在批评岑春煊的同时，还严厉地指斥了被认为是袁党的盛宣怀。他们维护的是封建政权，在丁未政潮中这种特点体现的更为明显。陈庆桂奏参岑春煊，虽然其内容与庆、袁意图契合，但他并非唯袁世凯马首是瞻。这可在他的另一份奏折中得到印证。

在赵启霖官复原职后，六月二十四日（8 月 2 日），陈庆桂上《奏为时势危艰请起用敢言之臣以振颓风事》，略称：

台谏一职，喉舌是司，倘当官鲜有骨鲠之臣，则群僚启

---

① 陶湘：《齐东野语》，见陈旭麓等：《辛亥革命前后——盛宣怀档案资料选辑之一》，上海人民出版社，1979 年，第 56 页。

② 陶湘：《齐东野语》，见陈旭麓等：《辛亥革命前后——盛宣怀档案资料选辑之一》，第 56 页。

欺罔之渐，况近日外交、内政，棘手尤多，苟或措置失宜，仍仗一二谏官切实敷陈，以图补救，故自来优而容之，鼓而舞之，以养其锋而励其气。盖言事是科道专责，不避权贵，正所以上尊朝廷，无他意也。乃臣查近年科道，或因弹劾疆吏予以轻惩，或因责备枢臣遽遭重处，例以措词过当，风闻失实，厥咎岂复能辞？然以一介无援，敢据事而直言，实孤忠之可谅，况时艰孔亟，正待指陈，得一蹇谔之臣，不惟台阁生风，抑亦外人敬惮，大局所关，殊非浅显。拟恳略迹原心，录长弃短，援照加恩开复赵启霖之案，凡有近年因言被斥之科道，饬下军机大臣，择其心地无他、因公获咎者，酌量开列名职，请旨赏还原官，以广言路而储谏才。[①]

三、丁未政潮的余波

丁未政潮以瞿鸿禨、岑春煊的最终落败而告终。两个月后，袁世凯与张之洞同时内调为军机大臣，袁并兼外务部尚书，从此庆、袁携手，共操国政。言官没有放弃对袁、庆集团的抨击。光绪三十三年九月初九日（1907年10月15日），江春霖上《劾军机大臣袁世凯权势太重疏》，开篇即指陈袁世凯权势太重的严重性和危害性："自古权奸窃弄，始未尝不以忠顺结主知，洎乎威名日盛，疑忌交乘，骑虎即已难下，跋扈遂至不臣，岂尽其本心然哉？利之所在，势之所趋，而一时衔恩进款之士，又相与翼佐而拥戴之，即欲终守臣节而不能耳。"然后，列举袁世凯的十二条罪

① 陈庆桂：《奏为时势危艰请起用敢言之臣以振颓风事》，中国第一历史档案馆藏：录副奏折，档号：03—5483—158。

状:“交通亲贵”、“把持台谏”、“引进私属”、“纠结疆臣”、“遥执兵柄”、“阴收士心”、“归过圣朝”、“潜市外国”、“僭滥军赏”、“破坏选法”、“骤贵骄子”、“远庇同宗”。

光绪帝和慈禧太后去世之后,庆、袁集团势力迅速膨胀,刚刚走向权力中枢的摄政王载沣面临着如何树立威信、巩固地位的问题。载沣上任后,“虚怀采纳”,召见江春霖和赵炳麟,重启绝迹了三十年的谏垣入对,出现了“台谏风生,海内动色,尝有七御史同日各递封奏”[①]的盛况。言官也没有辜负摄政王载沣的期望。

首先,言官们主张为摄政王载沣树立权威,巩固地位,以维护皇权。

光绪三十四年十一月十一日(1908年12月4日),忠廉领衔上《监国摄政王礼节》,大端有三:(一)“封奏宜直达摄政王所居便殿,自行开拆也”;(二)“摄政王居处,宜在禁城内也”;(三)“摄政王每日听政,延见枢臣,礼节宜尊崇也。摄政王代皇上听政,则枢臣事王,当如事皇上之礼”。折中还提出,摄政王对于密奏,凡属“事关重大,有不便令大臣知之者,亦可内断于心”,这实际上等于赋予摄政王以只有皇帝才有的“乾纲独断”的权力。言官们强调,“当今主少国疑,礼制尤不可不严”。[②]

御史赵炳麟同日上《三请清政源疏》和《劝监国摄政王不可过于谦让疏》,提出“请规复署名旧制”、“统一政权,巩固国命”,

---

① 徐柯编撰:《清稗类钞》(第11册),谏诤类,稗三十二,商务印书馆,1928年,第67—68页。

② 《宣统政纪》卷二,光绪三十四年十一月上,中华书局,1987年,第34—35页。

建议一切政务应听命于摄政王：

> 近日钦奉大行太皇太后遗诏，命摄政王监国，是摄政王代行君主统治之权，应署衔不署名。凡宫内事件，应用皇太后懿旨者，必有摄政王面奉皇太后懿旨字样。凡行政事件，或简授官缺，应用谕旨者，必有摄政王传谕旨字样。凡批答臣工章奏应用交旨者，必有摄政王传旨某衙门议奏或知道字样。在摄政时，无摄政王署衔者，无论如何皆无效力。
>
> 京外臣民皆晓然于是旨也，确系遵大行太皇太后遗诏、经摄政王之裁决者，非大臣所专擅，亦非内监之口传，天下之信用克坚，海内之觊觎自息。①

翌日，江春霖上《驳议摄政王礼节疏》，提出“监国摄政王摄行皇上之政，则自王公以下，事摄政王皆当如事皇上”。② 史履晋提出“常朝拜跪礼节宜及时变通”，四川道御史谢远涵提出“监国摄政，首重大权”。③

十一月二十日（12 月 13 日）公布《监国摄政王礼节总目十六条》，赋予摄政王极其尊崇的地位，言官树立摄政王权威、加强摄政王权力的建议一一得以落实。

其次，继续弹劾袁世凯植党营私，请将其逐出军机。

光绪帝和慈禧太后死后，袁世凯与奕劻位高权重，党与遍朝野，不但令以载沣为首的满洲权贵忧心忡忡，以维护皇统为职志

---

① 赵炳麟：《赵柏岩集》（上），第 472 页。

② 《江春霖集》卷一，第 140—146 页。

③ 《光绪宣统两朝上谕档》（三四），第 278—279 页。

的言官也愤愤不平。

十一月十一日(12月4日)，赵炳麟上《劾袁世凯疏》，指出袁世凯绝不可留在军机处，列举了两大理由：其一，袁世凯为人“机械变诈，善构骨肉”，“我德宗景皇帝以三十余年之长君，尚束手受钳，终身郁结，而世凯得以树植私党，挟制朝廷。方今主少国疑，似此包藏祸心、罔知大义者，久在枢垣，他日必生意外之变，臣敢断言也”。其二，“昔人云，破山中贼易，破朝中朋党难。自古已然，于今尤甚。善为治者，整纲饬纪，防患未然。今日袁世凯党羽虽多，幸皆富贵利达之人，世凯一出军机，必多解散。若待其党根蒂固结，谋定后动，他日监国摄政王虽欲去之，亦无可如何。至是时惟有敢怒不敢言，俯首听其所为而已”。“皇上为德宗之继子，监国摄政王为德宗之胞弟，以德宗之遗志为心，以德宗之前辙为鉴，当知袁世凯之必不可用，而设法罢斥，使国本能安，后患冰释，社稷之福也。”①

同日，户科掌印给事中陈田上《奏为枢臣袁世凯结党营私居心叵测据实纠参事》：“军机大臣袁世凯，枭杰之才，机诈之谋，揽权独工，冒进无等，其在北洋，遥持朝政，枢臣由之进退，九列多其腹心，种种揽权，不堪悉数。”袁世凯入军机处以来，“惟日谋揽权，布置私人……列祖列宗经营百战之封疆，皆为袁世凯树植私人之善地”，结果，“袁世凯在北洋，力能进退枢臣，则北洋重。其在枢臣，又能胁制北洋，则枢臣重”，如果任其发展下去，“将来天下督抚皆其私人，全国兵权在其掌握”。袁世凯不可留在军机，理由有六：(一)“枢府、亲王交通太密，煌煌祖训，深以为戒”；(二)“中外大臣大半皆其私人……袁世凯势倾中外，疆臣多其党

① 赵炳麟：《赵柏岩集》(上)，第473—474页。

羽，此后无人敢与龃龉，势将指鹿为马，变黑而白，国事谁属”；（三）“久握军符，恃兵而骄……此时虽解兵柄，各营将领多其私人，一旦有缓急，岂复可恃，尾大不掉”；（四）“自古宰相多用读书，非徒通知古今，亦取驯谨易制。袁世凯一介武夫，不学无术”；（五）“（厘定官制）无非欲破坏朝局，独握大权，谋改内阁之人，即求入内阁之人，此其诡谋，不问可知”；（六）“袁世凯引进私人，则必排挤不附己者，以为之地……小人结党，朝廷孤立”。①

十二月十一日（1909年1月2日），载沣以宣统皇帝的名义颁布谕旨：

> 军机大臣、外务部尚书袁世凯，夙承先朝屡加擢用。朕御极后，复予懋赏。正以其才可用，俾效驰驱。不意袁世凯现患足疾，步履维艰，难胜职任。袁世凯着即开缺回籍养疴，以示体恤之至意。②

袁世凯的开缺回籍是各种政治势力矛盾斗争的结果，而言官不失时机地交章弹劾，很好地体现了“枪”的功用。

丁未政潮中，言官抨击权贵、揭露腐败等行为，对当时政局的转变起了很大的作用。

首先，言官的交章弹劾，使清末党争、政争不断升级。

“大谋此来，有某枢暗许引进，预为布置台谏。大谋发端，群

① 陈田：《奏为枢臣袁世凯结党营私居心叵测据实纠参事》，中国第一历史档案馆藏：朱批奏折，档号：04—01—13—0421—030。

② 《光绪宣统两朝上谕档》（三四），第325页。

伏响应，大老被困，情形甚险。”[①]从这份密札中，可以窥见袁世凯对形势的担忧。在政潮中，言官弹劾袁、庆贪污腐败、揽权纳贿、植党营私，着着狠棋；庆、袁一方针锋相对，先后抛出“归政说”、“泄密案”、“相片案”，步步反击。“清代以抑朋党为家法，是以朝臣之勾角斗心，多半流入阴柔一路，很少以赤裸裸的勃谿争克为手段。这种局面随改官制而变，于是阴柔转为悍斗，倾轧便成了一种常见的事。与前代朋党各立旨意以分水火相比，新政中的倾轧很难辨出君子与小人、正义与邪恶、天理与人欲。群分类聚的朝官各相撕咬；而面目则莫分清浊，一片混沌。其间奕劻与瞿鸿禨角力，奕劻、袁世凯与岑春煊斗法，都曾各出机杼以动西太后之心，翻出朝局的一层层波澜。”[②]“朝臣党争，互相水火，枢臣、疆吏有因之去位者，遂波及余，传闻某枢奏，广东匪多，周某年衰，恐筋力不及，可以某某代之，实挤某某出京也。”[③]

其次，言官的推波助澜，消耗了改革力量，加剧了清朝的统治危机。

在预备立宪过程中，瞿鸿禨和袁世凯都积极主张立宪，虽然他们之间存在着缓行和速行立宪的区别，但都希望通过政治制度的改革来消除内忧外患。在丁未政潮中，双方在党争中消耗了太多的精力，大大地削弱了改革的基本力量。统治阶级内部的争斗和倾轧，也加重了清王朝的统治危机：“现在内患外侮，极

① 《袁世凯致端方密札》，引自汪诒年：《汪穰卿先生传记》，中华书局，2007年，第128页。

② 杨国强：《晚清的士人与世相》，三联书店，2008年，第271页。

③ 周馥：《自订年谱》，转引自陈恭禄：《中国近代史》，商务印书馆，1935年，第571页。

为可忧，苟中外臣工仍以敷衍苟安为计，以倾轧排挤为能，恐安危之数，不在党徒之煽乱，而在政论之分歧。”[①]

再次，言官的鼓噪，使得袁世凯被罢黜，并最终与清廷离心离德。

溥仪继位后，摄政王载沣监国。出于对袁世凯揽权的极度不满和不安，在摄政初期，载沣便利用言官，对袁世凯发起新的攻势。言官们在为载沣立威献策的同时，把攻击的矛头指向袁世凯，指责其权重势高、贪私误国，建议将其退出军机，解散其党羽。言官的参奏，为载沣驱逐袁世凯提供了依据。之后，随着“皇族内阁”的出台，清政府“预备立宪”的骗局引起了立宪派的极度不满，他们掀起了大规模的国会请愿运动。开缺回籍的袁世凯在失望之余，“对这些不中用的满洲少壮派瞧不起，而且可能连带着对摄政王的大清王朝产生了不信任、不堪辅助的政治心理，袁世凯大约从此时开始与满洲贵族统治集团离心离德”。[②] 言官们建议驱逐袁世凯，其目的是为了维护皇权，但是，令他们意想不到的是，他们一心一意所维护的皇权，最终还是因为缺乏足够的政治控制能力而众叛亲离，最终消失在辛亥革命的炮火之中。

---

① 《两江总督端方奏请迅速将帝国宪法及皇室典范编定颁布以息排满之说折》，《清末筹备立宪档案史料》(上)，第 47 页。

② 马勇：《晚清二十年》，第 276 页。

结　语

监察制度是中国封建社会君主专制政体下所特有的一种监控系统，它是根据权力制衡原则，通过言路对君主及官吏进行监督，即以权力约束权力的方式来防止最高统治者及其治下的官吏滥用权力，从而实现国家机构的正常而高效的运转。其本质是君主集权制度下统治集团内部对权力的监督与制衡，因而言官又有“制度化的批判者”之称。[①] 同时也要看到，“一部封建监察制度史，从某种意义上看，可以说是一部维护皇权独裁史。历代统治者在弱化对自己监督的同时，必然加强对中央和地方官吏的监察。历代监察制度的变化，新的运行机制建立的总原则，就是有利于皇权的强化”。[②] 强化的皇权不但破坏了制衡，也侵蚀了监督，“因此，言官之制走向没落是君主政体下必然之趋势”。[③]

清代处于封建社会晚期，且以少数民族入主中原，在言官建制方面，不仅借鉴了历代汉族统治者的经验，又结合自身特点，建立了体制严密、机制健全的言官监察制度。清代科道合一、满

---

① 余英时：《士与中国文化》，上海人民出版社，2003年，第611页。

② 焦利：《清代监察法研究》，中国政法大学博士论文，2006年，第148页。

③ 吴致远：《清代中央监察制度之研究》，第152页。

汉制衡、内外相治的监察制度，对于维护疆域广袤、民族众多且发展程度不一、官吏队伍庞大，统治者自身又是少数民族的清王朝的统治，作用不可低估。

但不可否认的是，随着清代君主专制的强化，皇帝的意志决定一切，监察权受制于皇权，要无条件地服从和服务于皇权，言路监督日益受皇帝的意志所左右。特别是科道合一，使得自汉唐以来秉持规范与谏议皇帝之权的言官，变成了绝对服务于皇权的耳目，导致了清代监察制度的机能萎缩。到了近代，国门被列强以暴力打开，中国社会发生巨变，"三千年未有之变局"也使得监察出现了前所未有的复杂局面。以往无所不纠、无所不察的科道官们难以监察"租界区"的清方机构和官吏，洋务新政中出现的"国营"新企业、新学校，以及新设立的衙门，都察院也难以稽察，甚至新形势把都察院本身都逼入了改革的花名册中，言官制度发生了巨大的变化，甚至言官的存废都成了舆论热议的话题。报纸上就有人公开说："夫御史一职，惟专制国有之。若立宪之国，民权大张，君主与官吏同纳于法律范围之内，无所用其谏诤。"[①]在上述内外因素的干扰和牵制下，清代的监察制度出现了明显的失监和虚监现象，监察在皇权及王公贵族面前有名无实，言路监督的作用较之前代历朝大为逊色，古代监察制度中所固有的弹劾职能大为弱化或者向其他功能转化，政治依附性增强，容易为皇权和权贵所操纵。言官的素质也变得参差不齐，卑焉者"外省情伪、民生疾苦，几无所闻知"，[②]甚至买卖参

① 《某御史维持报馆之可嘉》,《大公报》1909年11月18日。

② 孙宝瑄:《忘山庐日记》,第1096页。

折;[①]高焉者则意识到潮流巨变,努力汲取新知,甚至挺身而出,"引儒学的大义争天下之是非","在长久的言路不振之后,他们各作一己之嘹唳,而由此形成的劲气辐辏,则能于前后相接中播染风气,为传统中国的言路重造出最后一派声光与尊严"。[②] 言官言事的风气亦有变化,勤于陈言而疏于纠弹。监察制度及言官们的种种变化,显示出在变化了的社会政治、经济、文化面前,言官正在转化为瓦解传统社会的力量。这种迹象在光绪朝的历次重大事件中都有由隐而显的表现。

光绪帝入承大统之时,洋务新政已进行了十年,军工企业略有规模,民用企业与新式学堂的创办方兴未艾,对西方近代经济和教育的学习与引进成为洋务新政的核心内容,因而对中国社会的影响与冲击也比洋务初级阶段为大,引发的社会反弹也相对强烈。随着洋务运动的快速发展,洋务派所办的军事工业、民用工业、新式教育中的弊病逐步显现,言官中的大多数人站在了顽固势力一边,对洋务新政加以指责、批评,甚至否定。对洋务派的反复诘难,意在弥缝日渐支离的封建大厦,无疑阻碍了中国近代化的进程。但值得关注的是这一时期少数言官对洋务新政态度的转变,这一转变表明顽固势力的阵营在分化,有人分离出来。这些人对洋务新政中某些有利于国家实现富强的新兴建设项目予以赞美和支持,打破了言官顽固、守旧的传统形象。而且,在洋务新政中,在一些举措已经成为既定国策的情况下,言官对新政便不再从政策层面上进行激烈反对,而是在维护名教、整纲饬纪的旗号下,对其中所出现的问题提出修补意见。所有

① 《论今日之台谏》,《申报》1908 年 9 月 16 日。

② 杨国强:《晚清的士人与世相》,第 154 页。

这些现象表明，在洋务新政期间，言官尽管在思想上倾向于顽固派集团，但是，这个群体却是顽而不固，经过中国近代化浪潮的洗礼之后，言官群体也开始出现裂痕。

近代士大夫集团的裂变发生在戊戌变法时期，其中言官的分化表现得尤为典型。在维新变法中，言官改变了以往政治见解大体一致的传统，出现了真正意义上的分化，言官中的激进分子，同情并支持维新变法，成了维新派的同盟军，他们上条陈、递奏章，力陈变法维新是中国救亡图存之道，并为维新变法事业奔走呼号。顽固守旧的言官则站在反对派的立场上阻挠和破坏变法，甚至不惜落井下石，罗织罪名，对维新派人物及其主张进行非议和攻击，加速了维新变法的失败。当然，此间言官的分化并不是简单化的截然对立，一些言官对变法态度持中，对变法中的措施进行客观评价，也有一些言官游移于维新与守旧两派之间。但戊戌变法毕竟是以新旧两种势力激烈的斗争而存在，新旧两党的交锋才是变法舞台上的主旋律，言官群体的分化，也与新旧两党的斗争息息相关。

清末新政是戊戌变法的继续和发展，因而戊戌时期士大夫集团的分化裂变在此时继续进行，而且呈加速状态。清末新政是在内忧外患的危机形势下，统治集团发起的一场自救运动，以捍卫传统纲常政教为己任的言官理应积极参与。有悖常理的是，在新政初期，言官们对新政的态度，不仅远较地方督抚大员保守，而且也与戊戌变法期间的活跃局面形成了强烈的反差。他们很少对慈禧太后倡导的这场运动发表看法，只是针对改革中的具体施策，如教育改革、政治制度改革、经济改革等发表意见，这种局面与庚子事变后动荡的局势和慈禧太后对新政的态度不无关系。但当新政进入预备立宪阶段后，言官又趋于活跃，预备立宪、建立责任内阁、设立议院等问题再次引发了言官中顽固与激进两派的争论。与戊戌维新不同的是，此时的言官已绝少顽固到底、对新政全然否定，而是在宏观上认同新政，就具体的方案提出批评性意见，这些意见多指责新政的某项举措操之过急、思虑不周、不合国情，批评之中包含着否定，但给出的理由又多有可取之处，这反映了在浩荡的变革潮流面前，言官的犹豫、踟蹰与彷徨。

言官在历次重大事件中的表现，与光绪朝特殊的社会环境和政治环境密切相关。内有人民起义，外有列强入侵，内忧外患加剧了社会的动荡。历史上，越是社会动荡的时期，统治集团内部的政争越是波诡云谲，加之光绪朝特殊的政治环境，先是两宫垂帘，恭亲王辅政，继而光绪帝亲政，慈禧太后隐居幕后，到慈禧太后再度垂帘，其间围绕着最高统治权力的争夺，引发了无数次党争、政争。奕䜣与慈禧之争、中央权贵与地方督抚势力之争、洋务派与顽固派之争、“清流”与“浊流”之争、帝后党争、汉族士大夫与满洲权贵集团之争等，史不绝书。这些政争虽然是统治集团内部的争斗，但于朝局、政策乃至历史走向都不无影响。这些政争中，都有言官参与，甚至是冲锋陷阵。无论是附和清流派攻击南派政治势力，还是站在帝党一边弹劾后党，抑或是丁未政潮中与庆、袁的斗争，言官维护封建统治的最终目标始终如一，即便如此，在光绪朝复杂的政治形势下，言官在政争中又毫无例外地成为高层统治者争权夺利的工具。

纵观整个清代言路的发展变化，可以看出，维护专制皇权的不可侵犯和保证国家机器的正常运转是言路监督发挥效能的根本目的。清王朝建立后，君主权力高度集中，行政、用人大权从无旁落，专制君主通过言路监督实现了以权力控制权力，不仅将君主集权政治推向了中国封建社会的顶峰，而且也出现了康乾盛世这样良好的政治效果。但到晚清以后，大清帝国经历了由传统向现代转变的过程，社会形态的变化带动了社会生活各个领域和各个层面的急剧变革，特别是在太平天国运动之后，清初满重汉轻、上重下轻的权力结构被打破，君主专制统治受到了来自各方的挑战。言路也随之发生变化，言官因其特殊的出身（多为科甲正途，保举、捐官甚少）、特定的职掌（监察百官，整饬纲纪，较少从事具体的政务），对剧烈的社会变动产生强烈的反应，在所有重大政治事件和政治活动中，都有言官积极参与的身影，他们的参与，一方面在不同程度上影响了朝政的发展变化，一方面也使得言官本身发生着前所未有的变化。这种变化，既有整体性的特征，整个言官队伍在时代风云的激荡下缓慢的转变着自身，由守旧向开明，由消极监督向积极建言，由仅做君主的耳目向敢于驳斥皇皇上谕发展，一定程度上恢复了传统的封驳职能；也有个体性的特征，一些言官在政治参与中实现了某种质的变化，成为新社会力量的代言人、拥护者。言官与晚清政治的关系表明，任何社会精英集团都无法自外于社会变迁的影响与改造，情愿和不情愿地跟随历史的脚步前行。

参考文献

一、档案资料

中国第一历史档案馆藏:军机处朱批奏折、朱批奏片。

中国第一历史档案馆藏:军机处录副奏折、录副奏片。

中国第一历史档案馆藏:军机处随手登记档。

中国第一历史档案馆藏:军机处早事档。

中国第一历史档案馆编:《光绪宣统两朝上谕档》,广西师范大学出版社,1996。

台北故宫博物院故宫文献编辑委员会编:《宫中档光绪朝奏折》,(台北)台北故宫博物院,1974。

国家档案局明清档案馆编:《戊戌变法档案史料》,中华书局,1958。

故宫博物院明清档案部编:《清末筹备立宪档案史料》,中华书局,1979。

故宫博物院文献馆编:《清光绪朝中日交涉史料》,故宫博物院,1932。

陈旭麓等:《辛亥革命前后——盛宣怀档案资料选辑之一》,上海人民出版社,1979。

秦国经主编:《中国第一历史档案馆藏清代官员履历档案全编》,

华东师范大学出版社,1997。
中华书局编辑部、李书源整理:《筹办夷务始末》(同治朝),中华书局,2008。

二、史料汇编

中国史学会主编:《中国近代史资料丛刊·洋务运动》,上海人民出版社,1961。
中国史学会主编:《中国近代史资料丛刊·中法战争》,新知识出版社,1955。
清华大学历史系编:《戊戌变法文献资料系日》,上海书店出版社,1998。
杨家骆编:《戊戌变法文献汇编》(第3册),(台北)鼎文书局,1973。
中国史学会主编:《中国近代史资料丛刊·中日战争》,新知识出版社,1956。
戚其章主编:《中国近代史资料丛刊续编·中日战争》,中华书局,1993。
中国史学会主编:《中国近代史资料丛刊·戊戌变法》,神州国光社,1953。
苏树蕃:《清朝御史题名录》,(台北)文海出版社,1967。
戴璐辑:《国朝六科汉给事中题名录》,光绪三十年(1904)刻本。
刘恩溥辑:《国朝六科满蒙给事中题名录》,光绪十三年(1887)刻本。
盛康辑:《皇朝经世文编续编》,(台北)文海出版社,1972。
中国史学会主编:《中国近代史资料丛刊·辛亥革命》,上海人民出版社，1959。
夏新华等整理：《近代中国宪政历程：史料荟萃》，中国政法大学出版社，2004。
李舜臣、欧阳江琳编著：《历代制举史料汇编》，武汉大学出版社，2009。
荣孟源、章伯锋、顾亚主编：《近代稗海》，四川人民出版社，1985—1989。
舒新城：《近代中国教育史料》，上海科学技术文献出版社，2015。
璩鑫圭等编：《中国近代教育史资料汇编：实业教育 师范教育》，上海教育出版社，2007。
朱有瓛：《中国近代学制史料》，华东师范大学出版社，1987。
张枬、王忍之编：《辛亥革命前十年间时论选集》，三联书店，1963。

三、官书政书

《钦定台规》，光绪十八年(1892)刻本。
《钦定大清会典事例》(嘉庆朝)，(台北)文海出版社，1992。
《钦定大清会典事例》(光绪朝)，中华书局，1991。
《钦定大清会典》(乾隆朝)，(台北)商务印书馆，2008。
《钦定大清会典》(光绪朝)，(台北)文海出版社，1993。
《光绪朝东华录》，中华书局，1958。
《清朝续文献通考》，浙江古籍出版社，2000。
《康熙政要》，中央党校出版社，1994。
《左宗棠全集》，岳麓书社，2009。
《清朝文献通考》，浙江古籍出版社，2000。
《清朝通典》，浙江古籍出版社，1988。

《明史》,中华书局,1974。
《圣祖仁皇帝实录》,中华书局,1987。
《世宗宪皇帝实录》,中华书局,1987。
《德宗景皇帝实录》,中华书局,1987。
《宣统政纪》,中华书局,1987。
《康熙起居注》,中华书局,1984。
《历代职官表》,上海古籍出版社,1989。
《清国史》,中华书局,1993。
《唐六典》,中华书局,1992。
《晋书》,中华书局,1974。
《通典》,中华书局,1984。
《隋书》,中华书局,1973。
《册府元龟》(校订本),凤凰出版社,2006。
《新唐书》,中华书局,1975。
《续文献通考》,现代出版社,1986。
《汉书》,中华书局,1964。
《皇朝经世文新编续集》,(台北)文海出版社,1972。
《光绪政要》,(台北)文海出版社,1985。
《清代各地将军都统大臣等年表(1796—1911)》,中华书局,1965。
《清史稿》,中华书局,1976。

四、笔记、文集、奏稿

张寿镛等编:《皇朝掌故汇编》,求实书社,1902。
孙承泽:《天府广记》,北京古籍出版社,1982。
蒋琦龄著,蒋世玢等点校:《空青水碧斋诗文集》,广西人民出版社,2001。
刘禺生:《世载堂杂忆》,辽宁教育出版社,1997。
刘体仁著,张国宁点校:《异辞录》,山西古籍出版社,1996。
张之洞:《张文襄公全集》,北平文华斋,1928。
孙宝瑄:《忘山庐日记》,上海古籍出版社,1983。
陈夔龙:《梦蕉亭杂记》,中华书局,2007。
何刚德:《春明梦录 客座偶谈》,山西古籍出版社,1997。
黄濬:《花随人圣庵摭忆》,山西古籍出版社、山西教育出版社,1999。
震钧:《天咫偶闻》,(台北)文海出版社,1966。
张佩纶:《涧于集》,(台北)文海出版社,1968。
赵炳麟:《赵柏岩集》,广西人民出版社,2001。
恽毓鼎:《崇陵传信录》,中华书局,2007。
胡思敬:《国闻备乘》,中华书局,2007。
李慈铭:《越缦堂日记》,(台北)文海出版社,1978。
陈义杰整理:《翁同龢日记》,中华书局,1998。
邓承修:《语冰阁奏议》,(台北)文海出版社,1967。
汪叔子编:《文廷式集》,中华书局,1993。
江春霖:《江春霖集》,(马来西亚)马来西亚兴安会馆总会文化委员会,1990。
苏舆:《苏舆集》,《翼教丛编》卷二,湖南人民出版社,2008。
沃丘仲子:《近代名人小传》,中国书店,1988。
徐凌霄、徐一士:《凌霄一士随笔》,山西古籍出版社,1997。
徐一士:《一士类稿》,中华书局,2007。
岑春煊:《乐斋漫笔》,中华书局,2007。

顾廷龙、戴逸主编:《李鸿章全集》,安徽教育出版社,2008。
汪诒年:《汪穰卿先生传记》,中华书局,2007。
汪康年:《汪穰卿笔记》,中华书局,2007。
康有为撰,姜义华、张荣华编校:《康有为全集》,中国人民大学出版社,2007。
康有为:《日本变政考(外二种)》,中国人民大学出版社,2011。
麦仲华、康同薇编:《戊戌奏稿》,(台北)文海出版社,1985。
中国科学院历史研究所第三所主编:《刘坤一遗集》,中华书局,1959。
宋伯鲁:《续修陕西省通志稿》(铅印本),1934。
梁启超:《饮冰室合集》,中华书局,1989。
梁启超:《戊戌政变记》,中华书局,1954。
周育民整理:《瞿鸿禨奏稿选录》(《近代史资料》总 83 号),中国社会科学院出版社,1993。
徐珂编撰:《清稗类钞》,商务印书馆,1928。

五、报刊杂志

《东方杂志》,1904—1913。
《中外日报》,1905。
《时报》,1904—1905。
《新民丛报》,1905。
《大公报》,1905。
《时敏报》,1904。

六、今人著作(按作者姓名的汉语拼音排序)

艾永明:《清朝文官制度》,商务印书馆,2003。

卞修全:《立宪思潮与清末法制改革》,中国社会科学出版社,2003。
宝成关:《慈禧奕䜣政争记》,吉林文史出版社,1990。
蔡乐苏、张勇、王宪明:《戊戌变法史述论稿》,清华大学出版社,2001。
蔡明伦:《明代言官群体研究》,中国社会科学出版社,2009。
陈旭麓:《近代中国社会的新陈代谢》,上海人民出版社,1992。
陈寅恪:《寒柳堂集》,(台北)文海出版社,1984。
陈恭禄:《中国近代史》,商务印书馆,1935。
董丛林:《变政与政变——光绪二十四年聚焦》,河北大学出版社,1999。
董守义:《恭亲王奕䜣大传》,辽宁人民出版社,1989。
戴逸主编:《中国近代史通鉴(1840—1949)·戊戌维新与义和团运动》,红旗出版社,1997。
丁文江、赵丰田编:《梁任公先生年谱长编(初稿)》,中华书局,2010。
房列曙:《中国历史上的人才选拔制度》,人民出版社,2005。
樊百川:《清季的洋务新政》,上海书店出版社,2003。
傅宗懋:《清代总督巡抚制度之研究》,(台北)政治大学,1963。
费正清等:《剑桥晚清史》(中译本),中国社会科学出版社,1985。
高旺:《晚清中国的政治转型——以清末宪政改革为中心》,中国社会科学出版社,2003。
高阳:《翁同龢传》,中国友谊出版公司,1999。
高一涵:《中国御史制度的沿革》,商务印书馆,1934。
郭世佑、邱巍:《突破重围——中国早期现代化研究》,河南大学出版社,2010。
郭松义、李新达、杨珍:《中国政治制度通史》(第十卷清代),人民出版社,1996。
古鸿廷:《清代官制研究》,(台北)五南图书出版有限公司,1999。
关文发、于波:《中国监察制度研究》,中国社会科学出版社,1998。
胡滨:《戊戌变法》,新知识出版社,1956。
胡绳武:《戊戌维新运动史论集》,湖南人民出版社,1983。
胡沧泽:《中国监察制度史纲》,方志出版社,2004。
胡继武、金冲及:《论清末的立宪运动》,上海人民出版社,1959。
侯宜杰:《二十世纪初中国政治改革风潮:清末立宪运动史》,中国人民大学出版社,2011。
华尔嘉:《中国近代大案》,群众出版社,2006。
贺嘉:《清末制宪》,陕西人民出版社,2011。
黄彰健:《戊戌变法史研究》(上下),上海书店出版社,2007。
郝平:《北京大学创办史实考源》,北京大学出版社,2008。
蒋钦挥:《全州历史人物》,中央文献出版社,2006。
贾玉英:《中国古代监察制度发展史》,人民出版社,2004。
贾小叶:《晚清大变局中督抚的历史角色》,上海书店出版社,2008。
孔祥吉:《救亡图存的蓝图——康有为变法奏议辑证》,(台北)联合报系文化基金会,1998。
孔祥吉:《戊戌维新运动新探》,湖南人民出版社,1988。
孔祥吉:《康有为变法奏议研究》,辽宁教育出版社,1988。
雷颐:《历史的裂缝:近代中国与幽暗人性》,广西师范大学出版社,2007。

雷颐:《走向革命——细说晚清七十年》,山西人民出版社,2011。
林明:《中国法制史》,上海人民出版社,2003。
林文仁:《派系分合与晚清政治——以“帝后党争”为中心的探讨》,中国社会科学出版社,2005。
林文仁:《南北之争与晚清政局:以军机处汉大臣为核心的探讨》,中国社会科学出版社,2005。
林克光:《革新派巨人康有为》,中国人民大学出版社,1990。
林代昭:《中国监察制度》,中华书局,1988。
林增平、郭汉民主编:《清代人物传稿》,辽宁人民出版社,1990。
李时岳、胡滨:《从闭关到开放——晚清“洋务”热透视》,人民出版社,1988。
李侃:《中国近代史散论》,人民出版社,1982。
李书源:《清末民初研究论稿》,吉林教育出版社,2001。
李剑农:《中国近百年政治史》,复旦大学出版社,2002。
李剑农:《戊戌以后三十年中国政治史》,中华书局,1965。
李云峰、刘东社:《清末民初政治研究》,西北大学出版社,2008。
李文海、孔祥吉:《戊戌变法》,巴蜀书社,1986。
李细珠:《张之洞与清末新政研究》,上海书店出版社,2003。
李斌:《顿挫与嬗变:晚清社会变革研究》,四川大学出版社,2006。
李刚:《辛亥革命前夜:大清帝国最后十年》,当代中国出版社,2008。
刘会军:《近代以来中外关系与中国现代化》,吉林大学出版社,2005。
刘伟:《晚清督抚政治:中央与地方关系研究》,湖北教育出版社,2003。

刘振岚:《戊戌维新运动专题研究》,首都师范大学出版社,1999。
茅海建:《从甲午到戊戌:康有为〈我史〉鉴注》,三联书店,2009。
茅海建:《戊戌变法史事考》,三联书店,2005。
茅海建:《戊戌变法史事考二集》,三联书店,2011。
马勇:《超越革命与改良》,上海三联书店,2001。
马勇:《晚清二十年》,人民文学出版社,2011。
马勇:《1898 年中国故事》,中华书局,2008。
马勇:《1898 年那场未遂政变》,江苏人民出版社,2011。
(美)马士:《中华帝国对外关系史》(第二卷),商务印书馆,1963。
宓汝成:《帝国主义与中国铁路(1847—1949)》,上海人民出版社,1980。
倪军民:《震惊朝野弹劾案》,中国人民大学出版社,1995。
彭信威:《中国货币史》,群联出版社,1954。
彭勃、龚飞:《中国监察制度史》,中国政法大学出版社,1989。
(英)濮兰德、白克好司著,陈冷汰译:《慈禧外纪》,辽沈书社,1994。
戚其章:《甲午战争与近代社会》,山东教育出版社,1990。
戚其章:《晚清史治要》,中华书局,2007。
邱永明:《中国封建监察制度运作研究》,上海社会科学院出版社,1998。
邱永明:《中国古代监察制度史》,上海人民出版社,2006。
石泉:《甲午战争前后之晚清政局》,三联书店,1997。
唐文权:《觉醒与迷误:中国近代民族主义思潮研究》,上海人民出版社,1993。
唐德刚:《晚清七十年》,(台北)远流出版事业股份有限公司,1998。
汤志钧:《戊戌变法史》,人民出版社,1984。
汤志钧、陈祖恩编:《戊戌时期教育》,上海教育出版社,1993。
王守谦:《煤炭与政治:晚清民国福公司矿案研究》,社会科学文献出版社,2009。
王维江:《"清流"研究》,上海书店出版社,2009。
王炳照、徐勇:《中国科举制度研究》,河北人民出版社,2002。
王德昭:《清代科举制度研究》,中华书局,1984。
王开玺:《晚清政治新论》,商务印书馆,2006。
王奎:《清末商部研究》,人民出版社,2008。
王晓秋、尚小明主编:《戊戌维新与清末新政:晚清改革史研究》,北京大学出版社,1998。
王伯恭著,郭建平点校;江庸著,常士功点校:《蜷庐随笔　趋庭随笔》,山西古籍出版社,1999。
吴春梅:《一次失控的近代化改革:关于清末新政的理性思考》,安徽大学出版社,1998。
韦庆远:《中国政治制度史》,中国人民大学出版社,1989。
吴雁南等主编:《中国近代社会思潮(1840—1949)》,湖南教育出版社,1998。
吴相湘:《晚清宫廷实纪》,中国大百科全书出版社,2010。
萧功秦:《危机中的变革》,上海三联书店,1999。
肖宗志:《候补文官群体与晚清政治》,巴蜀书社,2007。
徐泰来:《洋务运动新论》,湖南人民出版社,1986。
徐爽:《旧王朝与新制度:清末立宪改革纪事(1901—1911)》,法律出版社,2010。

徐式圭:《中国监察史略》,中华书局,1937。
夏东元:《晚清洋务运动研究》,四川人民出版社,1985。
夏东元:《洋务运动史》,华东师范大学出版社,1992。
杨国强:《晚清的士人与世相》,三联书店,2008。
杨阳:《中国政治制度史纲要》,中国政法大学出版社,2007。
曾纪蔚:《清代之监察制度论》,兴宁书店,1931。
曾小华:《中国政治制度史论简编》,中国广播电视出版社,1991。
曾繁康:《中国政治制度史》,(台北)华冈出版有限公司,1979。
张金鉴:《中国吏治制度史概要》,(台北)三民书局,1981。
张金鉴:《中国文官制度史》,(台北)华冈出版有限公司,1978。
张德泽:《清代国家机关考略》,学苑出版社,2001。
张晋藩、王超:《中国政治制度通史》,中国政法大学出版社,1987。
张耀南、陆丽云、孙宇阳:《戊戌百日志》,北京燕山出版社,1998。
张培田:《中西近代法文化冲突》,中国广播电视出版社,1994。
郑大华:《晚清思想史》,湖南师范大学出版社,2005。
赵慧峰:《近代转型社会中的集团与人物》,山东大学出版社,2005。
赵秉忠、白新良:《清史新论》,辽宁教育出版社,1992。
中国社会科学院近代史研究所政治史研究室:《清代满汉关系研究》,社会科学文献出版社,2011。
朱从兵:《李鸿章与中国铁路:中国近代铁路建设事业的艰难起步》,群言出版社,2006。
左立平:《中国海军史(晚清民国卷)》,华中科技大学出版社,2015。

七、学术、学位论文(按作者姓名的汉语拼音排序)

陈勇勤:《光绪间“清流”三群体与在朝清议》,《荆州师范学院学报》1995 年第 6 期。
陈勇勤:《清流党成员问题考议》,《近代史研究》1992 年第 4 期。
陈国庆:《宋伯鲁维新思想探略》,《西北大学学报》1984 年第 3 期。
陈彬:《清代监察机关之管理》,《西南民族学院学报》2001 年第 11 期。
陈彬、阜元:《论清代的监察制度的两个问题》,《四川师范学院学报》1997 年第 3 期。
迟云飞:《清末最后十年的平满汉畛域问题》,《近代史研究》2001 年第 5 期。
程为坤:《日俄战争与清末立宪运动》,《清史研究集》(第七辑),光明日报出版社,1990。
董丛林:《清末筹备立宪期间统治集团内部的思想分化》,《河北学刊》1990 年第 3 期。
宫玉振:《从联盟到分裂——论清末言官与亲贵关系的变化》,《齐鲁学刊》1993 年第 2 期。
关汉华:《清代监察官员考选制度述论》,《广东社会科学》2006 年第 6 期。
侯宜杰:《评清末官制改革中赵炳麟与袁世凯的争论》,《天津社会科学》1993 年第 1 期。
焦利:《清代监察法研究》,中国政法大学博士论文,2006。
孔祥吉:《宋伯鲁与戊戌变法》,《人文杂志》1984 年第 2 期。
刘芳:《言官与戊戌变法》,吉林大学硕士论文,2006。
刘大有:《陇人安维峻笔下的义和团运动》,《甘肃社会科学》1987 年第 4 期。

刘长江:《清朝风闻监察述论》,《临沂师范学院学报》2004 年第 5 期。

刘战、谢茉莉:《试论清代的监察制度》,《辽宁大学学报》2001 年第 3 期。

刘佰合:《试议清季科举制度改革舆论的发展过程》,《广西社会科学》2007 年第 5 期。

梁娟娟:《论清代皇权的加强与科道官谏诤职能的萎缩》,《求索》2008 年第 10 期。

李志武:《试论宣统二年江春霖参劾奕劻案》,《学术研究》2004 年第 3 期。

李巧:《试论清代监察制度的建置及其监察机能萎缩的原因》,河南大学硕士论文,2004。

李光辉:《清代监察官员的选任、升转与考核》,《成都大学学报》2002 年第 1 期。

李书源、赵矢元:《晚清政治史研究的新探索——评〈奕䜣慈禧政争记〉》,《近代史研究》1990 年第 5 期。

李细珠:《张之洞与〈江楚会奏变法三折〉》,《历史研究》2002 年第 2 期。

李细珠:《清末新政时期地方督抚的群体结构与人事变迁》,《中国社会科学院近代史研究所青年学术论坛 2005 年卷》,社会科学文献出版社,2006。

李元鹏:《晚清督抚与社会变革》,河北师范大学博士论文,2007。

李润强:《清代进士的时空分布研究》,《西北师大学报》2005 年第 1 期。

李伟:《清代监察官员的选任、管理及对现代监察建设的启示》,

《广州大学学报》2001年第10期。
林克光:《清末第一御史江春霖》,《历史教学》2002年第1期。
倪军民:《试论清代监察官的权威及其保障机制》,《东岳论丛》1993年第2期。
倪军民:《试论清代廉政与监察制度的局限性》,《民主与科学》1990年第3期。
倪军民:《试论清代监察制度机能萎缩及其原因》,《上海社会科学院学术季刊》1994年第2期。
倪军民:《清代监察机构的建置和演变》,《通化师范学院学报》1991年第1期。
倪军民:《清代监察官的任职资格及回避制度》,《中国监察》1998年第8期。
潘崇:《杨寿楠与清末五大臣出洋考察——兼论两路考察团考察成果的不同来源》,《江苏社会科学》2009年第6期。
戚其章:《甲午战争赔款问题考实》,《历史研究》1998年第3期。
汤吉禾:《清代科道组织沿革》,《新社会科学》1934年第1卷第1期。
汤吉禾:《清代科道官之公务关系》,《新社会科学》1934年第1卷2期。
汤吉禾:《清代科道官之任用》,《国立中央大学社会科学丛刊》1934年第1卷第2期。
汤吉禾:《清代科道之成绩》,《中山文化教育馆季刊》1935年第2卷第2期。
汤吉禾:《清代科道之职掌》,《东方杂志》1936年第33卷第1期。

汤吉禾:《清代科道官之特殊保障与禁忌》,《学思》1944 年第 4 卷第 1 期。

吴观文:《略论清初的监察制度与吏治》,《求索》1986 年第 6 期。

王晓天:《论清末民初监察制度的嬗变》,《湖南社会科学》1999 年第 4 期。

王为东:《清代六科给事中制度之式微》,《南都学坛》2004 年第 6 期。

王德泰、刘华:《论甲午战争期间“倒李”斗争中的安维峻》,《甘肃高师学报(社会科学版)》1999 年第 4 期。

王维江:《邓承修:另类“清流”》,《史林》2007 年第 5 期。

王开玺:《晚清论驳上谕风潮述论》,《北京师范大学学报》1998 年第 4 期。

王雪华:《关于清代督抚甄选的考察》,《武汉大学学报(哲学社会科学版)》1989 年第 6 期。

王跃生:《清代督抚体制特征探析》,《社会科学辑刊》1993 年第 4 期。

王倩:《监察御史和晚清政局》,华中师范大学硕士论文,2008。

魏烨:《1897—1898 年清代的武举制度的变革》,《体育学刊》2009 年第 1 期。

魏秀梅:《从量的观察探讨清季督抚的人事嬗递》,《中研院近代史研究所集刊》(四),(台北)中研院近代史所集刊编辑委员会,1974。

魏秀梅:《道光前期的言官奏议(1820—1835)》,李国祁主编:《郭廷以先生百岁冥诞纪念史论文集》,(台北)商务印书馆股份有限公司,2005。

汪毅夫:《地域历史人群研究:台湾进士》,《东南学术》2003年第3期。

武晓华:《略论清代监察制度》,《山西大学学报》1989年第3期。

吴福环:《社会变迁中清政府的一个官员群体——总理衙门中的大臣们》,《河北学刊》1995年第5期。

邢早忠:《清代监察制度的特点》,《贵州社会科学》1985年第3期。

修小波:《清代监察制度的最后强化与衰败》(上中下),《中国监察》2006年第22—24期。

叶玉琴:《论晚清预备立宪期间御史谏议的作用》,《莆田学院学报》2004年第1期。

叶玉琴:《"铁面御史"江春霖新评——〈江春霖集〉读后》,《福建师范大学福清分校学报》2003年第1期。

杨洪波:《江春霖弹劾奕劻案》,《清华大学学报(哲学社会科学版)》1987年第1期。

张大可:《铁汉御史安维峻——读〈谏垣存稿〉札记》,《西北师院学报》1982年第1期。

朱从兵:《一个言官的尴尬——赵炳麟的铁路筹建思想与实践》,《广西师范大学学报(哲学社会科学版)》2005年第4期。

周利成:《段芝贵献妓贝子案》,《湖南档案》2003年第1期。